오 직
강자만

미국의 힘을 와해시키려는 좌파의 음모를 뒤집다

ONLY THE STRONG

오 직
강자만

톰 코튼 지음 | 김성일 옮김

더건

초강대 미국의 붕괴

8년 전, 나는 현장을 조사하면서 생각했다. 누가 감히 이 이상하고도 예상치 못한 순간을 예상했을까? 육군과 공군 병사들이 거대한 모래주머니인 헤스코(HESCO, 조립식 방벽 블록) 주변에 모여 있었다. 원래 충격을 피하기 위한 방벽이지만 이런 사막 지역에선 조그마한 그늘이라도 만들기 위해 사용된다. 운이 없었다. 섭씨 43도를 넘나드는 아프가니스탄 동부 5월의 태양은 눈에 보이는 모든 것을 태워 버린다. 우리 기지를 둘러싼 방어벽 너머로 메타르 람(Mehtar Lam)의 흙집들이 보인다. 아프간 여성들이 빨래하고 있고 어린이들이 나무 막대로 놀고 있다. 전기가 부족해 해가 지면 흙집들은 어둠 속에 묻힌다.

모래를 파고 차양 막을 친 벙커와 위태롭게 쌓인 수천 개의 물병 앞에 남부 일리노이주 출신의 컨트리 그룹 맷 포스(Mat Poss) 밴드가 공연을 위해 서 있다. 여섯 명의 뮤지션들은 2주간의 위문 공연 투어의 일환으로 아프가니스탄을 방문했다. 유명 운동선수, 영화배우, 뮤지션들이 아프가니스탄을 자주 방문하지만, 우리 같은 작은 기지에는 처음 있는 일이다. 대부분 바그람(Bagram)이나 칸다하르(Kandahar) 같은 대형 기지에 머

무르기 때문이다. 그러니 그 밴드에 더욱 감사할 수밖에. 야전 막사에서 듣자 하니 장병들이 정말 컨트리, 록, 블루스 모든 음악을 좋아한다는 것을 알 수 있었다. 그중 랩과 메탈을 최고로 선호하지만. 7개월 만에 이 노천극장에서 환영받는 휴식이었다.

아프가니스탄 산기슭에서 열린 콘서트에 오게 된 8년간의 선택과 기회를 되돌아보았다. 예측할 수 없는 길이었다. 인생이 어떤 길을 걷게 될지 누군들 예측할 수 있을까?

2001년 여름, 나는 법대 졸업을 앞두고 있었다. 졸업 후 취업이 이미 정해져 있었다. 미래는 안전하고 안정적이고 예측 가능해 보였다. 하지만 9/11 테러로 모든 것이 바뀌었다. 다음 날 서둘러 입대하려 했다. 이미 입대한 몇몇 친구들은 학교를 마치고 대출금을 갚는 것이 우선이라고 권유한다. 군대와 나쁜 놈들은 세상 끝까지 존재하니 걱정하지 말라고 한다. 학교를 그만두면 대출금 상환도 쉽지 않다. 그때는 입대가 지연되면서 몸이 달았지만, 육군 E-4 전문직(부사관급)으로 몇백 달러 첫 월급 봉투를 받고는 현실을 직시하게 되었다.

나는 포트 베닝(Fort Benning)에서 1년 넘게 소위로 임관해 보병 장교로서 기술을 배우고 공수부대 학교의 고된 훈련도 견뎌 냈다. 동료들은 모두 빨리 전투에 투입되기를 열망했다. 하지만 대위님은 인내심을 가지라고 조언했다. "걱정하지 말게. 곧 여러분 모두 바라는 걸 얻게 될 거야."라고 자주 말씀하셨다.

2006년에 베닝 기지를 떠나자마자 그 기회를 잡았다. 포트 캠벨(Fort Cambell)에 전입 신고를 한 후, 나는 '교체조(Replacement Bird)'를 타고 이라크로 곧장 날아갔다. 육군 교수대 유머(미군 특유의 흑 유머)로, 사상자를 메꾸기 위해 전투에 투입되는 비행기의 별명이다. 나는 새로운 부대인 바그다드 제1공수사단에 배치됐다.

그 무렵 이라크 반란군과 종파 간 분쟁이 한창이어서 전투 상황은 특히 복잡했다. 훈련과 장비, 약간의 운, 그리고 많은 기도 덕분에, 추수 감사절에 맞춰 모든 병사들을 무사히 집으로 데려올 수 있었다. 나는 친구들에게 바그다드에서 내 생명 9개 중 8개를 쓰고 왔기 때문에 이제 더 조심스럽게 운전하고 더 건강하게 먹는다고 농담한다.

나는 이후 알링턴 국립묘지의 올드 가드(Old Guard: 의장대)로 전역했다. 올드 가드는 자원봉사직이기 때문에 이 임무는 내겐 이례적이었다. 지원하지도 않았기 때문이다. 연대는 장교가 부족했고 올드 가드의 첫 번째 주요 기준인 키가 크다는 조건에 맞았기 때문에 육군이 나를 차출한 거다. 영광으로 생각하며 복무했다. 전투에서 작전을 수행하는 것 이외에 이보다 더 명예로운 일은 없었다.

한때는 올드 가드가 마지막 임무가 될 줄 알았다. 나는 베닝으로 돌아가서 추가 훈련을 받거나 더 나쁜 경우 파워포인트 슬라이드나 만드는 행정 업무를 수행할 줄 알았다. 둘 다 맘에 들지 않았다. 이라크와 알링턴 사이를 오가며 나는 이미 입대한 목적에 맞게 군 생활을 어느 정도 잘 했다고 생각했다. 2007년 말에 사직서를 제출했고, 의장대를 1년 더 복무한 후 전역할 계획이었다. 하지만 2008년 봄에 상황이 다시 바뀌었다. 육군에서 아프가니스탄에서 복무했던 보병 장교 중에서 지원자를 모집했다. 나는 흥미를 느꼈다. 그 무렵 이라크는 안정화에 성공했고 미국인 사상자는 크게 줄었다. 당시 대통령 후보자였던 버락 오바마와 존 매케인은 모두 아프가니스탄에 대한 새로운 공약으로 캠페인을 벌였다.

오바마는 이라크 전쟁에 대한 강한 부정적 비판과는 대조적으로 아프가니스탄에 대해 이상하리만큼 강경한 대응 태도를 보였다. 나는 참전하기에 좋은 상황이라고 판단했다. 게다가 파병 전 훈련은 3개월에 불과했고 초가을이면 출국하는 조건이었다. 육군 본부는 내가 사표를 철회하는 조건으로 기꺼이 파병을 약속했다. 나는 다시 전쟁터로 향하고 있었다.

그래서 여기 메타르 람에서 열린 콘서트에 참석하게 된 거다. 하지만 내 이야기는 그리 특이한 것이 아니다. 우리 기지에는 각계각층의 군인과 공군 장병들이 있었다. 사병들 대부분은 9/11 테러 당시 초등학교나 중학교에 재학 중이었다. 훈련 시절 대위님이 말했듯이 그들은 대부분 첫 전투에서 승리를 노리고 있었다. 나는 이 젊은 병사들이 자랑스러웠다. 그들은 용감하고, 애국심이 강하고, 끈기 있고, 근면하고, 이타적이며, 미국의 정의에 대한 확신을 가진, 미국의 최고를 대표하는 이들이다. 그들은 다음 임무를 수행하기 전 이 콘서트에서 잠시 휴식을 취할 자격이 있었다.

하지만 안타깝게도 그들 머리 위엔 먹구름이 몰려오고 있었다. 취임 4

개월이 지난 오바마는 조지 W. 부시의 아프가니스탄 추가 파병 결정을 뒤늦게 비준했지만, 약속했던 새로운 전략에는 함구하고 있었다. 아마도 그는 전 세계를 돌며 사과하기에 너무 바빴을 것이다. 뉴스 보도에 따르면, 이미 오바마는 전쟁에 대한 불만으로, 가슴 벅차게 큰소리쳤던 추가 파병 선거 공약을 없던 일로 하려고 꼼수를 부리고 있었다. 조 바이든 당시 부통령은 "탈레반의 5%만이 구제 불능"이라고 말해 탈레반과 싸우느라 바쁜 군인들을 놀라게 했다. 백악관에서 흘러나오는 불길한 소문에 의하면 오바마가 현장 지휘관보다 바이든의 조언에 훨씬 더 확신을 가진다는 것이었다.

맷 포스 밴드의 공연이 마무리되면서 나는 그들에게 박수를 보내고 있는 부하들과 추가 배치될 대원들이 걱정되었다. 우리의 임무는 곧 끝나겠지만 전쟁은 그렇지 않기 때문이다. 미국에 대한 위협도 다를 바 없었다. 나는 새 총사령관이 그 임무를 감당할 수 없을까 봐 두려웠다.

그로부터 2년 후, 나는 아들 가브리엘, 다니엘과 함께 수영장에서 물놀이를 하고 있었다. 여름이 끝나가고 곧 개학을 앞두고 있었다. 나는 개학 전 마지막 일요일 오후 아이들의 수영과 공중제비를 지켜보고 있었다. 아프가니스탄은 지구 저편 멀리 떨어져 있지만 여전히 내 머릿속을 맴돌았다. 참 다사다난했던 10년이었다. 제대 후 3년 만에 나는 하원 의원에 당선되었고, 취임 직후 멋진 아내 안나도 만났다. 우리는 1년 후 상원 의원 선거 운동 기간 중에 결혼했고, 그후 가정을 꾸렸다.

미국은 훨씬 더 극적인 변화를 겪었다. 버락 오바마 대통령의 두 번째 임기 동안 미국의 힘은 무너졌다. 중국은 더욱 부유해지고 공격적으로 변했고, 러시아는 우크라이나를 침공했으며, ISIS(이슬람 극단주의 무장 단체)가 중동 전역에서 날뛰는 동안 오바마는 자신의 레드 라인을 지키지 않고 이란과 쿠바를 포용했다. 그 후 미국 국민은 도널드 트럼프를 당선시키며 오바마의 나약함을 심판했다. 4년 동안 우리는 국방비 삭감과 굴욕적인 양보에서 벗어날 수 있었다. 우리는 ISIS를 격퇴하고 이란의 테러 주범인 카셈 솔레이마니(Qasem Soleimani)를 사살했으며 중국과 맞서기 위한 첫걸음을 내디뎠다. 그러나 조 바이든이 취임하면서 유예는 끝났다. 국경에서 불법 이민이 급증하고 식료품점과 주유소에서 물가가 치솟았으며, 다시금 탈레반이 아프가니스탄 전역에서 급성장했다.

바이든이 4월에 철군을 발표했을 때부터 나는 탈레반의 기세를 우려하며 지켜보았다. 7월 초에 그가 탈레반의 점령 가능성은 "거의 없다."고 말했을 때만 해도 나는 확신할 수 없었다. 우리는 바그람 공군 기지를 포기하고 아프간군에 대한 항공 지원을 줄였고, 아프간 공군의 비행기를 유지하던 민간 정비사들까지 철수시켰기 때문이다. 8월 초, 나는 다양한 루트의 정보과 현장 경험을 통해 탈레반이 20년 동안 점령하지 못했던 영토를 점령하고 있다는 것을 알게 됐다. 8월 6일, 탈레반은 첫 번째로 한 지방 정부의 수도를 점령했고 그 후 매일 더 많은 수도를 점령했다. 바이든은 우리 대사관을 대피시키기 위해 수천 명의 병력을 카불로 급파하면서도 "내 결정을 후회하지 않는다."고 주장했다. 정보 당국자들은 사석에서 카불이 얼마나 오래 버틸 수 있을지에 대한 예측을 계속 하향 조정했지만 그것조차도 여전히 과대평가였다. 8월 15일, 카불이 함락되었고 아프가니스탄 대통령 아슈라프 가니(Ashraf Ghani)가 도주했다는 소식이 전해졌다.

일요일에 아이들을 데리고 수영장에 가려고 준비하면서 나는 대통령의 실수에 대해 한탄했다. 조 바이든의 무능한 후퇴는 패배로 이어져 미국을 모욕하고 우리 군의 희생을 초래했다. 나는 미국의 힘과 명성의 몰락에 대해 깊이 우려하고 있던 동시에 아프가니스탄의 문제는 아직도 진행형이라는 것을 알고 있었다. 그 결말은 우려했던 것보다 훨씬 더 나쁠 것도 알게 되었다. 수영장에서 휴대폰을 확인했다. 아직도 아칸소주의 다다넬(Dardanelle)의 가족 농장에 살고 계신 아버지의 음성 메시지가 있었다. 아프가니스탄에서 도움이 필요하니 전화해 달라는 내용이었다. 이상하다고 생각했다. 다다넬은 작은 마을이라 참전 용사 외에는 아프가니스탄에 관련된 사람이 많지 않다. 자세히 듣기 위해 아버지께 전화했다. 길 건너편 한 용역 회사의 직원이 탈레반의 전선에 갇혀 카불에 고립되어 있다는 소식을 들었다고 했다. 깜짝 놀랐다. 미 국무부는 해외 미국 국민의 안전에 대한 최고 책임이 있다. 이제 국무부는 홈페이지에 '자택 내 대피(Shelter in Place)'를 공지하고 필요한 서류를 올리는 것밖에 없게 되었다. 피난은 가지 말라는 말이다. 더 자세한 답변을 듣기 위해 국무부 운영 데스크에 전화했다. 아무도 없다. 무시무시한 재앙의 시작이었다. 아칸소주의 소도시 주민이 탈레반이 점령한 아프가니스탄에 갇혀 있다면 나머지 수천 명의 미국인들은 어떻게 되었을까? 도움이 시급히 필요했다. 1분 1초가 급한 상황이기에 모든 직원들을 동원하여 긴급 구조 임무를 수행했다. 우선 카불에 고립되어 있는 지역구 주민들이 안전하게 대피할 수 있도록 지시했다. 다음으로, 소셜 미디어에 긴급 이메일 계정을 통해 아프가니스탄에 갇힌 모든 미국인들에게 연락을 촉구했다. 상황이 얼마나 끔찍한지 적었다. 이어서 시시각각 정보를 제공하고 미국인들을 구출하기 위해 최선을 다하고 있다고 올렸다. 도와줄 자원이 부족한 것은 분명하지만, 적어도 카불에 발이 묶인 미국인들의 목소리를 들어줄 '진짜 사람들'이 지구 저편에서 몸을 던져 일하고 있다는 것 정도는 알려 주고 싶었다.

아니나 다를까, 전화와 이메일이 수백수천 통 쏟아져 들어왔다. 시간과의 싸움이었다. 탈레반 전사들은 거리를 돌아다니며 민간인을 구타하고 미국인과 아프간 동료들을 찾기 위해 집집마다 수색했다. 바이든 행정부는 무능하고 무책임한 바이든 행정부이기에 그들에게 시간이 얼마나 남았는지조차 알 수 없었다. 잠재적 인질극 혹은 더 나쁜 위기가 눈앞에서 구체화되고 있었다.

다행스러운 상황도 있었다. 의회가 8월 휴회 중이었다. 상원이나 위원회 청문회에서 현안 표결만 없다면 전 직원을 구출 임무에 투여할 수 있다. 아칸소와 워싱턴에서 우리는 24시간 내내 일했다. 전쟁 참전 용사도 있었고, 아니라도 국무부가 어떻게 돌아가는지 잘 알고 있는 직원들이라 구출 작업에 몸을 던졌다. 운 좋게도 젊은 보좌관 중 한 명이 카불 공항에 동원 예비군으로 주둔하고 있었다. 자연스레 그녀는 현장 연락책 역할을 했다.

우리 팀은 2주 동안 아프가니스탄에서 날아온 도움 요청을 확인하며 카불 소재 보좌관과 현지의 군 관계자들에게 구조 임무에 활용할 정보를 제공했다. 탈레반 검문소를 통과해야 하는 미국인들에게 어디는 괜찮고 어디는 피해야 하는지에 대한 정보도 제공했다. 총 300명 이상의 미국인과 영주권 소지자, 그리고 신뢰할 수 있는 200명 이상의 아프간 동료들을 안전하게 귀환할 수 있도록 도왔다. 우리가 구출한 첫 번째 미국인은 아칸소 지역구민이었다. 아버지의 연락을 받은 지 48시간 만에 그의 신원과 위치를 확인하고 카불 공항의 군인들과 구조 계획을 조율했으며, 수많은 인파 속에서도 그가 공항에 무사히 도착했음을 확인했다. 그는 아프가니스탄을 빠져나가는 최초의 군 수송기 중 하나에 탑승했다.

구출된 모든 사람에게 비극적인 사연이 있었다. 아프가니스탄에서 마지막 그날은 혼돈과 혼란, 공포와 죽음의 현장이었다. 카불 공항 활주로를 점거하고 미군 수송기와 랜딩 기어에 매달려 활주로에서 추락해 죽어간 아프간인들의 모습을 누구나 기억한다. 탈레반 폭도들은 거리에서 자국 시민들을 채찍질하고 구타했다. 절망에 빠진 부모들은 아기를 다시 볼 수 없을 걸 알면서도 공항 게이트의 철조망 너머로 아기를 넘겨주기도 했다. 탈레반은 수십 명의 영어 통역사와 믿을 만한 현지 동료들을 보복 살해의 표적으로 삼았다.

8월 26일, 마지막 미국 비행기가 카불에서 이륙하기 나흘 전 최악의 상황이 발생했다. ISIS 테러리스트가 공항의 가장 붐비는 게이트에서 군중 속에 침투해 자살 폭탄 조끼를 터뜨렸다. 13명의 용감한 미군과 170명에 달하는 민간인이 사망했다. 이날은 아프가니스탄 주둔 미군에게 10년 만에 가장 치욕적인 날이며, 아프가니스탄 20년 투쟁에 대한 비극적인 묘비명으로 남게 되었다.

조 바이든의 아프가니스탄 완패는 엄청난 전략적 실수로 그 오명이 영원히 기억될 것이다. 당시 많은 사람들이 나에게 어떻게 이런 일이 일어날 수 있느냐고 물었다. 아프가니스탄에서의 굴욕에 대한 간단한 대답은 조 바이든의 철저한 무능 때문이다. 비난받아 마땅하다. 하지만 그 배경에 숨어 있는 더 깊은 무언의 질문은 "어떻게 이 지경에 이르렀나?", 또 "왜 미국은 더 이상 승리하지 못하는가?"이다.

질문의 답이 이 책에 있다. 미국의 최근 쇠퇴는 결코 우연이 아니다. 의도된 쇠퇴이다. 한 세기가 넘도록 자유주의를 표방하는 민주당원들은 미국의 힘을 방해하기 위해 음모를 꾸며 왔다. 민주당원들은 강하고 자신감 넘치는 미국이 안전과 자유 그리고 번영이 아닌 전쟁과 오만 그리고 억압을 가져온다고 믿고 있다. 그들은 미국이 공개적으로 사죄하기를 원한다. 나는 이들이 무조건 비미국적이거나, 미국을 증오한다고 주장하는 것은 아니다. 문제는 그들이 진심으로 미국의 힘이 미국과 세계 모두에게 위험하다고 믿고 있다는 것이다.

이 책은 민주당이 이런 삐뚤어진 신념을 어떻게 받아들였는지, 그 결과가 미국에 어떤 영향을 미쳤는지 살펴본다. 1세기 전, 최초의 진보주의자들이 독립 선언과 헌법을 거부했던 시점부터 시작한다. 우드로 윌슨(Woodrow Wilson)이 이끄는 자유주의 지식인들로 구성된 이 작은 파벌은 신이 주신 자연권과 제한된 정부에 대한 건국자들의 입장을 우습게 보았다. 그들은 국가의 업무를 국민이 아닌 초당파적이고 과학적이며 엘리트인 '전문가'에게 맡겼다. 세계 무대에서도 그들은 '사소한 민족주의'를 뛰어넘는 소위 전문가들이 국가의 문제를 관리해야 한다고 믿었다. 예를 들어, 윌슨은 미국의 주권을 세계주의 조직에 넘겨야 한다고 당당히 주장하기도 했다. 진보주의자들이 전쟁을 일으킨다면, 제1차 세계대전에서 윌슨이 그랬던 것처럼, 미국의 국익이 아닌 추상적인 가치 혹은 다른 국가의 이익을 위한 전쟁일 것이다.

진보주의자들이 미국의 건국 원칙을 거부한 순간, 그들이 노골적인 반미주의로 넘어가는 것은 짧은 순간에 불과했다. 민주당은 1960년대와 1970년대에 좌파 테러리스트들이 우리 군대와 국기에 대한 증오로 폭동을 선동하고 국회 의사당을 폭파하면서 급진주의에 더 깊이 빠져들었다. '일단 미국 탓(Blame America First)'에 심취된 민주당원들은 미국을 사악한 제국주의 국가로 비난했다. 그들은 미군 축소, 동맹국과의 관계 약화, 그리고 공산주의 세력을 달래기 위해 사사건건 부딪쳤다. 오늘날에도 거리에서 폭동을 일으키고, 동상을 부수고, 사회주의를 선동하고, 《뉴욕 타임스》와 같은 진보적인 신문을 통해 미국을 비방하는 등 '일단 미국 탓'을 지속하는 신세대 민주당원들을 쉽게 찾아볼 수 있다.

이러한 세계관의 이면에는 미국 국민과 공화당 정부 형태에 대한 깊은 불신이 깔려 있다. 자유주의자들은 미국 국민이 전쟁이나 평화와 같은 심각한 문제에 대한 결정을 내릴 수 없다고 믿는다. 대신 그들은 변호사, 외교관, 교수로 구성된 초국적 조직이 미국의 주권 위에 존재한다고 생각한다. 이러한 세계주의자들은 미국보다 유엔의 위상을 높이고, 국경과 시장을 개방하고, 미국 국민 행동의 자유를 국제 관료와 외국의 적들에게 넘기려 한다.

자유주의자들은 또한 미군이 우리 행동의 자유를 보장한다는 이유로 군대를 중성화하기를 원한다. 예를 들어, 강력한 군대는 미국 대통령이 이란의 테러리스트 주범을 기습 공격으로 제거할 수 있는 권한을 부여한다. 하루하루 진보주의자들은 초국가적 꿈을 이루는 데 최대 걸림돌이 우리 군이라고 비난하고 있다. 해결책으로 그들은 국방 예산을 삭감하고 군의 강인한 전투력을 약화시키고자 한다.

자유주의자들이 강경한 척 행동해야 한다고 느끼는 것은 대개 정치적 이유일 뿐, 그들의 마음이 전장에 가 있는 경우는 드물다. 소심하고 미국의 힘에 자신감이 없는 자유주의자들은 민주당이 베트남 전쟁을 잘못 관리한 것부터 존 케네디가 '피그스 만(Bay of Pigs)'에서 망설이다 쿠바 침공을 실기하고, 빌 클린턴이 소말리아에서 추가 파병이라는 엉뚱한 모험을 한 것까지 거의 매번 미국을 재앙 끝으로 내몰았다. 이들의 실패는 대개 미국인이 죽임을 당하고 적들이 더 대담해지는 결과를 낳았다.

자유주의적 사고방식은 버락 오바마와 조 바이든의 대통령 재임 기간 동안 논리적 결론에 도달한다. 윌슨 이후 가장 이데올로기적인 대통령이었던 오바마는 전 세계에서 미국의 힘을 의도적으로 해체했다. 진보적 교수 출신의 오만함과 미국 우선주의 급진주의자의 적대감을 앞세운 오바마는 미국의 죄악에 대해 사과하고, 군대를 공동화하고, 우방을 외면하고, 적들에게 보상을 주었다.

조 바이든이 국가 전략 수립의 대가라고 아무도 인정하지 않는 만큼, 외교 정책에 대한 그의 충동적이고 무모한 접근 방식도 매우 심각하다.

아프가니스탄에서 철수할 때 미국 국민을 남겨 두고 떠난 것도 바이든의 엄청난 오류이지만, 더 큰 문제는 블라디미르 푸틴이 우크라이나를 침공하도록 유혹한 것이다. 또 바이든은 우리의 가장 큰 위협인 공산주의 중국으로부터 미국을 보호하기 위해 거의 아무것도 하지 않았다.

이것은 급진 좌파가 미국의 권력을 와해시키려는 음모의 일환이다. 물론 공화당원도 실수를 한다. 모두 인간이고 누구도 완벽하지 않기 때문이다. 조지 H. W. 부시는 천안문 광장의 학살에 너무 가볍게 반응했다. 조지 W. 부시는 이라크 전쟁 초기에 충분한 병력을 투입하지 않았고, 나는 그 실수가 어떤 결과를 초래하는지 직접 목격했다. 도널드 트럼프는 이란 핵 합의에서 탈퇴까지 너무 오래 기다렸다. 그러나 젊은 부시 전 대통령이 이라크 전쟁에서 그랬고, 트럼프 대통령이 이란에 대한 '최대 압박' 캠페인에서 그랬던 것처럼, 그들은 실수로부터 회복도 잘한다. 중요한 것은 그들의 실수는 미국을 통제하고 미국의 힘을 방해하려는 의도적인 노력이 아니라 실수라는 점이다.

이 책은 미국의 힘을 부활하기 위함이지, 죽기 직전 마지막 의식을 치르기 위함이 아니다. 마지막 장에서는 미국이 위대함으로 돌아갈 수 있는 방법을 설명한다. 미국을 우선시하고 시민의 안전, 자유, 번영을 위해 차별화된 전략을 회복시키는 것이다. 미국 국민은 소수의 이익이나 추상적으로 이념화된 사람들의 이익이 아닌 자신의 이익을 최고로 여기는 정부를 가질 자격이 있다. 미국의 힘을 되찾아야 한다. 우리는 불굴의 군대, 안전한 국경, 에너지 독립, 적에 맞서는 강력한 우방 동맹 등 국력의 핵심 요소를 재건해야 한다.

미국인들은 무언가 잘못되었다는 것을 감지하고 있다. 이미 위험한 세상에 살고 있으며 미국의 국력이 쇠퇴하면서 더욱 위험해질 것이다. 많은 미국인들이 미국의 힘이 빠지고 있다고 걱정한다. 중국이 곧 모든 것을 결정할 것이라고 걱정한다. 자녀들이 현세대보다 더 나쁜 삶을 살게 될까 봐 걱정하는데, 이는 미국 역사상 처음 있는 비극적인 일이다. 그런데 그들의 걱정이 현실이다.

항상 이런 식은 아니었다. 조지 워싱턴 대통령 시절부터 제2차 세계 대전이 끝날 때까지, 최소 150년간, 아니 그 이후에도 미국은 세계의 변방에서 명실상부한 글로벌 챔피언으로 성장했다. 우리는 세계에서 가장 강력한 군대를 보유하고 있다. 지구상에서 가장 크고 역동적인 경제를 구축하여 근로자에게 무한한 성공의 기회와 함께 사상 최고의 생활 수준을 제공했다. 냉전에서도 승리했다. 미국은 로널드 레이건이 명명한 '운명과의 재회(Rendezvous with Destiny)'도 성취했다. 미국은 세계 역사상 가장 위대한 초강대국이 되었다.

이 모든 것은 우연이 아니라 필연적인 것이었다. 미국의 위대함은 우리가 통제할 수 없는 거대한 비인격적 힘이 아니라 미국 국민 개개인의 선택에서 비롯된 것이다. 워싱턴의 고별 연설에서 워싱턴 대통령은 미국이 '자신의 운명을 스스로 결정할 수 있는' 힘을 키우는 데 인내심이 필요하다고 촉구했다. 여러 세대에 걸쳐 우리는 그의 지침을 따르며 우리의 힘을 더했다. 이는 위대한 정치가와 용감하고 지혜로운 국민이라는 증거이다.

워싱턴 D.C.의 '내셔널 몰(National Mall)'에서 미국의 전통을 보고 느낄 수 있다. 워싱턴 기념비 기슭에 서서 바라보면, 대리석과 화강암으로 만들어진 오벨리스크가 국가의 힘과 신뢰성, 영속성을 보여 주고 있다. 서쪽을 향해 링컨 기념관이 있다. 워싱턴 기념탑을 바라보며 가장 치열했던 전쟁에서 가장 치명적인 전투를 치른 후에도 "이들의 죽음이 헛되지 않게, 하나님 아래 이 나라가 자유의 새로운 탄생을 맞이하기를" 큰소리 내어 말씀하는 링컨 대통령이 앉아 있다. 이어서 그는 '국민의, 국민에 의한, 국민을 위한 정부가 이 땅에서 사라지지 않도록 굳게 결심'한다. 마지막으로 메모리얼 브리지(Memorial Bridge)를 건너 알링턴의 끝없이 늘어선 애국자 묘지를 걷는다. 이 미국인들은 국가적 의무의 부름에 응답하고 우리의 내일을 위해 오늘을 바칠 수 있는 힘과 용기, 애국심을 가진 이들이다.

이러한 전통은 최근에 감소하기는 하지만 사라지거나 잊힌 것은 아니다. 단지 잘못된 선택으로 이 지경에 이르렀다. 이제 새로운 선택을 통해 미국의 강인한 전통을 되돌릴 수 있다. 하루가 다르게 증대하는 지구적 위협에 대비하고 우리 삶의 방식을 보존하려면 반드시 그래야 한다. 언젠가는 그저 착한 자들이 지구를 물려받겠지만, 그때까지는 강한 자들이 지구를 지켜 줘야 한다. 어린 양도 사자와 함께 누워 있을 수 있지만, 나는 여전히 사자이고 싶다. 강자만이 위험한 세상에서 살아남는다. 강자만이 약자를 보호할 수 있다. 강자만이 자비를 베풀 수 있다. 그리고 강자만이 자유와 평화를 지킬 수 있다.

Contents

PART
1

의도된 쇠퇴

★ ★ ★

쇠퇴의 진보적 뿌리[1]

1904년 세인트루이스(St. Louis)에서 열린 세계 박람회는 미국, 미국의 업적, 세계 속의 미국을 기념하는 기념비적인 행사였다. 공식적으로는 루이지애나 구매 박람회로 알려졌지만 토머스 제퍼슨 대통령 취임 100주년과 미국의 영토를 두 배로 확장한 그의 위대한 외교적 업적을 기념

---

1   이 책에는 좌파(left), 자유주의(liberal) 그리고 진보주의(progressive)라는 용어가 자주 등장한다. 2007년 폴 크루그만(Paul Krugman)의 저서 《자유주의자의 양심(The Conscience of a Liberal)》을 바탕으로 개념의 차이를 정리해 드린다. 좌파는 프랑스 혁명에서 혁명을 지지하는 사람들이 국민의회에서 왼쪽에 앉았던 것에서 유래한다. 현대 좌파는 사회적 평등, 정부 개입을 통한 부의 재분배, 그리고 사회 복지 프로그램의 보호를 주장하는 정치 이념이다. 자유주의는 17, 18세기 유럽 계몽주의 시대에 자유 무역과 시장 경제를 강조하며 등장했다. 현대 미국 정치에서는 개념이 변질되어 정부의 경제적 개입과 시민 권리와 자유에 대한 강조를 뜻하는 경우가 많다. 진보주의는 주로 미국에서 19, 20세기에 시작되었는데, 사회 정의, 환경 보호와 대담하고 급진적인 경제 개혁을 옹호한다.

하는 박람회였다.

이 박람회는 미국의 급속한 팽창에 경의를 표했다. 미 인구 조사국(Census Bureau)은 14년 전에 국경의 폐쇄를 발표했고, 미국은 대륙의 공화국으로서의 위상을 성취했다. 스페인-미국 전쟁에서 쿠바와 카리브해에서 스페인을 몰아낸 미국은 북반구에서 확실한 강대국으로 자리매김했다.

미국은 기술과 문화적 저력을 유감없이 발휘했다. 테디 루스벨트(Teddy Roosevelt) 대통령이 백악관에서 황금빛 텔레그라프(유선 전신) 키를 누르자, 워싱턴에서는 축포가 울려 퍼지고 세인트루이스에서는 존 필립 수사(John Philip Sousa)의 지휘로 대규모 합창단이 열정적인 노래를 시작했다.

수백만 명의 미국인이 조국에 대한 자부심으로 이 기념 축제를 지켜봤다. 여러분도 그 시절에 살았다면 아이들과 함께 세인트루이스를 방문했을 것이다. 아이들에게 재미있게 조국을 알리고, 미국의 위대한 유산과 장밋빛 미래를 선물한 건국자들을 기리기 위해서.

하지만 바로 옆에서 열린 작은 행사는 박람회의 애국심과 자부심과는 전혀 다른 논의가 이뤄지고 있었다. 국제 예술 과학 대회(The International Congress of Arts and Sciences)에 모인 수천 명의 지식인들은 '과학적' 인종 차별과 관료주의 정부 등을 포함한 20세기 최악의 아이디어를 공유하고 있었다. 이들은 미국의 유산을 축하하는 대신 미국을 강대국으로 만든 건국 이념에 적대적인 반응을 보이는 외국 사상을 홍보하는 데 열을 올렸다. 유럽, 특히 독일 학자들의 지적 유행과 트렌드에 주된 초점을 맞췄다. 칼 마르크스 같은 독일 철학자의 사상이 얼마나 끔찍한 결과를 초래할 수 있는지 아무도 몰랐기 때문에 행사장의 분위기는 고조되었다.

국제회의의 미국 발표자 명단에는 진보주의자로 알려진 좌파 학자들이 대거 포함되어 있었다. 유토피아적 몽상가, 광신적인 큰 정부 지지자, 악랄한 인종 차별주의자 및 우생학자가 그들이다. 프린스턴대 총장으로 대표적인 진보주의자였던 우드로 윌슨은 이 모든 것을 다 갖춘 사람이었다. 그런 그가 10년 후 미국 대통령이 되었다.

대통령 윌슨은 의회에서 새로운 진보주의 이념을 요약한 역사 강연을 했다. 그는 자신과 같은 지식인들이 '진보와 개혁의 원천'이 될 '새로운 시대의 새벽과 이른 아침'을 자신 있게 선언한다. 교수에서 정치인으로 변신한 버락 오바마가 한 세기 후 '미국을 근본적으로 변화시킬 것'을 요구했던 것처럼 윌슨도 동료 학자들에게 '사회를 변화시킬 것'을 촉구했다. 그는 진보적 지식인들이 '프롤레타리아트의 선봉대(vanguard of the proletariat)'를 자처한 당대의 또 다른 외국 이데올로기인 블라디미르 레닌(Vladimir Lenin)의 말을 인용하며 사회의 '선두에 앞장서기'를 선동했다.

윌슨에 따르면, 진보주의 선봉대의 역할은 역사의 기록이 아니라 역사의 창조를 통해 더 '계몽된' 사회를 만들자는 것이었다. 진보주의자들은 미국의 건국을 기념하기는커녕, 이를 극복하고 유토피아에 대한 비전으로 대체하고자 했다.

나는 자라면서 미국을 사랑하고 건국의 아버지들을 존경하는 법을 배웠다. 여러분도 그랬을 것이다. 얼마 전까지만 해도 독립 기념일에 가족들이 함께 모여 앉아 독립 선언문을 읽고, 학생들은 독립 선언문 전문(前文)과 헌법 전문을 외우는 것이 일반적이었다.

독립 선언과 헌법은 그 힘과 진실을 잃지는 않았지만, 무시와 공격을 받고 있다. 너무 많은 학교에서 이를 가르치려 하지 않는다. 좌파 급진주의자들은 이를 억압적이고 쓸모없다고 비난한다. 심지어 《뉴욕 타임스》는 미국이 1776년이 아닌 1619년 노예 제도에 기초해 건국되었다고 주장하며 역사를 완전히 새로 쓰려고 한다. 하지만 미국 헌법과 건국 원칙에 대한 자유주의자들의 공격은 전혀 새로운 것이 아니다. 오늘날 우리가 듣는 악의적인 주장의 대부분은 한 세기 전에 진보주의자들이 주장했던 것의 재탕 삼탕일 뿐이다.

사실, 오늘날 좌파가 미국의 힘을 방해하는 이유를 제대로 이해하려면 그 원점이 어딘지 알아야 한다. 다름 아닌, 미국의 건국 원칙을 거부한 진보주의자들이다.

건국자들은 우리의 권리를 보호하기 위해 제한된 정부를 만들었고, 우리의 안전과 국익을 보호하기 위해 강경한 외교 정책을 옹호했다. 그들은 시대를 초월하고 변하지 않는 인간의 본성에 기초하여 미국의 정부 형태를 설계했다. 그들은 인간이 천사가 아니며 지상에 천국이 있을 수 없다는 것을 잘 알고 있었다. 그러나 진보주의자들은 자연을 정부의 기초로 삼는 것을 거부하고 역사적 진화와 결정론[2], 즉 그들만의 '역사'로 대체했다. 그들은 인간의 본성은 시간이 지남에 따라 변하며 정부도 마찬가지라고 믿는다. 개인의 권리를 폄하하고, 거대한 관료 정부를 지향하고, 유토피아적 환상을 향해 외교 정책의 방향을 바꾸었다.

나쁜 이념들이 다 그러하듯이, 진보주의는 작은 학술 운동으로 시작했지만 빠르게 대중적인 정치 운동으로 확산되어 한 명의 대통령을 만들어 내는 데 성공했다. 우드로 윌슨이다. 진보주의 이념은 오늘날에도 여전히 민주당을 이끌고 있다. 정치인들이 '역사의 올바름' 또는 '역사의 원호(The Arc of History)' 등을 언급하면 그건 초기 진보주의 사상의 추종자라는 말이다.

오늘날의 진보주의자들은 이런 문구가 멋있게 보이겠지만, 사실은 미국 쇠퇴의 뿌리가 된 추악한 반미 이데올로기를 의미한다. 진보주의자들이 미국의 도덕적·정치적 토대를 부정한다면, 곧 미국 자체를 부정하는 것이다. 오늘날 좌파들의 미국에 대한 폭력적인 증오는 얼마 전 진보주의자들이 보인 미국에 대한 공격에서 시작되었다.

---

2   역사적 진화는 인간 사회가 생물학적 진화와 유사한 방식으로 시간이 흐름에 따라 진보하거나 변화한다고 전제하며 이러한 변화는 예측할 수 있거나 결정론적 방식으로 일어난다는 이론이다. 이는 사회의 발전이 주로 생산 수단과 계급 투쟁의 변화에 의해 주도된다는 좌파적 주장으로 연결된다. 이 이론은 역사가 복잡한 상호 작용과 다양한 요인으로 미래 예측이 불확실하다는 점을 간과하고 있다고 비판받는다.

건국에 대한 진보주의자들의 공격

진보주의자들은 미국 건국의 첫 번째 정부 원칙을 거부한다. 시작한 지 이미 한 세기 이상이 지났기 때문에 진보주의자들의 건국 원칙에 대한 급격한 공격이 간과되어 온 것도 사실이다. 그들이 어떻게 쇠퇴의 씨앗을 뿌렸는지 알려면 건국의 첫 번째 원칙을 돌아봐야 한다.

자연(Nature) 대 역사

건국자들은 불변의 원칙과 시대를 초월한 진리 위에 미국을 세웠다. 이에 반해 진보주의자들은 건국은 과거의 일로 건국의 원칙이 역사의 진보에 뒤처지기 때문에 무시될 수 있다고 주장한다. 논의가 다소 추상적이니 독립 선언문에서 시작하는 것이 좋겠다. 독립 선언문은 영국으로부터의 독립을 전 세계에 알린다. 하지만 더 중요한 것은 새로운 국가의 원칙을 명시한 것이다. 에이브러햄 링컨은 주요 저자인 토머스 제퍼슨에게 '차분함, 예견력, 그리고 단순히 혁명적인 문서에 만인과 모든 시기에 적용 가능한 추상적인 진리를 도입할 능력'을 가지고 있다고 찬사를 보냈다.

'단순히 혁명적인' 문서라니. 마치 대영제국에 대한 반란이 사소한 일인 것처럼 들린다. 하지만 링컨은 '만인과 모든 시대에 적용되는 추상적 진리'가 혁명에 얼마나 필수적인지 알고 있었고, 이를 통해 수많은 애국자들의 희생도 정당화할 수 있었다. 물론 그 진리는 선언의 핵심 주장이

다: "만인은 평등하게 창조되었다." 건국자들은 이를 '자명하다'고 했다. 진리는 그 자체가 증거이며 별도의 외부 입증이 필요 없다는 뜻이다.

평등하게 창조되었다는 것은 무슨 의미인가? 우리가 모든 면에서 똑같다는 의미가 아니다. 건국자들은 평등은 도덕적이고 정치적인 것이라고 언급한다. 제퍼슨은 선언 50주년을 기념하며 "인류의 대다수는 등에 안장을 달고 태어난 것도, 박차가 부착된 부츠를 신고 말 타는 신의 은총으로 특혜받은 소수도 아니다."라고 말한다. 선언의 위대한 해석자인 링컨도 이에 동의하며 인간은 전혀 평등하지 않다고 지적하는 사람들에게 다음과 같이 답한다.

"선언문은 만인의 평등을 언급하지만, 만인이 모든 면에서 동일하다고 선언하려는 것은 아니라고 생각한다. 피부색, 몸 크기, 지능, 도덕적 발달, 사회적 능력에 있어서 모두가 동일하다고 말하려는 의도가 아니다. 선언문은 용인될 수 있는 수준의 차이 내에서 만인은 '생명, 자유, 행복 추구권 등 양도할 수 없는 특정한 권리'에 있어서 평등하다고 명확하게 언급한다."

우리는 서로 다르지만 모두 동일한 권리를 가지고 있으며, 본질적으로 누구도 다른 사람을 지배할 자격이 없다. 건국자들은 우리의 평등은 신으로부터 온 것이기 때문에 영원한 진리이며, 선언문에서 말했듯이 '자연의 법칙과 자연의 신'이라고 설명한다. 존 애덤스는 이 선언을 기독교와 직접 연결시키면서 기독교는 "네 이웃을 네 몸과 같이 사랑하라"는 영원하고 근본적인 자연법칙의 원리에 기초한다고 쓴다. 하나님께서 우리를 그분의 형상대로 똑같이 창조하셨기 때문에 우리는 평등하며, 그때나 지금 이나 언제나 똑같이 인간이기 때문이다. 그리고 신이 언제나 그랬고 지금 도 그렇듯이 이러한 자연의 법칙도 불변하고 시대를 초월한다.

이러한 이해는 당시 미국인들 사이에서 논란의 여지가 없었고 논쟁의 여지도 없었다. 사망 직전 제퍼슨은 자신의 선언문은 미국인의 상식에 기초하였다면서 자신만의 '원칙이나 감정의 독창성'을 부인했다. 선언의 목표는 '이전에 없던 새로운 원칙이나 주장이 아니라, 인류의 상식을 그 들 앞에 제시하는 것'이었다. 그는 미국인들은 '공통된 의견'을 가지고 있 으며 모두 '동일하게 생각했다'고 회상하며, 선언문은 단순히 "미국인 정 신의 표현"이라고 말한다. 최근 좌파의 지적 유행에도 불구하고 미국인 대부분은 이에 동의할 것이다. 그래서 우리는 독립 기념일에 불꽃놀이 를 하고, 퍼레이드를 하고, 독립 선언문을 읽는다.

진보주의자들에게 이 모든 것은 어불성설이고, 최악은 '진보'를 가로 막는 장애물로 보는 것이다. 우드로 윌슨은 독립 선언을 좋아하지 않았 다. 사실은 싫어했다. 윌슨은 18세기 후반의 '낡은 미국 정신의 표현'이 라며 조롱하곤 했다. 그는 "문제는 모든 사람이 자유롭고 평등하게 태어 났는지 아닌지가 아니다. 평등하게 태어났다 해도, 평등하지 않은 걸 당 신도 알고 있지 않나."라고 비웃었다.

오늘날 많은 정치인들이 독립 선언문을 이처럼 대놓고 비판한다고 생 각하지는 않는다! "이 나라의 일부 시민들은 독립 선언문에 언급된 평 등을 쟁취해 본 적이 없다."고 유감을 표명하는 윌슨처럼, 미국을 건국한 애국자들을 조롱하는 정치인들도 많지 않다고 본다. 윌슨은 "진정한 독립 선언서를 이해하려면 서문을 반복하지 말라."고 충고한다. 다시 말해, 선언의 가장 중요한 철학인 시대를 초월한 자연의 법칙과 자연의 신에 근거한 우리의 평등을 읽지 말란다. 윌슨은 평등이나 그 어떤 것도 정부의 권력을 제한하는 영원하고 불변의 토대라고 믿지 말라는 것이다.

진보주의자들은 역사적 진화를 밀어붙이기 위해 불멸의 원칙을 거부한다. 여기서 그들은 독일 철학자, 특히 G. W. F. 헤겔의 사상을 차용한다. 헤겔은 역사(History: 대문자 H를 주목)는 일종의 이성적이고 진화적인 과정으로서 나름대로의 정신을 가지고 진행된다고 주장한다. 헤겔의 역사는 전제주의, 봉건주의, 군주제의 여러 단계를 거쳐 헤겔이 칭하는 '합리적 국가'하의 '자유'로 마무리된다. 헤겔 이론의 핵심 시사점은 지식과 지혜는 시간이 지남에 따라 변화한다는 것이다. 그는 선조들에게 진실이 오늘날 우리에게는 반드시 진실은 아니라고 주장한다.

이러한 역사적 상대주의는 미국 건국 선언과 건국에 대한 진보주의자들의 글 전반에 걸쳐 나타난다. 윌슨은 "독립 선언문은 우리 시대의 문제에 대해 언급하지 않았다."며 반대한다. 그는 선언문에 언급된 문제들과의 연관성도 보려 하지 않고 있다. "선언문의 문장은 정책을 수립하는 정부의 일반론이 될 수 없다. 자유를 가져야 한다는 것은 의심할 여지가 없지만, 각 세대는 자유에 대한 고유 개념을 가져야 한다."며 윌슨은 근본적으로 독립 선언을 낡고 쓸모없는 것으로 치부하고 이를 뛰어넘기를 원했다. 이어서 그는 "독립 선언문 서명자들이 주장한 교리를 고수할 의무가 없다. 우리는 그들이 정부를 만들고 없애는 것만큼이나 자유롭다.

선언문을 만든 인간이나 문서를 숭배하지 않는다."

또 다른 대표적인 진보주의자인 존 듀이(John Dewey)는 훨씬 더 직설적이다. 그는 '자유, 개성, 지성에 대한 그들만의 특별한 해석은 역사적 조건에 따른 것이며, 그 시대와 장소에만 해당되는 것'이라며 건국자들을 조롱했다. 그들의 '자유에 대한 특별한 해석'은 '역사적 상대성'의 적용을 받지 않았기 때문에 '모든 상황에서 항상 적용될 수 있는 교리로 고정'시켰다는 것이다. 물론 링컨과 미국 건국자들은 영속성이 우리 정부 체제의 미덕이라 알고 있었다. 하지만 진보주의자들에게는 이것이 핵심적인 결함이었다.

결국 진보파는 두 가지 이유로 선언을 거부했다. 첫째, 그들은 역사 대신 신이 부여한 자연에 호소함으로써 건국자들이 부끄럽고 낡은 지식, 즉 신화나 미신에 의존하고 있다고 생각한다. 둘째, 진보주의자들은 신이 부여한 양도할 수 없는 권리라는 신화가 국가 경제와 개인 사생활을 규제하기 위한 방대한 행정 관료제 – 헤겔이 말하는 '합리적 국가' – 를 건설하려는 그들의 계획을 방해한다고 믿었다.

오늘날에는 자연과 역사 사이의 이러한 논쟁이 그다지 중요해 보이지 않는다. 많은 사람들이 여전히 독립 기념일에 독립 선언서를 읽고, 선의의 사람들조차 '역사의 올바른 편에 서는 것'에 대해 이야기한다. 한 세기가 넘은 지금, 진보적 역사관은 상당히 일반적인 사고방식이 되었다. 미국도 힘과 부, 공정성 면에서 큰 발전을 이루었기 때문에 많은 사람들이 진보가 어느 정도 필연적이라고 생각하는 경향도 있다.

그러나 윌슨이 가장 좋아하는 비유 중 하나를 통해 강조했듯이 자연과 진보적 역사는 실제로는 다르다.

미시시피강의 한 증기선 선장은 강에 짙은 안개가 드리워진 탓에 강변에 정박했다. 안개는 수면 위에 낮고 짙게 깔려 있지만 구름 한 점 없는 하늘에는 수천 개의 별빛이 반짝이고 있었다. 초조한 승객이 왜 늦느냐고 닦달한다. 선장은 "시야 확보가 어렵습니다."라고 대답한다. 승객은 "하늘은 저렇게 맑은데요."라며 "북극성도 보입니다."라고 제안한다. "네, 하지만 우리는 그쪽으로 가지 않거든요."라고 선장은 대답한다.

여기서 윌슨은 국가를 선박에 빗대어 이야기한다. 정상적이라면 선장은 바람, 날씨, 해상 상태 등의 상황을 고려하여 항로와 항법을 선택하지만 궁극적으로는 북극성과 같은 고정되고 영원한 원칙을 따라 목표점을 정하고 항해한다. 반면 윌슨이 언급하는 선장은 목적지뿐만 아니라 항로도 그가 나름대로 정한다. 그는 둑과 떼를 피하기 위해 약간의 항해술을 발휘해야 하지만 결국은 강물의 흐름, 즉 좌파적 역사에 복종해야 한다는 거다. 사실 진보주의자들에게 시대를 초월한 원칙에 호소하는 것은 단순히 시대에 뒤떨어진 것이 아니라 위험 그 자체다. 윌슨은 이 비유에서 "정치는 강의 실제 굴곡을 따라야 한다. 별을 따라 항해하면 좌초할 것이다."라는 교훈을 얻었다고 말한다.

자연과 좌파적 역사는 진정으로 다르다. 20세기는 비참함과 유혈 사태, 억압으로 가득했는데, 이는 많은 통치자들이 스스로를 '소위' 과거의 낡은 도덕과 권리에 얽매이지 않는 '역사의 주체'로 생각했기 때문이다.

진보주의자들도 예외는 아니다.

개인의 권리 대 국가

건국자들은 개인 권리의 보호를 정부의 주요 목적으로 여겼다. 그러나 진보주의자들은 개인의 권리가 새로운 정부 형태를 만들려는 그들의 계획을 방해하는 가장 큰 장애물이라고 생각했다. 건국자들에게 우리의 권리는 제퍼슨이 말했듯이 사람은 다름없이 태어난다는 자연적 평등에서 비롯된다. 인간의 권리는 '창조주로부터 부여받은 것'이라는 선언의 '자명한' 진리 중 하나이다.

선언문이나 헌법의 권리 장전은 권리를 창조한 것이 아니라 단순히 이를 인정한 것이다. 권리는 정부 이전부터 존재해 왔으며 정부에 대한 제약이자 정부의 목적이기도 하다. 오늘날 우리가 자신의 생각을 말하고, 신을 경배하고, 총기를 소유하고, 적법한 법 절차를 받을 수 있는 권리는 건국 당시 선조들이 누렸던 권리와 다르지 않다. 억압적인 정부가 우리의 권리를 부정할지라도 우리의 권리는 언제 어디서나 모든 사람의 권리와 다르지 않다.

자연을 정부의 기초로 삼는 것을 거부한 진보주의자들은 개인의 권리는 신이 주거나 인간의 본성에 내재된 것이 아니라 정부가 주는 선물이라고 믿는다. 그래서 정부가 주니 정부가 **빼앗을** 수도 있다는 것이다.

진보주의의 산실인 존스 홉킨스 대학의 총장이자 미국 정치학 협회의 초대 회장이었던 저명한 진보주의 지식인 프랭크 굿나우(Frank Goodnow)는 이 사실을 매우 극명하게 드러낸다. 그는 '개인의 권리와 정치적 철학'을 '진보의 필수 전제 조건에 대한 위협'이라고 비난한다. 굿나우에 따르면, 개인의 권리는 오늘날 좌파가 자주 말하는 '사회적 개념'이라는 것이다.

"국민의 권리는 창조주가 아니라 그가 속한 사회가 부여한 것이다. 그 권리는 그 사회의 필요를 고려하여 입법 기관에 의해 결정된다. 따라서 자연권이 아닌 사회적 현명함이 개인행동 자유의 영역을 결정한다."

굿나우는 개인의 권리는 정부의 규모와 필요에 따라 억제된다는 사실을 솔직히 인정한다. 그는 "정부의 행동 영역은 지속적으로 확장되고 있다."며 바라건대 "사적 권리의 실제 내용은 갈수록 축소되고 있다."고 속마음을 보인다. 정부가 커질수록 우리의 권리는 후퇴한다는 사실을 인정하는 거다.

진보주의자들에게는 이 모든 것이 계획의 일부였다. 그들은 우리의 권리에 근거하지 않고 오히려 우리의 권리를 제한하는 거대한 행정 국가를 건설하고자 한다. 진보주의자들은 이것이 보다 '효율적이고' 집단주의적인 사회를 건설하는 열쇠라고 믿는다. 윌슨은 자연권이 박탈되면 "공동체로서의 인간은 개인으로서의 인간보다 우위에 서게 된다."며, 더 나아가 "국가가 넘을 수 없는 공과 사의 구별은 없으며, 입법의 전능성은 모든 정의의 첫 번째 단계이다."라고 한다.

'입법의 전능성', 즉 국회의원이 무한한 권력을 가지고 있다는 믿음은 진보 좌파의 정부에 대한 관점을 적나라하게 보여 준다. 이는 민주당이 집권할 때마다 정부 규모가 커지는 이유이다. 우리가 먹는 음식부터 자녀 양육 방식에 이르기까지 우리 삶의 모든 측면을 그들이 결정할 수 있다고 믿는 이유이기도 하다. 진보주의자들은 우리의 권리가 신으로부터 온다고 생각하지 않는다. 그들은 정부가 신이라고 생각한다.

헌법 대 큰 정부

링컨은 잠언에 나온 표현을 빌려 선언문을 '금의 사과', 헌법을 '은의 그림'이라고 불렀다. 헌법은 선언문에 형식과 구조를 부여한다. "이 그림은 사과를 감추거나 파괴하기 위해 만들어진 것이 아니라, 장식하고 보존하기 위해 만들어졌다." 미국 독립 선언을 공격했던 것처럼 진보주의자들은 당연히 미국 헌법도 공격한다.

《페더럴리스트(Federalist)》 잡지 51호에 게재된 제임스 매디슨(James Madison)의 기고문은 헌법도 선언문과 마찬가지로 시대를 초월하고 변하지 않는 인간의 본성, 즉 "인간은 천사가 아니다."라는 사실에 기초하고 있다고 설명한다. 그는 우리가 본질적으로 평등한 것처럼, 동시에 본질적으로 타락한 피조물이라고 지적한다. 이어서 '천사가 인간을 다스린다면' 정부에 대한 외부 통세나 내부 통제가 필요 없다고 말한다. 정부는 '사람이 사람 위에 군림'하는 구조이므로 '정부가 피지배자를 통제하게' 설계되어야 하지만, '정부가 스스로를 통제하도록 의무화'도 반드시 해야 한다고 매디슨은 기술한다. 그는 "정부의 남용을 통제하기 위한 장치가 필요하다는 것은 인간 본성에 대한 반성일 수 있다."고 인정한다. 그래서 그는 되묻는다. "정부는 인간 본성에 대한 가장 위대한 성찰이 아닐까? 타락하고 죄 많은 인간이기에 정부가 필요하지만, 한편으로 그런 인간이 정부를 운영하기 때문에 무소불위의 권력을 가져서는 안 된다."

인간 본성에 대한 이러한 성찰은 오늘날 좌파가 좋아하는 '빈곤 퇴치'나 '세상의 폭정 종식'과 같은 유토피아적 계획에 보수주의자들이 회의적인 이유라고 덧붙이고 싶다. 이들 목표가 고귀하다고 당연히 인정하지만, 목표 달성에 대한 부정적 기대치도 이곳 현실적 천당에서 두 눈을 부릅뜨고 쳐다보고 있다.

매디슨이 언급하는 정기적 선거, 제한된 정부, 연방주의, 권력 분립 등의 '장치'는 우리 헌법에 없어서는 안 될 특징이다. 그는 정기적인 선거가 "정부에 대한 일차적 통제이지만, 경험적으로 우리는 보조적인 예방책의 필요성도 알고 있다."고 썼다. 한 가지 '보조적 예방책'으로 연방 정부에 제한된 권한을 위임하고 대부분의 권한을 주정부에 맡기는 '연방 시스템'이다. 또 다른 하나는 삼권 분립으로, 정부 3부 간의 견제와 균형 시스템을 갖추는 거다. 이를 통해 '국민 권리의 이중 안전장치'가 확보된다고 했다. 매디슨은 이러한 '장치와 통제(Device and Control)'가 자유의 보존에 필수적이라고 언급했다.

천사가 아니라고 해서 우리가 악마라는 뜻은 아니다. 매디슨은《페더럴리스트》의 다른 호에서 인간 본성의 선과 악, 그리고 그것이 정부에 주는 의미에 대해 이렇게 자세히 설명한다. "인간에게는 어느 정도의 신중함과 불신이 필요한 타락이 있듯이, 다른 측면의 본성에는 어느 정도의 존경과 신뢰를 정당화하는 자질도 있다. 공화당 정부는 인간의 자질이 높은 수준으로 존재한다는 것을 전제로 한다." 인간 본성에 대한 이러한 냉철한 평가는 헌법에 대한 건국자들의 사고 전반에 흐른다.

반면에 진보주의자들은 냉정함을 잃은 유토피아적이었다. 앞서 살펴본 것처럼 진보주의자들은 '역사'에는 고유한 진보의 논리가 있다고 믿는다. 과학과 기술의 발전으로 물질적 조건이 개선된 것처럼 인류의 도덕적 조건도 개선된다는 거다. 진보주의 학자 존 버지스(John Burgess)는 역사란 '인류가 궁극적인 완성을 향해 나아가는 발전 단계를 표시하는, 인간 이성의 점진적인 발현에 대한 진실되고 충실한 기록'이라고 장엄하게 기술한다. 아담과 이브가 에덴에서 쫓겨난 지 오래된 지금도, 진보주의자들은 진보적 역사가 전해준 우월한 지식으로 지상에 새로운 낙원을 만들 수 있다고 믿는다.

돌이켜 20세기의 끔찍한 상황을 고려할 때 이 견해는 순진하다 못해 절망적으로 보인다. 그러나 좌파 과잉 추종자들은 유토피아적인 정치적 신념이 현대 기술과 결합되면 재앙으로 이어진다는 것을 간과한다. 이 사람이 증인이다. 당시를 대표하는 진보주의 인물인 윈스턴 처칠은 현대 전쟁에 관한 에세이에서 과학 기술의 진보와 도덕적 진보를 대조적으로 설명한다. "인류가 지금과 같은 처지에 놓인 적은 없었다. 미덕이 눈에 띄게 향상되거나 현명한 지도자도 없이, 인류는 처음으로 스스로를 멸종시킬 수 있는 도구를 손에 쥐게 되었다." 건국자들은 인간의 본성은 시간이 지나도 좌파적 역사가 희망하듯 변하거나 개선되지 않는다는 처칠의 견해를 함께 공유했다.

그러나 인간 본성의 완전성은 진보주의자들에게는 신앙의 조항이자 헌법 비판의 핵심이었다. 역사가 발전하고 인간의 본성이 더 나은 방향으로 진화함에 따라 '사람 위에 사람에 의한' 정부는 덜 위험해졌고 '보조적 예방책'은 더 이상 필요하지 않으며, 정부는 권력을 남용하지 않을 것이라고 신뢰한다. 예를 들어, 진보적 저널리스트인 허버트 크롤리(Herbert Croly)는 '특정한 법의 형식이 아니라 자유롭고 인도적인 목적에 대한 성실성과 헌신의 정도에 따라 공동체가 통합되는 미래'를 간절히 기대했다. 삼권 분립이나 권리 장전 같은 것은 정부의 행동 능력을 방해할 뿐이라는 거다. '권력 마비'(Gridlock)'는 권력 분립을 비난하는 좌파적 용어이다.

진보주의자들은 자신들을 향한 비판에 과학의 이름으로 덧칠한다. 학자이자 정치가였던 윌슨은 헌법이 '뉴턴적', 즉 지나치게 기계적이라고 비판한다. 그는 "헌법은 중력의 법칙에 기초하고 있고, 정부는 '견제와 균형(Check and Balance)'의 힘에 의해 존재하고 움직여야 한다."는 사실을 비난했다. 그는 정부는 기계가 아니라 살아 있는 존재라는 것이다. 윌슨은 이 '뉴턴적' 이론을 '정치적 주술'에 지나지 않는다고 일축한다.

당시의 역사적 지평에 얽매여 있던 건국자들은 다윈이 죽음의 언덕 너머에서 살아 돌아올 것을 예상하지 못했다. 이때 윌슨은 생명체로서 정부는 "우주 이론이 아니라 유기적 생명체 이론에 따르며, 뉴턴이 아니라 다윈이 대답할 일이다."라고 주장한다. 그는 "살아 있는 정치 헌법은 구조적으로나 실제로나 다원주의적이어야 한다."고 강조하며 정부의 견제와 균형의 시스템은 치명적이라고 항변한다. "어떤 생명체도 기관이 서로 상쇄되어 견제 역할을 하며 살아갈 수 없다."며 이어서, "진보주의자들이 요구하거나 원하는 것은 '발전', '진화'가 과학적 단어인 시대에 헌법을 다원주의 원칙에 따라 재해석하는 것이다."라고 한다.

윌슨은 진보주의자들이 헌법을 '해석'하고 싶을 뿐이라고 말했지만, 실제로는 헌법의 본래 의미를 인식할 수 없을 정도로 왜곡하고 싶다는 의지를 드러냈다. 예를 들어, 진보주의자들은 권력 분립이나 연방주의[3]를 수정하기 위해 헌법을 개정하는 대신 헌법 위에 새로운 시스템을 접목하고자 한다. 윌슨은 자신의 첫 번째 저서에서 헌법의 '결함'을 '단일하고 흔들리지 않는 권력'으로 대체하자고 주장했다. '무소불위의 권력'보다 건국 이념과 이질적인 것은 없다. 그러나 이것이 바로 현대 행정 국가에 대한 진보주의자들의 비전이었다.

오늘날 워싱턴의 관료 조직은 국세청(IRS), 환경보호청(EPS), 증권거래위원회(SEC) 등 모든 알파벳 약자의 홍수에 익숙해져 있다. 이러한 기관의 역사는 좌파 시대로 시작된다. 첫 번째는 윌슨이 대통령 임기 초에 만든 연방거래위원회(FTC)이다. FTC는 여전히 '불공정한 경쟁'과 '불공정

---

3 연방주의(Federalism)는 국가의 정치적 시스템에서 중앙 정부와 지방 정부 간의 권한과 역할을 나누는 원칙이자 체제를 가리킨다. 우리나라처럼 하나의 중앙 집권적 국가가 아니라, 미국처럼 중앙 정부와 지방 정부가 상호 협력하면서 권한을 공유하고 독립적으로 행동하는 형태를 지칭한다.

혹은 기만적인 행위와 관행'을 규제할 수 있는 광범위한 권한을 가지고 있는데, FTC가 스스로 정의할 수밖에 없는 모호한 규제들뿐이다. 대부분의 다른 행정 기관도 이 모델을 따른다.

간단히 말해서, 이러한 관료주의는 창립자의 헌법 설계에 위배된다. 이들 기관은 자체적으로 구속력 있는 규정을 만들고, 자체 규정을 집행하며, 규정에 따라 관련 사건을 판단한다. 매디슨이 《페더럴리스트》 47호에서 말했듯이, 입법, 행정, 사법 권한을 모두 '한 손에' 쥐고 있는 '폭정의 정의'와 다름없다.

놀랍게도, 진보주의자들에게는 위에 언급한 관료 조직들은 헤겔이 말한 '합리적 국가'의 도래를 의미한다. 윌슨은 '공공 행정(public administration)'이란 것이 '독일 교수들'의 이론적 산물이며 '미국적 가치도 이해 못한 채 영어도 아닌 외국어로 쓰인 외래 과학'에 근거한다는 점을 인정한다. 그럼에도 그는 행정 기관은 현대 사회의 복잡성을 고려할 때 '무소불위의 권력'을 가져야 한다는 거다. 그는 "행정은 입법을 기다릴 수 없다."며, "정부의 속성상, 권한 위임 없이도 정책을 결정하고 실행할 수 있는 권한이 요구된다."고 주장한다.

그리고 관료제는 목적 달성을 위해 정치적 책임으로부터 보호되어야 한다고 말한다. 윌슨은 "관료주의는 국가의 모든 서비스가 국민의 일상적인 정치 생활을 배제해야만 존재할 수 있다."고 믿었다. 진보주의자들은 헤겔이 '보편적 계급[4](Universal Class)'이라고 칭한 도덕적으로 순수하고 과학적으로 전문적인 공무원 집단에 의해 정부가 운영될 것이라고 상상했기 때문에 정부의 과잉 개입이나 남용을 두려워하지 않았다. 반대로 윌슨은 "행정이 새로운 모든 분야에 관여하고 있다."며 관료주의의 성장에 흥분을 감추지 못했다.

진보주의자들은 다윈과 '살아 있는 정부'를 논의하면서 '살아 있는 헌법'이라는 개념을 우리 정치에 도입했다. 그러나 안토닌 스칼리아(Antonin Scalia) 대법관이 지적했듯이, '살아 있는 헌법'은 계속 변하므로 쓸모가 없고 실제로는 '죽은 헌법'이 된다는 거다. 헌법을 숭배하는 우리는 당연히 '영속적인 헌법'을 선호한다.

안타깝게도 진보파가 꿈꾸는 새로운 행정 국가는 유능하고 효율적이며 공공의 정신을 가진 관료제라는 비전과는 거리가 멀어도 한참 멀지만, 오늘날에도 우리 주변에서 쉽게 발견된다. 예를 들어, 코로나바이러스 팬데믹 기간 동안 질병 통제 센터(Centers for Disease Control, CDC)가 제 할 일을 했다고 생각하는 사람이 있을까? 미국 국민은 그렇지 않다고 생각한다. 팬데믹이 시작된 이후 2년 동안 CDC를 신뢰하지 않는다고 응답한 비율이 3배로 증가했다. 그렇다면 티파티[5](Tea Party) 단체를 괴롭힌 IRS의 로이스 레너(Lois Lerner)가 윤리적이고 이타적인 공무원을 대표한다고 생각하는 사람이 있을까? 아니면 러시아 내통설에 연루되어

---

4 헤겔에 따르면, 보편적인 계급은 역사적인 과정을 주도하는 주체로서 특정 시대의 가장 발전된 이념, 가치관, 정치적 제도를 이끈다. 당시 헤겔은 독일이 가장 높은 정신적 발전의 형태라고 생각했다.

5 보수적인 가치와 정책을 옹호하는 모임으로 2009년에 시작되었으며, 주로 낮은 세금, 소비자 권리, 정부 간섭의 감소, 재정 책임성, 미국 헌법의 엄격한 해석을 주장한다.

쫓겨난 전직 FBI 심층 분석가 피터 스트로크(Peter Strzok)와 리사 페이지(Lisa Page)는 또 어떤가? 관료주의의 무능, 남용과 범죄 사례는 쉽게 책한 권을 가득 채울 수 있다.

관료주의는 어떤 완곡어법으로 부정해도 계속 성장하고 있다. 민주당원조차도 더 이상 '관료주의'에 대해 호의적으로 말하는 사람은 없다. 우스꽝스럽게도, 관료들은 관료라고 불리는 것 자체를 싫어한다. 대신 그들은 공화당 정부에는 어울리지 않는 혐오스러운 호칭이지만, 좌파 정부가 주장하는 무한 권력에는 이상하게도 적합한 '전제 군주(Czar)'가 되기를 열망한다. 팬데믹 기간 동안 진보주의자들은 "전문가들의 말을 경청"하고 "과학을 따르라."고 말한다.

이는 국민과 국민이 선출한 대표자가 비선출직 관료에게 자신의 삶을 명령하고 지시하고 통제할 수 있는 권한을 양도해야 한다는 의미이다. 실제로 토니 파우치[6](Tony Fauci)는 오늘날 진보주의자들의 정부에 대한 비전을 잘 보여 주고 있다. 학위와 오랜 공직 생활로 무장한 그는 자신은 "오직 과학에만 관심이 있다."고 주장한다. 그는 자신의 비판자들에게 '내가 과학을 대표하기 때문에 과학을 비판하는 것'이라고 강변한다. 그는 중국 우한(Wuhan) 연구소에 대한 자금 지원에 대한 책임을 회피하고 대중을 오도했다. 그는 감염병에 대한 좁은 전문 지식 하나로 무장한 채 아동 발달, 거시 경제 또는 공급망에 대해 발언할 자격이 있는 것처럼 거

---

6 38년간 미국 국립 알레르기 · 전염병 연구소(NIAID)에서 복무하며 7명의 대통령하에서 에이즈를 비롯한 수많은 전염병에 대처하였고 2022년 소장으로 퇴임하였다. 말년에는 정치적인 언급으로 논란에 휩싸였다.

만하게 행동한다. 또 모순되고 변화무쌍한 자기 지시를 따르지 않는 선출직 공무원을 질책했다. 이 모든 일을 하라고 뽑아준 사람은 아무도 없었지만, 진보주의자들은 그를 축하하고, 멋진 잡지 표지에 그를 올리고, 그의 이름이 적힌 현수막을 내걸곤 했다.

이러한 정서는 역사의 진보에 대한 깊은 믿음, 인간 본성의 완전성에 대한 이상주의적 믿음, 선언과 헌법에 대한 거부라는 진보적 사고의 기둥 위에 놓여 있다. 그리고 진보주의자들이 국내 제도를 변화시킨 것처럼 그들의 사상은 미국의 외교 정책도 재편했다.

진보주의와 세계의 만남

앞서 살펴본 바와 같이, 미국 건국자들은 도덕적 평등에 기초하여 인간의 타락한 본성을 고려하면서 인간의 자연권을 보호하기 위한 정부를 구성했다. 그들은 동일하게 냉정하고 냉철한 시각으로 외교 정책에 접근했다. 대조적으로 진보주의자들은 좌파적 역사를 통해 자신들이 계몽되었다고 상상하면서 미국의 국익과는 동떨어진, 달성할 수 없는 추상적인 목표에 전념하는 유토피아적 외교 정책을 추구했다.

국내 정치와 마찬가지로 외교 정책에 대한 건국자들의 생각은 인간의 본성에서 출발한다. 인간이 가정에서 천사가 아니라면 무정부 상태의 국제 정치 세계에서는 더 악화될 수 있다는 거다. 알렉산더 해밀턴(Alexander Hamilton)은 《페더럴리스트》 6호에서 "인간은 야심적이고 보복적이며 탐욕스럽다."며 영구적 평화에 대한 '유토피아적 추측'을 일축했다. 해밀턴은 그가 살던 시대와 역사 속 잔인한 왕과 폭력적인 폭도들을 염두에 두고 썼지만, 블라디미르 푸틴이나 시진핑 같은 지금의 독재자들에게 쉽게 적용되는 말이다. 해밀턴은 《페더럴리스트》 34호에서 "인화성 높고 파괴적인 전쟁의 분노는 따뜻하고 부드러운 평화의 정서보다 훨씬 더 강력하게 우리 마음을 자극한다."는 사실을 인정한다.

타락하고 위험한 세상에서 정부가 우리의 권리를 보호하려면 외교 정책은 우리의 안전에 우선순위를 두어야 한다. 독립 선언은 '안전과 행복'이 정부의 두 가지 목표라고 명시하고 있다. 외교 정책은 우리의 권리를 누리고 행복을 추구하기 위한 전제 조건인 안전의 영역이다. 존 제이 (John Jay)는 《페더럴리스트》 3호에서 "현명하고 자유로운 국민이 주의를 기울여야 할 것 중에 안전 보장이 최우선"이라고 말한다. 나는 이라크와 아프가니스탄 참전 군인으로서 이 격언을 직접 목격했는데, 미국 정책 입안자들은 안보의 기본을 확립하지 않은 채 경제 개발과 여성 인권과 같은 고상한 목표를 어리석게 추구하고 있다. 훈련 중인 병사들을 보호하기 위해 육군이 말하는 것은 외교 정책에서도 마찬가지다. 안전 또 안전이다.

조지 워싱턴의 고별 연설은 우리의 안전과 국익에 기반한 외교 정책의 밑그림을 그렸다. 그는 '정의에 따른 우리의 국익'이 우리의 북극성 역할을 해야 한다고 믿었다. 건국자들이 보기에 국익을 추구하는 것은 잘못된 것이 아니었다. 그렇지 않으면 다른 나라에 노예처럼 의존하게 될 것이기 때문이다. 그러나 이익 추구는 다른 국가들도 자국 이익을 추구한다는 것을 전제하면서 '정의롭게' 이루어져야 한다. 워싱턴은 '모든 국가에 대한 선의와 정의'를 권고하고, '모든 국가와 평화와 조화를 조성'하고자 노력했으며, '타국에 대한 미국의 행동 규칙은 상업적 관계를 확장할 때 가능한 한 정치적 이해관계를 갖지 않는 것'이라고 제안했다. 워싱턴은 이러한 정책이 미국이 '스스로의 운명을 통제'할 수 있을 때까지 국가가 성장하고 경제가 확장되며 힘을 모을 수 있는 '시간을 벌어줄 것'이라고 주장했다.

다시 말해, 건국자들은 미국을 최우선으로 생각했다. 우리가 아니라면 누가 우리를 위할까?

하지만 진보주의자들은 달랐다. 1915년, 윌슨은 시민권 수여식에서 새로운 시민들에게 "항상 미국을 먼저 생각할 뿐만 아니라 마찬가지로 인류를 먼저 생각해야 합니다." 정말 멋진 환영사다! 하지만 '인간 우선주의'는 진보주의자들에게나 기대할 수 있는 말이다. 역사가 발전하고 인간의 본성이 개선됨에 따라 국가는 안전에 대한 원시적인 우려와 이기적인 국익 추구에서 벗어날 수 있고 또 그래야 한다고 그들은 믿었다. 그래서 외교 정책은 나를 버리고 이타적인 것이 될 수 있었다. 미국의 힘은 미국의 이익을 증진하기 위해서가 아니라 다른 국가와 전 세계의 사회적·경제적·정치적 상황을 개선하는 데 사용되어야 한다고 그들은 믿었다.

외교 정책에 대한 진보주의자들의 접근 방식은 제1차 세계대전에 대한 윌슨의 대응에서 가장 잘 드러난다. 1914년 전쟁이 발발하자 윌슨은 프랑스 혁명 당시 워싱턴의 정책과 다르지 않은 중립 정책을 약속했다. 그러나 독일군이 영국 본토 전선에 대한 보급을 차단하기 위해 무제한 잠수함 전쟁을 선포하자 중립은 수동적인 태도로 바뀌었다.

1915년 5월, 독일 잠수함이 영국 여객선 루시타니아(Lusitania)호를 어뢰로 공격하여 미국 시민 128명을 포함해 약 1,200명이 사망했다. 진주만 공습과 9/11 테러처럼 온 나라가 충격과 분노에 휩싸였다. 하지만 윌슨은 냉정하게 대응했다. 그는 독일에 선전 포고를 하거나 전쟁의 위협을 빌미로 협상과 배상을 요구하지도 않았고, 미국인 죽음에 대한 복수도 하지 않았다. 대신 그는 독일 정부에 '우려, 고통, 놀라움'을 표현하는 '엄중한' 내용의 서한을 보냈다.

시민권 수여식에서 윌슨은 놀랍게도 "싸우기에는 미국이 너무 자랑스럽다."라는 연설로 자신의 비겁함을 덮었다. 더욱 놀라운 사실은 이 연설이 루시타니아호가 침몰한 지 불과 3일 후에 이루어졌다는 점이다. 그는 국가가 '가족이라는 편협함과 편견'을 가지고 있다고 경고하면서 "가족은 자칫하면 자기 자신에게만 집중하게 되고 구성원보다 이웃에 대한 관심이 적어진다."고 한탄했다.

잠시 멈춰서 이 비유가 얼마나 경악스러운지 생각해 보자. 이웃보다 자기 가족을 더 신경 쓰지 않는 사람이 어디 있을까? 건국자들은 확실히 그랬을 것이다. 여러분도 마찬가지다. 그리고 여러분의 이웃도 마찬가지다! 이웃이 중요한 것은 알지만, 모두의 가족이 우선시되어야 한다. 하지만 윌슨은 그것을 '편협함과 편견'이라고 한다. 우리는 이웃에 대해 많은 관심을 가져야 한다. 더 나아가 우리는 다른 나라에 대해서도 관심을 가져야 한다. 윌슨은 "너무 자존심이 강해서 싸우지 못하는 사람도 있다."고 말한다. 이어서 "한 국가가 너무 옳아서 다른 국가에 자신이 옳다고 강제로 설득할 필요가 없는 것과 같은 이치이다." 윌슨은 미국은 다른 어떤 국가보다 미국의 이익을 우선시하지 않았기 때문에 '매우 옳았다'고 생각했나 보다. 반면, 테디 루스벨트 전 대통령처럼 미국 건국자들은 어떤 식으로든 적국에 시정을 요구했을 것이고 전쟁에 나섰을 수도 있었다. 하지만 윌슨은 거의 2년 동안 중립을 고수했다.

1917년 1월 말까지도 윌슨은 미국의 중재로 유럽에 '승리 없는 평화'를 가져올 수 있기를 바랐지만, 곧 여러 사건으로 인해 중립을 포기할 수밖에 없었다. 첫째, 독일은 무제한 잠수함 전쟁을 재개했고, 이는 즉시 미국의 해운을 방해하고 물자 부족으로 이어졌다. 둘째, 독일 외무 장관이 멕시코 정부에 보낸 짐머만(Zimmermann) 전보에서 독일이 텍사스, 뉴멕시코, 애리조나를 되찾는 데 멕시코를 지원하는 대가로 군사 동맹을 제안했다. 이는 먼로 독트린[7](Monroe Doctrine)의 원칙에 대한 충격적인 위반이자 미국의 안전과 영토 보전에 대한 직접적인 위협이었다.

건국자들은 미국의 이익과 명예에 대한 이러한 도발을 독일과의 전쟁을 정당화하기에 충분하다고 생각했을 것이다. 그러나 윌슨은 우리의 안전과 이익과는 무관하게 순전히 이타적이고 이상주의적인 용어로 전

---

7 미 대통령 제임스 먼로(James Monroe)에 의해 1823년 발표된 정책으로 아직도 미국의 대외 정책의 중요한 원칙 중 하나이다. 아메리카 대륙의 독립 유지, 유럽의 간섭 금지 그리고 미국의 독립적 입장 강화 등의 내용을 담고 있다.

쟁을 일으킨다. 윌슨이 의회에 보낸 전쟁 메시지는 아마도 미국 역사상 전시 대통령으로서 가장 주목할 만한 발언일 것이다. 윌슨은 마치 국경을 보호하고, 상업을 보호하고, 죽은 미국인의 복수를 하는 것이 이기적인 동기인 것처럼 "우리는 이기적인 목적을 가지고 있지 않다."고 선언했다. 대신 윌슨은 "우리의 동기는 복수나 국가의 물리적 힘에 대한 승리의 주장이 아니라 오직 정의와 인권의 옹호"라고 선언했다. 놀랍게도 미국의 권리에 대해서는 아무 말도 하지 않았다.

윌슨은 무혈적이고 추상적인 용어로 전쟁을 선전했다. 그는 적의 이름조차 거론하지 않았다. 독일이 미국을 상대한 것이 아니라 '모든 국가, 인류'와 전쟁을 했다면, 윌슨은 독일보다는 '독재' 또는 더 나쁜 의미에서 '이기적이고 독재적인 권력'에 맞서 싸웠다고 생각했다. 그는 "우리의 참전 목적은 오직 세계의 삶에서 평화와 정의의 원칙을 옹호하는 것"이라고 주장했다. 그리고 미국은 "하나의 챔피언, 인류의 권리를 옹호하는 챔피언 중 하나"일 뿐이라고 말했다.

윌슨은 미국이 싸워야 할 네 가지 추상적 목표, 즉 민주주의, 권위에 복종하는 사람들이 자신의 정부에 대해 발언권을 가질 권리, 약소국들의 권리와 자유, 모든 나라에 평화와 안전을 가져다주고 마침내 세계 자체를 자유롭게 만들 자유 민족의 연합에 의한 보편적 권리 지배를 위해 싸울 것이라고 전쟁 메시지를 마무리했다.

물론 그의 열망에 문제가 있다는 것은 아니다. 그러나 미국의 안전과 중대한 이익에 직접적인 영향을 미치는 언급은 하나도 없다는 것이다.

전쟁에서 사망한 약 117,000명의 미국인 유족들 중 누가 미국의 '권리와 자유'가 아닌 '약소국'을 지키기 위해 죽었다고 생각하겠는가? 그들이 '보편적인 권리 지배'를 위해 죽었다고 누가 생각하겠는가? 또한 윌슨이 '모든 국가에 안전'을 가져다주기 위해 고안된 '자유민의 협약'인 국제 연맹을 설립하려고 시도할 것이라고는 상상도 못 했을 것이다. 그들은 아마도 미국의 안전을 보호하는 데 만족했을 것이다. 실제로 대부분의 사람들은, 상원이 거부한 것처럼, 국제 연맹을 '영원한 평화의 역설을 옹호하는 이상주의자들의 유토피아적 고찰'이라고 비판한 해밀턴의 《페더럴리스트》 6호 기고문과 뜻을 같이했을 것이다. 국제 연맹의 몰락에 대해서는 3장에서 더 자세히 설명하겠다.

결국, 단 한 단어 차이로 건국자들과 진보주의자들의 외교 정책의 차이가 극렬히 나타난다. 윌슨은 전쟁 메시지에서 "민주주의를 위해 세계를 안전하게 만들어야 한다."고 선언하지만, 건국자들은 "미국의 민주주의를 위해 세계를 안전하게 만들어야 한다."고 반박했을 것이다. 진보주의자들의 거창한 유토피아적 계획은 차치하고라도 미국의 민주주의를 지키는 과제만으로도 충분히 어렵기 때문이다.

진보주의자들은 우리 공화국의 도덕적·정치적 토대를 결정적으로 무너뜨렸다. 그들은 또한 외교 정책에 대한 우리의 오랜 접근 방식을 국익에서 벗어나 이타적이며 추상적인 이상 추구로 바꾸었다. 아직도 그들은 큰 영향력을 행사하고 있다.

그렇다고 자유주의자들이 미국의 힘을 이용하지 않겠다는 것은 아니다. 오히려 그 반대이다. 그들은 타국이나 추상적인 이념을 위한다면 군사력을 기꺼이 사용한다. 1990년대 발칸 전쟁의 유혈 사태 초기, 매들린 올브라이트(Madeleine Albright) 유엔 대사는 세르비아에 공습을 가하고 구 유고슬라비아의 민간인을 보호하기 위해 미군을 유엔 평화 유지군으로 파견하기를 원했다. 콜린 파월 장군이 반대하자 "우리가 사용할 수 없다면 당신이 항상 말하는 이 훌륭한 군대가 무슨 소용인가?"라고 반박했다. 자유주의자들에게 미국의 이익을 보호하기 위해 군대를 사용하라고 요구해 봤자 소용없는 일이다.

더 나쁜 것은 이런 종류의 좌파적 국제주의는 단순히 우리의 이익을 무시하는 것이 아니라 오히려 우리의 이익을 약화시킨다는 것이다. 예를 들어, 버락 오바마는 'R2P'라는 학문적 이론, 즉 전쟁과 억압으로부터 다른 민족을 '보호할 책임[8](Responsibility to Protect)'을 언급하면서 미국의 리비아에 대한 재앙적인 개입을 유엔을 통해 정당화했다. 아무런 이해관계나 책임도 없던 미국이지만, 리비아에서 촉발된 혼란으로 미국은 10년 넘는 위협으로 허우적거렸다(6장에서 설명한다).

진보파는 단순히 정부 규모와 권한을 확대하고 외교 정책의 방향을 바꾼 것이 아니다. 그들은 건국 원칙을 거부하고, 미국을 세계 악의 세력으로 저주하며, 적의 편에 적극적으로 동조하는 새로운 세대의 좌파 급진주의자, 즉 미국 비판 일색의 민주당을 위한 토대를 마련한 것이다.

---

8   자국민을 보호 능력을 잃고 혼란에 빠진 국가나 독재 국가에서 심각한 인권 침해가 이루어지는 경우에는 그 나라 주권을 일시적으로 무시하고 국제 사회가 인도주의적 개입을 할 수 있다는 논리이다.

Chapter 2

★ ★ ★

'일단 미국 탓' 민주당

1984년 두 개의 전당 대회 이야기이다. 민주당은 샌프란시스코의 모스콘(Moscone) 컨벤션 센터에서 전당 대회를 개최했다. 이럴 바엔 모스크바에서 하는 편이 더 나았을 거다.

그들의 전당 대회는 절망의 냄새가 났다. 민주당의 극좌파 후보인 월터 몬데일(Walter Mondale) 전 부통령은 로널드 레이건 대통령에게 14%포인트 차로 뒤지고 있었다. 카터 시대의 '스태그플레이션'은 끝났고 레이건 경제는 호황을 누리고 있었다. 젊은이들조차 몬데일을 버리고 레이건을 지지하고 있었다. 그러나 변하지 않는 것이 있다. "아이비리그 여론 조사에서 몬데일이 확실한 우위를 점하고 있다."는 가짜 뉴스를 떠벌리는 《뉴욕 타임스》가 하나이다.

선거 판도를 뒤흔들고 싶었던 몬데일은 상대적으로 잘 알려지지 않은 제랄딘 페라로(Geraldine Ferraro) 하원 의원을 러닝메이트로 선택한다. 여느 때와 마찬가지로 민주당원들은 페라로 의원의 업무 적합도보다는 그녀의 스펙에 더 관심을 보였다. 몬데일의 한 선거 참모는 기자들에게 "여성이고, 소수 민족이며, 가톨릭 신자"라고 강조한다. "우리는 장벽을 깼다."고. 그러나 민주당의 문제는 메시지 전달자뿐만 아니라 메시지 자체였다. 민주당의 의제는 국내에서는 사회주의 정책을 위한 세금 인상과 지출, 해외에서는 공산주의자로부터 손절과 도피였다.

레이건은 취임하자 곧 세금을 인하했지만 몬데일은 전당 대회에서 들어본 것 중 가장 이상한 자랑을 하며 세금을 올리겠다고 공언했다. 그는 후보 수락 연설에서 "레이건도 세금을 올릴 것이고 나도 올릴 것이다."라고 말했다. "그는 몰래 할 겁니다. 하지만 나는 공개적으로 합니다."

민주당의 외교 정책 메시지는 레이건이 공산주의에 맞서 세계를 핵전쟁 직전까지 몰고 갔다는 것이다. 당 강령은 마치 소련 선전 매체《프라우다(Pravda)》의 기사처럼 레이건의 입장을 '가볍고 모욕적인 반소련 레토릭'과 '선동적인 핵 레토릭과 정책'이라며 비난했다. 민주당은 소련과 군비 통제 협정을 체결하고, 외국의 반공 세력에 대한 지원을 중단하며, 국방비 지출을 '재검토'하는 등 좌파 코드로 갈 것을 약속했다.

대표적인 정책 중 하나는 '핵 동결', 즉 러시아가 핵무기를 동결하는 한 미국이 새로운 핵무기를 만들지 않겠다는 약속이었다. 이미 러시아는 미국보다 수천 개의 핵탄두와 발사대를 더 보유하고 있기에 '핵 동결'

은 소련의 우위를 지키자는 것과 다름없었다. 소련 정보기관이 서방의 반핵 운동가들에게 수억 달러를 지원한 것도 부정했던 좌파 자유주의자 진영은, 오늘날 러시아 정보기관이 미국 내 석유 및 가스 산업을 약화시키기 위해 '친환경' 운동가들에게 거금을 지원한다는 사실도 부인하고 있다.

한 달 후 달라스(Dallas)에서 열린 공화당 전당 대회는 샌프란시스코의 슬픈 광경과 극과 극으로 달랐다. 달라스는 레이건의 애국적이고 역동적인 정책의 상징에 열광했다. 공산주의자, 무정부주의자, 일부 민주당원들로 구성된 무리가 전당 대회장 밖에서 성조기를 불태우자 달라스 경찰은 즉시 그들을 체포했다. 레이건 대통령은 즉흥적으로 "미국! 미국! 미국!"을 연호하는 지지자들 때문에 연설을 이어 가지도 못할 지경이었다.

하지만 가장 기억에 남는 연설은 그가 아니었다. 그 영광은 민주당 출신인 진 커크패트릭(Jeane Kirkpatrick) 유엔 주재 대사에게 돌아갔다. 커크패트릭은 치열한 반공주의자이자 냉철한 투사였다. 그녀는 샌프란시스코 전당 대회의 민주당원들은 미국이 위대한 국가라고 말하는 것을 두려워하거나 부끄러워하지 않던 과거의 민주당원들과 전혀 다르다고 비판했다. 이어서, 공산주의 혁명가들이 남미국가를 점령하든, 무슬림 테러리스트들이 중동에서 해병대 막사를 폭파하든, 소련 외교관들이 악의적인 협상을 주도하든, 민주당은 적들 앞에서 비겁하게 움츠러들었다고 지적한다. 압권은 "그들은 항상 일단 미국 탓을 한다."는 그녀의 결론이었다.

커크패트릭은 민주당이 반미로 방향을 선회한 진실을 진실대로 말했을 뿐이지만 청중은 깊은 감동을 받았다. 고맙게도 그녀가 말한 대로 '미국 국민들은 더 잘 알고 있었다'. 그녀가 옳았다. 레이건의 역대급 압승이었다. 미국 국민은 '일단 미국 탓' 민주당을 거부한 것이다.

1장에서 진보주의자들이 어떻게 유토피아적 국제주의를 추진하기 위해 건국 원칙을 거부했는지 기술했다. 이제 좌파가 어떻게 반미 고립주의라는 치명적인 변종을 개발했는지 살펴보자. 민주당은 베트남 전쟁을 통해 '일단 미국 탓'을 하는 정당이 되었고 오늘날에도 여전하다. 진보주의자들은 좌파적 역사와 '합리적 국가'에 대한 모든 희망적인 이야기를 하면서 반미라는 어두운 전환의 무대를 마련했다. 진보 좌파는 3/4세기 동안 미국의 건국 원칙을 거부함으로써 미국을 약화시켰다. 링컨이 남북 전쟁 내내 독립 선언문을 길잡이로 삼았다면, 민주당은 어려운 시기에 그들을 인도할 시대를 초월한 도덕적 기준이 없었기 때문에 베트남 전쟁 당시 극좌파의 격렬한 저항에 적절히 대응하지 못했다. 사실상 대부분 급진파를 따라 벼랑 끝으로 내몰렸다.

급진주의자들은 베트남 전쟁에 대해 분노했지만, 그들의 진짜 목표는 미국이었다. 그들은 전쟁이 현명하지도, 제대로 수행되지도 않았다는 주장을 넘어 미국 자체가 부패하고 사악하다고 주장했다. 이들은 징병제를 거부하고, 폭력으로 대학 캠퍼스를 파괴하고, 정부 건물을 폭파하며 자신들의 주장을 증명했다. 남북 전쟁 이후 처음으로 다수의 민주당원들이 전쟁 중인 미국에 반기를 들었다.

사이공 주재 미국 대사관에서 마지막 철수 헬기가 이륙한 후에도 민주당의 '일단 미국 탓' 태도는 오랫동안 지속되었기에 베트남은 미국에 결정적인 전환점이었다. 냉전의 나머지 기간 동안 유명 민주당원들은 미국의 힘에 대해 음모론을 확산했고 공산주의 적들에 대해서는 부끄러울 정도로 유화적이었다. 그들은 국회의원 신분과 좌파 언론을 활용해 전 세계에 불행을 퍼뜨리는 것은 공산주의가 아니라 미국이라는 가짜 뉴스를 확산시키면서 미국의 자금줄을 끊고 무장을 해제하는 데 최선을 다했다.

　'일단 미국 탓' 민주당은 여전히 살아 숨 쉬고 있으므로 민주당이 오늘날처럼 행동하는 이유를 이해하기 위해 그들의 사고방식을 살펴볼 필요가 있다. 진보주의자들이 미국의 힘을 다른 나라를 돕거나 추상적인 이상을 추구하기 위해서만 사용하자는 자유주의적 국제주의를 지지했다면, '일단 미국 탓' 민주당은 미국의 힘을 사용하는 것 자체를 반대하는 자유주의적 고립주의를 지지한다. 오늘날 민주당에는 두 가지 경향이 모두 존재한다. 둘 다 위험천만하다.

베트남: 민주당의 배신

　민주당은 베트남 전쟁으로 베트남에 대한 미국인들의 믿음이 산산조각 났다고 주장하지만, 이는 그들만의 생각에 불과하다. 베트남 전쟁은 자유주의자들이 미국에 등을 돌린 순간이었다. 대부분의 미국인은 베트남을 과거 여느 전쟁과 마찬가지로 바라보았다. 1955년부터 1974년까지 수백만 명의 젊은이들이 독립 전쟁부터 한국 전쟁까지 그들의 아버지와 할아버지들이 그랬던 것처럼 베트남 전쟁에 참전했다. 그중 3분의 2는 자유주의 언론이 전쟁에 반대하기 시작한 한참 후인 1968년에 입대한 내 아버지와 같은 자원 입대자였다. 당시 많은 다른 이들처럼 아버지도 징집 연기 사유가 있음에도 불구하고 자원하여 참전했다. 1년 만에 그는 보병 진형에서 가장 위험한 정글 전투에 배치되었다. 그는 자신의 의무에 의문을 품거나 조국을 위해 복무한 것을 후회하지 않는다. 로널드 레이건은 1980년 아버지와 같은 수백만 명의 애국적인 참전 용사들에게 베트남 전쟁을 "고귀한 대의(Noble Cause)"라고 말했다. 좌파들은 매우 불편하게 여기겠지만, 이는 분명한 사실이다.

'고향에 있는 미국인들도 우리 군대를 지지하고 승리를 응원했다. 리처드 닉슨 취임 첫해에 실시한 여론 조사에 따르면, 철군보다는 전쟁을 확대하여 승리해야 한다는 미국인이 더 많았다. 어떤 이는 1966년 갤럽에 미국인 다수의 견해를 다음과 같이 요약한다. "결연하게 전쟁에 임하고 모든 장병들을 무사 귀환시키자. 싸워야 한다면 대승해야 한다." 자유주의자들은 이 정서에 움찔한 나머지 동공이 흔들렸을 것이다. 그러나 그것은 전쟁과 평화에 대한 미국인들의 전통적 태도이다. 참전한 이상 대승이어야 한다.

민주당 지도자들이 소심함과 땜질식 '전문가' 처방으로 베트남 전쟁을 어떻게 잘못 관리했는지에 대해서는 5장에서 자세히 설명한다. 우선 거리와 의회에서 전쟁 의지를 허물어뜨린 잡탕 무리 좌파 활동가, 할리우드 유명인, 언론인, 반전 민주당원들의 다양한 면모를 자세히 살펴본다.

소위 신좌파(New Left)라고 불리는 이 급진주의자들이 진보주의자의 미국 거부를 완성시켰다는 점에서 주목할 필요가 있다. 윌슨과 같은 진보주의자들이 미국 국익을 위해 미국의 힘을 사용하는 것을 거부했다면, 신좌파는 미국 자체를 거부한다.

전쟁을 국내 현안으로 끌어들이기

신좌파는 미국에 대한 전면적인 반란을 일으켰다. 언론은 6~70년대의 반전 시위대를 이상주의적인 젊은이들, 심지어 애국적인 사람들로 묘사하기 위해 열심히 노력했고 지금도 그러하다. 하지만 그들의 실상이 아니다. 이 급진주의자들은 좌파식 악당이라는 자본주의, 가족, 군대는 물론 한때 자유주의자들이 지지했던 조직화된 노동을 포함한 모든 '체제(System)'에 반대한다. 한 급진주의자의 표현을 빌리자면 "백인 위주 미국의 선하고 품위 있는 모든 것에 반대한다."는 것이다.

'체제'가 전례 없는 번영과 안전 속에서 미국을 키워 냈다는 사실은 신경 쓰지 않는다. 오늘날 좌파와 마찬가지로 그들은 미국이 영혼 없는 기업 일자리, 흑인 차별, 원자 폭탄 외에는 별 볼 일 없는 영적으로 답답하고 인종 차별적이며 억압적이라고 주장한다. 신좌파는 미국이 20년 전 그들의 아버지가 물리쳤던 파시스트(Fascist) 정권보다 나아진 것이 거의 없다고 믿는다. 미국을 경멸하기 위해 독일식 철자법인 'Amerika'를 사용하기도 했다.

베트남은 신좌파가 미국에 대한 증오를 행동으로 옮길 수 있는 완벽한 기회였다. 좌파 겁쟁이들은 당연히 참전은 거부했지만, 그뿐만이 아니었다. 그들은 국가를 위해 싸울 준비가 된 용감한 동료 미국인들을 비난하고 적의 편을 들며 미국 전역에 폭력을 휘둘렀다.

스스로 잘난 척 급진주의자들은 징집을 회피하여 전쟁을 거부했다. 전시에 겁쟁이들이 병역을 기피하는 것은 새로운 일은 아니지만, 베트남전 당시에는 그 규모가 전례가 없었다. 일부 추산에 따르면, 7만 명의 젊은이들이 징병 연기 제도를 악용하거나 밥을 굶어 신체검사에 불합격하거나 징병증을 불태우고 심지어는 국외로 도피하는 등의 방법으로 징집을 피했다.

특히 엘리트 대학에 재학 중인 학생들은 능숙한 방법으로 징병제를 회피하고자 했다. 1969년, 253개 대학의 학생회장은 백악관에 징집될 경우 출두를 거부하겠다는 서한을 보냈다. 제임스 팰로우스(James Fallows)가 대표적 케이스이다. 지금은《디 애틀랜틱(The Atlantic)》의 저명한 작가가 된 그는 당시 하버드 졸업생이자 로즈(Rhodes) 장학생이었다. 자신의 악명 높은 에세이에서 하버드 학생들이 '부도덕한 전쟁에 연루되지 않기 위해' 징집을 피한 방법을 설명했다. 그는 '신체적 연기'를 받는 것이 '구원을 얻는 것'과 같다고 쓴다. 그들은 진보적인 의대생들과 함께 육군의 의료 규정을 샅샅이 뒤지고 결격 사유를 찾기 위해 필사적으로 징병 상담사와 함께 세미나에 참석한다. 징집 검사 당일에는 '붉은 완장'을 차고 호치민(Ho Chi Minh)을 외치며 버스를 타고 징병소로 향했다. 비겁과 배신이 성공의 정의라면 하버드와 MIT 대부분의 학생들에게 그날은 '성공'이었다.

그날 한 버스는 '보스턴 백인 프롤레타리아(노동자 계급)'를 가득 태우고 나타났다. 팰로우스는 '징병을 피할 방법이라고는 도무지 모르는 도살장으로 향하는 소 떼'라고 빈정거렸다. 전쟁을 기대하지도 지지하지도 않았지만 조국의 부름을 받고 의무를 다한 미국 젊은이들이 진정 애국자이다. 1975년 말에 발표된 이 에세이에도 불구하고 팰로우스가 1년 만에 지미 카터 대통령의 수석 연설문 비서관으로 발탁되었다.

팰로우스는 징집을 피하지 못한 반전 급진주의자들에게 '창피함'을 느낀다고 빈정거리며, 오히려 우리 군을 무자비한 살인자 전범으로 매도한다. '반전 베트남 참전 용사들' 같은 단체를 앞세우고, 가짜 예비역을 카메라 앞에 세워 그들이 저지르거나 목격한 것으로 '추정'되는 악행을 폭로했다. 참전 용사 중 한 명은 존 케리(John Kerry)라는 젊은 해군 장교였다. 1971년, 케리는 의회에서 미국의 전쟁 범죄는 '고립된 사건'이 아니라 하루하루 일상이라며 "모든 지휘 계급에 있는 장교들이 충분히 인식하고 있었다."고 증언했다. 또 미국이 '폭력을 다루고 거래하며 역사상 최대의 무가치를 위해 죽기로 덤벼드는 수백만 명의 괴물 장병'을 만들어 냈다고 주장했다.

치욕스러운 증언 후, 케리는 일부 참전 용사들과 함께 국회 의사당 울타리 너머로 참전 훈장을 던지는 미디어 이벤트를 열었다.

문제는 모두 거짓이라는 점이다. 상원은 이날 이벤트에 등장한 용사들을 조사했는데, 대부분이 조사 자체를 거부하거나 증명이 불가한 모호한 증언 일색이었다. 참전 병사의 신원을 도용한 한심한 가짜도 있었다. 대부분 노골적인 거짓말로 일관했지만, 놀랍게도 한 병사는 이슬람 국가(IS) 루이 파라칸(Louis Farrakhan)이라는 반미 증오 단체의 지도를 받았다고 시인했다. 케리와 동조자들은 마이라이(My Lai) 학살[9]과 같은 알려진 범죄는 비판조차 하지 않는데, 이미 군 시스템이 이 비극적인 사건을 사법 처리 했기 때문이다. 대신 그들은 이 전쟁이 조직적이고 체계적인 범죄 캠페인이라고 떠벌렸지만 대부분 거짓말이자 미군에 대한 또 다른 엄청난 명예 훼손일 뿐이었다.

훈장을 던지는 이벤트조차도 사기였다. 미래의 민주당 대통령 후보가 본인이 아닌 다른 사람의 훈장을 던진 것이다! 케리는 처음 출마했을 때 본인이 과거 야만적이라고 비난했던 군대에 대해 사실은 자부심이 있다고 하는 등 거짓 변신을 시도했고, 그러자 의회 벽 너머로 던져 버렸던 훈장도 신비롭게도 그의 목에 다시 걸려 있었다. 존 케리는 과거나 지금이나 전쟁 범죄에 대한 그의 거짓 비난만큼이나 가짜 그 자체이다.

신좌파는 우리 군을 비방하는 데 특화되어 있었지만, 최악의 급진주의자들은 더 나아가 적의 편을 들었다. 제인 폰다(Jane Fonda)에서 노암 촘스키(Noam Chomsky)에 이르기까지 수백 명의 유명 인사와 마르크스

---

9 1968년 3월 16일에 벌어진 미국군에 의한 범죄 사건으로, 베트남의 마이라이 마을에서 무장 민간인을 대대적으로 살해한 사건이다. 여성, 어린이, 노인을 포함한 많은 무장하지 않은 시민들이 희생되었다.

주의 지식인들이 적의 수도 하노이를 순례했다. 폰다는 미군 조종사를 하늘에서 격추하는 데 사용되는 대공포를 배경으로 화려한 사진을 찍어 악명을 떨쳤다. 케리도 빼놓을 수 없는데, 그는 북베트남과 베트콩 관리들을 만나기 위해 두 차례나 파리를 방문했다. 방문 중 하나는 케리의 첫 번째 아내와 신혼여행 중인 것으로 보인다. 공산주의자들과의 만남을 낭만적인 휴양지 방문으로 착각하고 있는 것 같았다.

어떤 이들은 말 그대로 '전쟁을 국내 현안으로 끌어들이기(Bringing the War Home)'로 미국에 대한 증오를 논리적으로 결론 맺는다. 6~70년대에는 폭동과 국내 폭탄 테러가 빈번하게 발생했다. 급진주의 학생들은 대학 캠퍼스를 이기적인 분노와 항의의 투쟁터로 만들었다. 약에 취한 폭도들은 국방부 본부 펜타곤과 시카고에서 열린 민주당 전당 대회 밖에서 주 방위군과 난투극을 벌이며 북베트남 국기를 흔들고 외설적인 구호로 법 집행 기관을 조롱했다.

가장 극단적으로는 정부의 폭력적 전복을 노골적으로 옹호하는 웨더언더그라운드(Weather Underground)와 같은 좌파 테러 단체가 미 국회 의사당, 국방부, 경찰서 및 기타 정부 건물에 대한 일련의 폭탄 테러를 감행했다. 그들은 시카고에 있는 경찰 추모 동상을 세 차례에 걸쳐 파괴할 정도로 법 집행을 증오했다. 2020년 '흑인의 생명도 소중하다[10](Black Lives Matter, BLM)' 폭동 당시, 리틀록(Little Rock) 경찰서 전사자 추모비에

---

10 미국에서 시작된 시민운동으로 흑인들에 대한 경찰 폭력, 시스템적인 인종 차별, 사회적 불평등 등과 같은 이슈들에 대해 대중의 인식을 높이기 위한 활동이다. 광범위한 지지와 참여를 얻어낸 반면, 폭력적인 행동과 운동의 목표와 방향성에 대한 의문도 제기되고 있다.

스프레이로 '경찰 예산 삭감(Defund the Police)'이라고 격멸하며 경찰 기념비를 훼손한 급진주의자들이 50년을 넘는 맥을 이어 간다.

이 좌파 테러리스트 중 일부는 빠르게 행동했다. 세 명의 웨더맨 조직원이 그리니치빌리지에서 포트 딕스(Fort Dix)의 육군 장교들과 가족을 겨냥해 자폭했다. 다른 테러리스트들은 1981년 흑인 해방군[11](Black Liberation Army)의 악명 높은 브링크스(Brinks) 무장 차량 강도 사건에 가담해 두 명의 영웅적인 경찰관과 한 명의 경비원을 살해했다. 이들 테러리스트 사이에 태어난 체사 부딘[12](Chesa Boudin)은 이후 좌파 정계에서 나름의 경력을 쌓는다.

신좌파는 미국에 대한 증오로 폭력과 거짓말을 쏟아 낸다. 이것이 미국 좌파 반란의 민낯이지만, 그때나 지금이나 혼란을 부추긴 당사자인 언론들은 이 말을 하지 않는다.

---

11 1970년대 미국에서의 인종 차별과 폭력, 경찰의 학살, 흑인들에 대한 불평등을 반대하고, 흑인 해방과 자결권을 위한 무장 투쟁을 벌인 조직이다. 1981년까지 인종 차별과 억압에 대항하기 위해 무정부주의와 공산주의적 이념으로 다수의 테러 활동을 자행하여 많은 사람들을 사망에 이르게 하였다.

12 극단적 공산당원이었던 부모가 1981년부터 장기간 투옥되어 어린 시절 교도소에서 성장하였다. 2020년부터 2년간 샌프란시스코시의 지방 검사장을 역임하였으나 지나친 좌파적 의사 결정으로 2022년 주민 소환 제도에 의해 면직되었다.

언론의 전쟁

언론은 공개적으로 북베트남 국기를 휘날리거나 국회 의사당을 폭파하지는 않지만 미국의 전쟁 노력을 약화시키는 데 무시 못 할 역할을 했다. 처음에는 주요 신문들이 케네디 그리고 이후 존슨 민주당 행정부의 소심함과 무능함을 선의의 진보적 성전으로 포장하며 빈정거렸지만, 언론은 일찌감치 반전 쪽으로 돌아섰다. 대부분의 미국인들은 승전을 희망했지만 상당수의 언론인들은 이미 전쟁을 포기했다. 심지어 일부는 베트남이 공산주의 통치하에 있는 것이 더 낫지 않겠느냐고 빈정거렸다. 1966년 《뉴욕 타임스》의 발행인 아서 '펀치' 설즈버거(Arthur "Punch" Sulzberger)는 "미국이나 베트남 지도자가 농민에게 줄 수 있는 것보다 공산당 정권이 줄 수 있는 것이 낫지 않겠는가?"라고 개인 자격으로 글을 남긴다. 싸움은 언론에서 완전히 사그라졌다.

곧이어 언론은 베트남에서 승전이 불가능하다는 것을 증명하려는 듯, 명백한 승리조차도 비극적인 패배로 묘사했다. 1968년 CBS 뉴스 앵커 월터 크롱카이트(Walter Cronkite)는 북베트남의 대규모 '구정 대공세[13](Tet Offensive)'를 전쟁이 '교착 상태'로 끝날 것이라는 것을 증명하는 '무승부'라고 악명 높은 선언을 한다. 사실 미국 연합군은 적은 사상자로 적의 주요 목표물을 격퇴하고 승리했다. 그러나 크롱카이트의 영향력과 자유주의 언론이 뉴스를 독점한 덕분에 사기를 떨어뜨리는 패배라는 잘못된

---

[13] 베트콩과 북베트남군에 의해 1968년 1월 30일에 시작된 미국과 남베트남군에 대한 대규모 공격으로 가장 치열하고 광범위한 전투 중 하나이다. 결국 미국과 남베트남군은 강력하게 반격하여 공세를 진압하였다.

메시지로 퍼졌다. 여론은 확전과 승리가 아닌 철군 쪽으로 서서히 움직이기 시작했다.

일방적으로 신좌파 편을 들며 언론은 베트콩의 일상적인 잔학 행위는 무시한 채 미군의 드문 실수나 학대만을 열심히 홍보했다. 그중에는 미국의 전쟁 범죄에 대한 가짜 뉴스도 포함된다. 집에서 새는 바가지는 밖에서도 새는 법이다. 《뉴욕 타임스》는 1966년 반전 좌파 해리슨 솔즈베리(Harrison Salisbury)를 적진 뒤에서 거짓말을 하도록 현지에 파견했다. 솔즈베리는 미국 공산주의자들과 소련 관리들의 추천서를 모아 하노이에 비자를 받기 위해 로비를 벌인다. 북베트남은 공개적으로 공산주의 특파원을 선호했지만, 꿩 대신 닭으로 솔즈베리를 받아들였다. 그는 미군 폭격이 적군에게 치명적이지 못하면서, 북베트남 국민만 무자비하게 학살하고 있다는 일련의 보고서를 발표했다. 하지만 그가 발표한 '저주스러운' 내용 중 상당수가 공산주의 선전 팸플릿에서 그대로 베껴 왔다는 사실이 나중에 충격적으로 밝혀졌다.

제2차 세계대전 때 죽음을 무릅쓴 취재 활동을 한 어니 파일(Ernie Pyle) 같은 애국적인 종군 기자들이 무덤에서 벌떡 일어날 일이다. 하지만 《뉴욕 타임스》는 1920년대와 1930년대에 걸쳐 스탈린을 옹호하는 월터 듀란티(Walter Duranty)의 모스크바발 거짓말을 보도하고, 1932년 퓰리처상을 수상하는 기쁨까지 누렸다. 《뉴욕 타임스》는 항상 좌파 급진주의를 대변하는 '최고'의 신문이다.

1971년 악명 높은 '미국방부 보고서'에서 본색을 또 드러낸다. 이 사건은 급진적 반전 운동가로 이름을 날리던 국방부 계약직 직원 다니엘 엘스버그(Daniel Ellsberg)가 미국의 베트남 참전 역사에 관한 정부 기밀 연구 자료를 훔쳐 《뉴욕 타임스》에 넘기면서 시작된다. 과거 어떤 신문도 이런 종류의 국가 기밀을 공개하지 않았고 거기에는 충분한 이유가 있었다. 《뉴욕 타임스》의 전속 변호사인 참전 용사 루이스 롭(Louis Loeb)은 '국가 보안법(Espionage Act)'은 물론 '언론 윤리'에도 위배된다고 열을 다해 주장했지만, 《뉴욕 타임스》는 보고서를 게재하고 그를 해고했다. 그들에게 자유주의 정치가 우선이고 미국은 나중이다.

국방부 보고서는 별다른 뉴스가 없었어도 센세이션을 일으켰다. 《뉴욕 타임스》는 보고서의 비밀 사항과 정부의 공개 사항 사이에 명백한 차이가 있음을 강조했다. 언론은 이 차이를 관료 조직에서 오는 오해나 의견 불일치가 아니라 국가를 속이고 전쟁으로 이끌기 위한 고의적인 음모로 몰아갔다. 전쟁에 악의적인 효과를 미치려는 의도였다. 더 중요한 것은 이 사건으로 언론이 국가 기밀을 면책 없이 공개할 수 있다는 교훈을 얻었다는 점이다.

내가 군 복무 중에 배운 대로 《뉴욕 타임스》는 지금도 여전하다. 2005년 12월, 수색대 사관 학교에서 6주간 오지 훈련 후 처음 읽은 뉴스는 테러리스트의 폭탄 제작과 미군 살해 지원 자금을 추적하는 극비 테러 감시 프로그램을 폭로한 기사다. 2006년 6월에 타임스가 또다시 그 프로그램을 폭로했을 당시 나는 이라크에서 소대장으로 근무하고 있었다. 나는 이 보도가 우리 군의 생명과 연방법을 위태롭게 한다고 주장하며 항의 서한을 보냈다. "우리 부대가 복귀할 즈음, 귀하는 퓰리처상 발표장이 아니라 감옥에 있을지도 모른다."고 글을 끝냈다. 물론《뉴욕 타임스》는 거부했지만 보수 성향의 뉴스 사이트인 파워 라인(Power Line)은 나의 편지를 보도했다.

좌파들은 온라인에서 폭발적인 반응을 보였고, 일부는 내가 실존 인물이 아니라고 부인하기도 했다. 다행히 육군 참모 총장이자 전설적인 델타 포스(Delta Force) 사령관인 피트 슈마커(Pete Schoomaker) 장군이 편을 들어 주었다. 그는 내 편지를 육군 내에 널리 전달하고 지휘관들에게 작전 보안의 필요성을 강화하도록 독려했다. 하지만《뉴욕 타임스》는 좌파적 '저널리즘'을 위해 우리 군의 생명을 위험에 빠뜨릴 수 있는 그런 우려 따위에는 눈곱만큼도 신경을 쓰지 않는다.

폭격 대신 구걸

민주당 정치인들은 베트남에 대한 언론의 왜곡을 스스로 계획하거나 혹은 그렇게 될 거라 믿었다. 1968년이 되자 거의 모든 민주당 정치인들이 베트남 전쟁에 대해 포기했다. 전쟁에 자신의 모든 것을 걸었던 존슨조차도 크롱카이트의 '구정 대공세'에 대한 왜곡된 방송을 보고 전쟁 포기만이 유일한 선택이라고 판단했다. 그는 "크롱카이트를 잃으면 중산층을 잃는 것과 같다."고 말한 것으로 알려졌다. 그러나 실제 중산층은 여전히 승리를 원했다. 존슨이 진정 잃은 것은 정권이었다.

존슨이 패한 후 급진파가 정권을 장악했다. 사우스다코타(South

Dakota)의 조지 맥거번(George McGovern) 상원 의원은 제2차 세계대전 훈장을 받은 공군 조종사지만 정치 경력 내내 미국을 비난하고, 공산주의에 대한 미국의 '집착'을 비판하며, 국방비 삭감 투표에 찬성표를 던진다. 맥거번은 처음부터 전쟁에 반대하며 전쟁 자금을 삭감하고 무모하게 군대를 철수시키려 했다. 1970년, 마침내 국방비 삭감 수정안이 표결에 부쳐질 때 그는 다른 상원 의원을 신경질적으로 비난했다. "이 회의실은 피 냄새가 진동한다."라고 소리 질렀다. "여기 있는 모든 상원 의원들은 월터 리드(Walter Reed)와 베데스다 해군 기지(Bethesda Naval)에서 벌어진 참사에 일정 부분 책임이 있다."

동료 의원들을 공격하고 참전 용사들을 '인간쓰레기'라고 모욕했음에도, 시대의 흐름을 반영하듯 39명의 상원 의원들은 여전히 그의 수정안에 찬성표를 던졌다. 그러나 나머지 55명의 반대로 수정 법안은 무산되었다.

민주당은 맥거번을 대통령 후보로 지명했다. 맥거번의 1972년 선거 운동은 신좌파의 정치적 등장을 의미한다. 좌파 테러리스트들은 민주 정치를 거부하던 웨더 언더그라운드의 조직원들이 비밀리에 맥거번을 당선시키려는 노력을 보고 동맹인 줄 금방 알아챘다. 닉슨 선거 팀은 맥거번을 '신酸, 면죄, 낙태(Acid, Amnesty, and Abortion)'로 불렀다. 사실 그랬으니 그의 낙인은 쭉 이어졌다.

무엇보다도 맥거번은 베트남 전쟁에 반대했다. 점진적 철수를 통한 닉슨의 '명예로운 평화' 전략은 민주당에게는 충분하지 않았다. 맥거번의 슬로건은 '컴 홈, 아메리카'였다. 당 강령은 '인도차이나에 주둔하는 모든 미군의 즉각적이고 완전한 철수'를 요구했는데, 이는 과거 맥거번의 '인간쓰레기' 수정안보다 훨씬 더 급진적이다. 한 민주당 의원이 맥거번에게 전쟁 포로를 본국으로 어떻게 데려올지 묻자, 맥거번은 놀랍게도 "폭격보다 구걸이 낫다.(Begging is better than Bombing.)"고 한다. 이것이 민주당의 외교 정책을 한마디로 요약한 것이다.

1972년 선거는 전쟁을 위해 희생한 애국자들과 전쟁을 방해한 자유주의자들 간의 충돌이었다. 닉슨은 '지난 5년 동안 언론이 옹호해 온 것이 과연 다수의 생각을 대변하는 것인지 국민은 알게 될 것'이었다. 그러나 그 이상이었다. 미국 국민은 사상 최대의 압승으로 맥거번을 거부했다.

그럼에도 '일단 미국 탓' 민주당은 맥거번의 항복 계획을 강행했다. 이후 3년 동안 미 의회 민주당은 철군을 가속화하고 동맹국을 약화시키기 위해 끊임없이 노력한다. 미군이 베트남을 떠난 후에도 민주당은 여전히 공산주의 적들과 싸우고 있는 남베트남, 라오스, 캄보디아의 동맹국에 대한 우리 군의 항공 지원과 무기 제공을 금지했다. 당시 하원 의원이고 이후 코네티컷주 상원 의원이 된 크리스 도드(Chris Dodd)는 "미국이 캄보디아 국민에게 줄 수 있는 가장 큰 선물은 총이 아니라 평화이며, 그 목표를 달성하는 가장 좋은 방법은 지금 당장 군사 원조를 중단하는 것이다."라고 말한다. 총기 없는 평화는 당시나 지금이나 민주당의 환상이며, 무장한 적들에게 위험하지만 달콤한 선물이다.

당시 패기 넘치는 초선 상원 의원이었던 조 바이든은 특히 동남아시아에서 미국이 발을 빼기를 염원했다. 1975년 북베트남 탱크가 사이공을 향해 돌진할 때 바이든은 남베트남에 대한 추가 군사 및 인도주의적 지원을 거부하는 투표를 여러 차례 했다. 아이러니하게도 제럴드 포드 대통령이 미국인의 대피를 지각 결정 했다고 비판했지만, 자신은 북베트남의 진격을 막고 대피를 가속화하려는 11시간 동안의 시도를 반대했다. 그 결과, 며칠 만에 사이공은 공산군에게 함락되었고 미국인들은 헬리콥터를 타고 대사관을 탈출해야 했다. 반세기 후 바이든이 아프가니스탄에서 철수할 때까지, 그 사이, 미국에 가장 굴욕적인 순간이었다. 미국의 대대적인 후퇴는 그 지역에 끔찍한 결과였다. 수십만 명의 남베트남인들이 공산주의 '재교육 수용소'로 사라진 거다. 다행히 훨씬 더 많은 사람들이 필사적으로 배로 탈출했다. 바로 옆 나라에서는 크메르 루즈(Khmer Rouge), 즉 '붉은 캄보디아'가 권력을 장악했다. 폴 포트(Pol Pot) 정권은 불과 몇 년 만에 자국민 700만 명 중 200만 명을 학살했다.

수년간 전쟁 노력을 약화시키고 성급한 철수를 요구한 끝에 민주당은 원하는 것을 얻었다. 물론 재앙이라는 결과였다.

공산주의자 감싸기

미국이 베트남에서 후퇴하는 동안 우리의 적은 진격했다. 공산주의는 제3세계 전역에 들불처럼 퍼져 나갔다. 아프리카에서는 소련산 무기와 쿠바 출신 '고문관'의 도움으로 마르크스주의자들이 탈식민지화 이후 피비린내 나는 혼란으로 몰아붙이는 것을 봤다. 라틴 아메리카에서도 똑같은 무기와 고문관들의 도움으로 마르크스주의 게릴라들이 반공산 정부를 상대로 전쟁을 벌였다. 중동에서는 소비에트 러시아가 아프가니스탄을 침공했다.

모스크바는 이런 행운이 올 줄 믿을 수 없었다. 자유세계의 저항이 거의 없는 가운데 세계 지도는 공산주의의 붉은색으로 변해 가고 있었다. 당시 KGB 국장이었던 유리 안드로포프(Yuri Andropov)는 "이제 우리가 해야 할 일은 베트남 시대의 반미주의를 유지하는 것뿐."이라고 말한 것으로 알려졌다.

그는 걱정할 필요조차 없었다. '일단 미국 탓' 민주당은 지미 카터의 재앙적인 정책과 로널드 레이건의 승리 전략에 대한 히스테릭한 거부를 통해 대부분의 일을 성취해 냈기 때문이다. 구소련이 붕괴할 때까지 자유주의자들은 공산주의자들을 달래고 매번 미국을 비난했다.

'과도한 두려움' 극복하기

지미 카터는 신좌파 급진주의자처럼 보이지 않았기 때문에 냉전 후반기에 6번의 대통령 선거에서 승리한 유일한 민주당원이었다. 그러나 그의 실패한 행정부는 '일단 미국 탓' 충동에 사로잡힌 자유주의자들로 정부가 채워질 때 어떤 일이 벌어지는지 잘 보여 준다.

그의 취임 첫 행보를 살펴보자. 카터는 "베트남 전쟁 이후 조국을 치유하고 싶다."고 주장하며 베트남 징집 기피자들을 전면 사면하면서, 전쟁에 대해 어떻게 생각하든 국가의 부름에 응한 미국인들과 동등한 도덕적 영웅이라는 것을 암시했다. 그러나 신좌파는 그것으로 충분하지 않다고 불평했다! 얼마 지나지 않아 카터는 탈영병, 문제 병사 및 기타 기피자들의 불명예 제대 절차를 바꾸고 이들 범법자의 행동에 대한 사법적 판단을 회피하도록 했다.

재향 군인 단체들은 당연히 분노를 금치 못했고, 그게 당연했다. 내 아버지처럼 의무를 다하고 목숨을 걸고 명예롭게 복무한 사람들이 군법 위반자의 사면과 신분 상향에 어떤 느낌이었을지 상상도 안 간다. 이제 민주당은 그 재향 군인들을 징집 기피자나 탈영병과 거의 다르지 않게 취급한다. 민주당은 진짜 책임은 국가에 있는데 어떻게 이 젊은이들을 비난할 수 있느냐고 반문한다. 말할 필요도 없이 소련이 동의한다. 소련 기관지 《프라우다》는 카터의 사면을 미국이 전쟁에 대한 죄책감을 인정한 것이라고 환영했다.

베트남에 대한 이러한 도덕적 동등성, 끊임없는 부정, 죄책감은 카터 행정부를 처음부터 발목 잡았다. 그는 첫 외교 정책 연설에서 베트남이 '심각한 도덕적 위기를 초래했다'고 주장하며 '공산주의에 대한 우리의 지나친 공포'를 한탄했다. 킬링 필드와 보트 피플을 목격한 대부분의 미국인들은 공산주의에 대한 두려움이 당연하다고 생각했을 테지만 카터는 그렇지 않다고 주장했다. 실제로 카터는 불쾌하기로 악명 높던 연설에서 폭주하는 인플레이션과 세계적인 혼란 속에 미국을 '자신감의 위기'와 '정신의 위기'에 빠졌다고 질타한다. 그는 그 책임을 자신의 정책이 아니라 미국 국민에게 돌린다.

카터의 내각 관리들도 다름이 없었다. 앤드류 영(Andrew Young) 유엔 대사는 미국의 외교 정책을 '억압의 도구'이자 '제국주의, 신식민주의, 자본주의'라고 비난한다. 또 그는 미국이 '모든 곳에서 억압받는 사람들'을 짓밟는 '광대한 탄압 네트워크'의 일부라고 말한다.

그러나 흥미롭게도 영은 우리의 적에 대해 이야기할 때 동일한 잣대를 들이대지 않는다. 소련이 반체제 인사들을 박해하는 것을 알면서도 그는 "지금 감옥에 (사법 절차를 통한) 정치범이라고 부를 수 있는 수백수천 명의 사람들이 있다."고 에둘러 인정한다. 쿠바군은 아프리카와 라틴 아메리카 전역에서 마르크스주의 정부와 혁명가들을 지원했지만, 영은 쿠바군의 존재가 '안정화'의 사례라고 칭찬한다. 재선이 다가오자 영은 카터에게조차 불편한 존재가 되었고, 팔레스타인 해방 기구와의 무단 회동에 대해 거짓말을 한 사유로 사임되었다.

이런 레토릭보다 카터의 정책은 더 나빴다. 그는 일관되게 동맹국을 버리고 적에게 아부하며 국방력을 약화시켰다. 3장에서 살펴겠지만 카터는 파나마 운하를 포기했는데, 본인 스스로 느끼는 양심의 가책 이외에 아무런 이유가 없었다. 이란에서는 이슬람 신정주의자들[14](Islamic Theocrats)이 친미 성향의 군주를 퇴위시키고 우리 대사관을 습격하고 미국인 52명을 1년 넘게 인질극을 벌이는 동안 이를 방관했다. 카터는 협상 테이블에서 소련의 핵무기 우위를 유지하는 무기 통제 협정을 체결했다. 에너지 위기 동안 그는 미국인들에게 실내 온도를 낮추고, 스웨터

---

14 국가가 이슬람 교리나 지도자에 의해 통치되는 체제를 지지하는 세력들. 이슬람 신정주의 국가는 이란의 이슬람 공화국, 사우디아라비아, 아프가니스탄의 탈레반 등이 있다.

를 더 입고, 더 작은 차를 운전하고, 더 작은 삶을 살도록 호소했다.

니카라과에서는 마르크스주의 혁명가들의 국가 장악을 적극적으로 도왔다. 아마도 '일단 미국 탓' 사고방식의 가장 좋은 예일 것이다. 카터는 라틴 아메리카의 문제 대부분을 미국 탓으로 돌렸다. 소련이 개입하려는 첩보가 나오자 좌파 반란을 진압하면서 친미 강경파와 협력한 전임 대통령들을 비판했다. 물론 전임 대통령들의 전략은 국가 건국자들의 접근 방식과 일치한다. 그들은 우리의 주적이 신대륙 동맹국에 간섭하는 것을 결코 용납하지 않았다. 그러나 카터는 공산주의에 대한 지나친 걱정을 멈추고 그의 국가 안보 보좌관이 말한 것처럼 '세계 혁명 과정에 대해 좀 더 냉정한 태도를 취해야 한다'고 생각했다. 니카라과는 민주당의 새로운 '분리주의 외교 정책[15](Detached Foreign Policy)'에 대한 끔찍한 시험 케이스였다.

1935년부터 니카라과는 부패했지만 영리한 소모자(Somoza) 가문이 통치하고 있었는데, 이 가문은 쿠바의 지원을 받는 마르크스주의 게릴라 산디니스타(Sandinistas)를 비롯한 반대 세력과의 전쟁을 수시로 벌이고 있었다. 소모자 가문은 누구도 선량한 자유민주주의자라고 생각하지 않지만, 니카라과의 소농들 중 혁명에 관심이 없어 병력 모집에 어려움을 겪는 가운데에도, 산디니스타 같은 공산주의자들과 수년 동안 싸워왔다. 라틴 아메리카 기준으로 볼 때 니카라과는 안정적이고 조용했다.

---

15 미국이 다양한 국제 사안에 대해 강력한 개입이나 지원을 하는 대신, 중재나 중립적 입장을 유지하며 협상, 외교적 대화, 다자간 협력을 통해 문제 해결을 하려는 정책이다.

중요한 것은 니카라과가 미국의 강력한 동맹국이었다는 점이다. 제2차 세계대전 중 니카라과는 추축국[16](Axis)의 재산을 압류했다. 냉전 시기에는 라틴 아메리카에서 공산주의가 확산되는 것을 막기 위해 싸웠다. 프랭클린 루스벨트 대통령은 소모자에 대해 "개자식이지만 우리 편이다."라고 말한 것으로 알려졌다.

1978년 산디니스타가 또다시 게릴라전을 개시했을 때, 카터는 수십 년간 이어온 동맹을 배신하기에 완벽한 시점이라고 판단했다. 카터는 군사 원조를 중단하고, 제재를 가하고, 외교적으로 니카라과 정부를 고립시키고, 마르크스주의 게릴라들을 통합 정부에 포함시킬 것을 촉구함으로써 그들을 합법화했다. 다시 한번 카터는 충성스러운 미국의 동맹국을 무자비하게 약화시키는 데 효과적임을 입증했다. 진 커크패트릭이 비아냥거린 것처럼, "10년 만에 두 번째로 미국의 동맹국이 소련 블록으로 무장한 상대와 대치하는 동안 휘발유와 탄약이 바닥났다."

카터에게는 이 모든 것이 순진한 계획의 일부였다. 그들은 미국이 소모자 정부를 내쫓으면 민주주의가 마법처럼 꽃을 피울 것이라고 생각했다. 그러나 결점투성이 친미 정부는 몰락하고 훨씬 더 악랄한 반미 독재 정권이 등장했다. 산디니스타가 수도 마나과(Managua)를 점령한 직후, 그들은 쿠바 대표단을 환영하며 쿠바가 '양키 제국주의'에 저항할 수 있도록 돕겠다고 약속했다. 놀랍게도 카터는 니카라과에 대한 경제 원조를 재개하여 새로운 마르크스주의 정권의 환심을 사는 것으로 이 재앙

16　추축국(樞軸國)은 연합군에 대항한 독일, 이탈리아 그리고 일본 등의 군사 연합체이다.

에 대응했다.

피델 카스트로(Fidel Castro)는 상황의 전환에 기뻐했다. 몇 달 전 그레나다(Grenada)에서 공산주의 정부가 막 권력을 장악했으니 니카라과는 더 큰 수확이었기 때문이다. "이제 우리 편이 셋이다."라고 그는 환호했다. 그는 지미 카터 마음속의 '양심의 가책' 덕에 새 친구를 얻은 것을 감사히 느꼈다.

악의 제국에 용서 구하기

지미 카터는 미국의 문제에 대해 미국 국민을 비난했고, 로널드 레이건은 지미 카터를 비난했다. 그리고 예상대로 레이건은 1980년 대선에서 압승을 거두었다. 미국인들은 '신뢰의 위기'를 탓하는 대통령이 아니라 자신과 국가에 대한 신뢰를 가진 대통령을 원했고, 또 그럴 자격이 있었다. 이번 선거는 나약함과 자기혐오가 대통령의 매력적인 자질이 아니라는 것을 다시 한번 증명했다. 유권자들은 앞과 뒤가 다른 카터보다 "우리는 이기고 그들은 진다."는 레이건의 직설적인 전략을 선호하였다.

레이건은 미국은 승리할 수 있고, 그것도 확실하게 승리를 거둬야 한다는 신념을 바탕으로 외교 정책을 펼쳤다. 미국인들은 이에 동의했고, 그들의 결정은 즉각적인 성과를 이루었다. 레이건 대통령 취임 첫날 이란은 카터 대통령 임기 마지막 444일 동안 억류했던 인질들을 석방했다.

그러나 또 한 번의 굴욕적인 패배에서조차 교훈을 얻지 못한 '일단 미국 탓' 민주당은 급진주의와 복수에 더욱 박차를 가했다. 그들은 남은 냉전 기간 동안 미국의 힘과 자신감이 핵전쟁이나 적어도 제2의 베트남 전쟁으로 이어질 것이라고 경고했다(이건 베트남 전쟁에 대한 잘못된 시각의 연속이다). 1983년 레이건은 소련을 '사악한 제국'이라고 부르며 "양비론, 즉 양쪽 모두에게 똑같이 잘못이 있다."는 유혹에 빠지지 말 것을 촉구하여 비판자들을 놀라게 했다. 레이건에 따르면, 냉전은 '옳고 그름과 선과 악 사이의 투쟁'이었다. 소련이 무자비하고 무신론적 이데올로기의 이름으로 수백만 명의 적을 살해하고 투옥했으며 수백만 명을 굶겨 죽이고 폭력적인 혁명과 폭정을 전 세계로 수출했던 반면에, 미국은 평화와 자유, 그리고 모든 영혼의 존엄성을 위해 싸웠음을 강조했다.

레이건의 비판자들은 그렇게 보지 않았다. 민주당 하원의장 팁 오닐 (Tip O'Neill)은 레이건을 '빨갱이 미끼(Red-baiting)'라고 비난했다. 《워싱턴 포스트》는 레이건의 연설을 "미국 역사상 최악의 대통령 연설"이라고 한 '저명한 역사학자'의 말을 인용했다. 《뉴욕 타임스》의 칼럼니스트 앤서니 루이스(Anthony Lewis)는 이 연설이 "원시적이고, 공격적이고, 끔찍하게 위험하고," 심지어 "재미도 없었다."고 혹평했다. 소련의 공식 통신사들도 이에 동의하며 레이건의 '미치광이 같은 반공주의'를 비난했다. 유유상종은 바로 이럴 때 쓰는 말이다.

자유주의 여론의 믿을 만한 풍향계인 조 바이든은 우리가 냉전 중이라는 사실조차 부인했다. 바이든은 "우리는 냉전 체제하에 있지 않다." 며 "레이건의 '레토릭적 상승효과'로 인해 2년 전보다 훨씬 더 냉전에 가까워졌다.”고 주장했다. 거의 40년이 지난 지금 바이든은 공산주의 중국에 대해서도 같은 말을 하고 있다. 그는 적이 전쟁을 결심했다면 전쟁이 일어나지 않기를 바랄 수 없다는 기본적인 교훈을 아직 배우지 못했다. 유일한 선택은 승리 혹은 패배이다.

베트남에서와 마찬가지로 일부 자유주의자들은 레이건의 의제에 격렬하게 반대하며 적을 지지했다. 제인 폰다가 70년대에 했다면 버니 샌더스(Bernie Sanders) 상원 의원은 80년대에 폰다를 따라 했다는 말이다. 오늘날 대부분의 미국인은 샌더스를 미국에 사회주의를 도입하려는 ‘앵그리’ 노인으로 알고 있지만, 당시 그는 미국에 사회주의를 도입하려는 앵그리 청년이었다. 극도로 자유주의적인 버몬트주 벌링턴(Burlington)의 시장으로서 그는 일상적으로 미국을 비난하고 우리의 공산주의 적을 찬양했다. 샌더스는 공산주의자들과 매우 친밀하여 소비에트 러시아에 신혼여행까지 다녀왔다. 아마 존 케리 신혼여행 때와 동일한 여행사를 이용하지 않았을까?

샌더스는 특히 레이건의 대(對)니카라과 정책을 경멸했다. 레이건은 카터의 정책을 즉시 뒤집어 산디니스타 정권을 단절하고 콘트라 반군[17](Contras)으로 알려진 반공 게릴라에 대한 비밀 원조를 지시했다. 콘트라의 대부분은 산디니스타에 의해 땅에서 쫓겨난 가난한 농부들이었지만, 좌파는 항상 그들을 CIA의 꼭두각시이자 잔인한 살인자로 묘사했다. 의회 민주당 의원들은 레이건의 정책에 반대했지만 샌더스는 그들 머리 위에 있었다. 1985년,

17 중미 니카라과의 친미, 반정부 민병대의 통칭이다. 1979년부터 1990년대 초반까지 집권했던 나카라과의 산디니스타 민족 해방 전선 정부에 반대하는 여러 반란군 집단이다.

그는 니카라과의 공산주의 독재자 다니엘 오르테가를 만나기 위해 니카라과를 방문한다. 여행 중에 그는 미국 기자들이 오르테가에 대해 '진실'을 쓰지 않는다고 '벌레'라고 부르며 빈정댔다. 그는 심지어 군중이 "여기, 저기, 어디에서나 양키는 죽을 것"이라고 외치는 대규모 산디니스타 집회에 참석하기도 했다.

샌더스의 급진적 공산주의자 동정론은 좌파 정치인으로서 그의 정치 경력에 전혀 해가 되지 않았다. 수십 년이 지난 지금도 니카라과는 여전히 오르테가가 독재 정권을 유지하고 있음에도, 샌더스는 두 번이나 민주당 대통령 후보가 될 뻔한 상원 의원이었다. 그는 과거 공산주의 정권을 지지한 것에 대해 사과하지 않는다. 오히려 요즘 그의 주요 외교 정책 우선순위는 중국과의 '신냉전'을 막는 것이다. 그는 바이든과 마찬가지로 중국이 이미 미국과 냉전을 벌이고 있다는 사실을 전혀 이해하지 못하고 있다.

새로운 샌프란시스코 민주당

진 커크패트릭의 1984년 전당 대회 연설은 당시와 마찬가지로 오늘날에도 맞는 말이다. 그때 지미 카터와 월터 먼데일을 비판했던 그녀로서, 오늘날 바이든과 부통령 카말라 해리스(Kamala Harris)에 대한 비판은 식은 죽 먹기이다. 민주당은 변하지 않았으니까. '일단 미국 탓'인 것도 똑같다. 운명의 반전으로 실제 샌프란시스코 민주당원 낸시 펠로시[18]Nancy Pelosi)가 20년 동안 당의 수장 자리에 앉아 있다. 샌프란시스코는 수십 년에 걸친 민주당의 잘못된 통치 덕분에 부끄러운 슬럼가로 전락하고 말았다.

베트남 시대의 신좌파처럼, 오늘날 급진주의자들은 미국이 핵심부터 썩었다고 비난한다. 당시 징집을 피하고 붉은 완장을 차고 대학 캠퍼스를 점거했던 학생들 중 상당수가 현재 바로 그 대학에서 석좌 교수직을 맡고 있는 것은 놀랄 일도 아니다.

경우에 따라, 민주당이 말 그대로 신좌파의 후계자인 셈이다. 샌프란시스코의 전 민주당 지방 검사장 체사 부딘(Chesa Boudin)은 한 쌍이 아니라 두 쌍의 좌파 테러리스트 부모 밑에서 자랐다. 그의 친부모는 두 명의 경찰관이 사망한 1981년 브링크스 장갑차 강도 사건을 일으킨 웨더 언더그라운드 테러리스트이다. 부모가 감옥에 가자 동료 조직원인 빌 에이어즈(Bill Ayers)와 버나딘 도른(Bernardine Dohrn)이 부딘을 입양했다.(익숙한 이름이지 않은가? 에이어즈와 도른은 버락 오바마라는 젊은 시카고 정치인의 초기 모금 활동가이자 지지자였다.)

일반적으로 부모를 선택할 수 없는 우리는, 좌파 기저귀를 차고 태어난 아기라도 그의 부모를 비난하지 않는다. 하지만 부딘은 전 베네수엘라 독재자 우고 차베스(Hugo Chávez)를 위해 일했고, 나중에 위험한 범죄자들을 샌프란시스코 거리로 내보내는 등 가족의 유산을 이어 간다. 한 악명 높은 사건에서 부딘은 차량 탈취와 강도 전과로 종신형을 선고받

---

18 2023년 미 하원 52대 의장직을 사임하였다.

을 수 있는 범죄자였음에도 불구하고 트로이 맥알리스터(Troy McAlister)라는 전과자와 형량 협상을 벌였다. 맥알리스터는 가석방 중에도 여러 번 체포되었지만 부딘은 여전히 새로운 혐의를 제기하지 않았다. 결국 맥알리스터는 또 상점을 털고, 차량을 훔치고, 두 명의 여성을 치어 숨지게 했다. 부딘은 '지나고 나면 다 보이는 법'이라며 피해자 가족들에게 위로 같지도 않는 말을 씨부렁거렸다. 결국 그의 직무 기간 동안 범죄가 창궐해 2022년 여름 투표를 통해 소환당했다. 당 엘리트들의 사랑을 한 몸에 받았던 그는 말 그대로 샌프란시스코 민주당원들에게조차도 너무 진보적이었던가 보다.

웨더 언더우드 테러 조직의 후손이 아닌 민주당원들도 미국에 대한 증오에 찬 비판을 받아들인다. 이제 바이든 이하 민주당원들이 미국을 '조직적인 인종 차별주의자'라고 비방하는 것은 일상적인 일이 되었다. 해리스 부통령은 미국은 법에 따른 평등을 중시하는 '척'만 하고 있으며, 미국의 '어두운 역사'를 속죄하기 위해서는 '일정 형태의 배상'이 필요하다고 말한다. 민주당 하원 의원으로 구성된 사회주의 '2중대'의 일한 오마르(Ilhan Omar)는 미국이 어린이를 인간 방패로 사용하는 테러 단체인 하마스(Hamas)와 동등한 수준으로 중동에서 '말로 표현할 수 없는 잔학 행위'를 저질렀다고 비난한다.

미국에 대한 의심 때문에 민주당은 소련 러시아에서와 마찬가지로 우리 시대의 사악한 제국 공산주의 중국과 도덕적으로 동등하게 행동하고 있다. 바이든은 대통령 임기 초 유엔에서 처음 연설했을 때 중국의 범죄에 대해 무의미한 비난만 했고, 중국의 이름은 아예 거론조차 하지 못했다. 항상 미국에 반대하는 공산주의 정권의 편에 서는 존 케리는 중국 정부가 기후 변화 협상을 위태롭게 할까 봐 중국의 인권 유린을 비판하지 않는다.

과거 소련이 그랬던 것처럼 우리의 적들은 민주당의 반미 레토릭을 이용해 우리를 공격한다. 2021년, 중국 공산당 관리들은 외교 정상 회담에서 미국의 외국에 대한 '억압'과 '뿌리 깊은' 인권 문제에 대해 15분 간 장황하게 설명하면서 BLM(Black Lives Matter)을 예로 들었다. 앤토니 블링컨(Antony Blinken) 국무 장관은 반격하거나 문을 박차고 나가는 대신 즉시 "우리는 완벽하지 않고, 실수를 하고, 반전이 있고, 한발 물러서기도 한다."며 방어에 나섰다. 그는 대량 학살을 자행하는 공산주의자들의 거짓 공격에 맞서 공세를 펼치는 대신, 그들의 전제를 부끄럽게 받아들인다.

그러나 오늘날의 반미 급진주의자들과 어제의 반미 급진주의자들 사이에 가장 문제가 되는 평행선은 그들이 분노했을 때 무엇을 하는가다. 2020년의 반경찰 폭동은 베트남 시대의 폭동과 동일한 증오의 플레이북을 따른다. 폭도들은 경찰과 충돌했고, 방화범들은 도시 전체에 불을 지르며, 기물 파손범들은 소규모 사업체를 산산조각 냈다. 거리의 좌파 민병대는 포틀랜드 연방 법원을 수개월 동안 포위했다. 급진주의자들은 죽은 지 오래된 남부연합군뿐만 아니라 조지 워싱턴, 토머스 제퍼슨, 율리시즈 그랜트(Ulysses S. Grant), 에이브러햄 링컨과 같은 미국 영웅의 동상도 훼손했다. 시애틀의 무정부주의자들은 군벌에 의해 운영되는 무법 '자치 구역'을 만들어 잠시 미국으로부터 분리 독립을 시도하기도 했다.

민주당 정치인들은 무정부 상태를 비난했을까? 거의 아니다. 민주당과 그들의 정치적 동맹인 언론들은 처음에는 '대부분 평화로운 시위'라고 부르며 치명적인 폭동이 일어나지 않은 척했다. 펠로시는 '사람들은 자기 할 일을 할 것'이라고 비웃었지만, 경호원을 줄곧 끼고 살면 그런 말은 쉽게 할 수 있다. 폭동을 더 이상 무시할 수 없게 되자, 그들은 폭동을 '체계적으로 인종 차별적인' 미국에 대한 정당한 항의라고 정당화했다. 또 다른 사회주의 2중대 분대원인 아야나 프레슬리(Ayanna Pressley) 의원은 "우리 삶이 불안하니 거리도 불안해진다."고 말한다. 카말라 해리스는 지지자들에게 폭도들을 보석으로 석방하라고 독려하기도 했다. 그들은 여전히 '일단 미국 탓'을 하고 있다.

진보주의자들과 '일단 미국 탓' 민주당원들 사이에 직통 라인이 있다. 이제 아무도 우드로 윌슨과 같은 초췌하고 두꺼운 안경을 쓴 교수를 테러리스트나 좌파 급진주의자로 오해하지 않는다. 실제로 BLM은 악의에 가득 찬 인종 차별주의자인 윌슨을 정당하게 비난할 것이다. 그러나 진보주의자, 신좌파, 그리고 오늘날의 자유주의자들에겐 공통된 전제가 있다. 미국 건국 원칙에 대한 도덕적 기초를 거부하는 것이다. 미국은 원죄가 있기 때문에, 건국자들과 레이건이 믿었던 것처럼 미국의 힘이 국익을 위해 사용되는 것을 그들은 부정한다. 그들은 미국의 죄를 어떻게 속죄해야 하는지에 대해서만 다른 의견을 가지고 있다. 진보적 전통은 다른 국가나 추상적 이상을 위해서라면 미국의 힘을 사용해야 한다는 목표가 있다. '일단 미국 탓' 민주당은 미국은 속죄 불가능이라, 이 나라에서 아무것도 기대할 수 없으므로 미국의 힘이 – 어쩌면 미국 자체가 – 해체되어야 한다고 믿는다.

그러나 그들은 미국의 힘을 제한하고 우리의 '이기적인' 국익을 위해 사용되는 것을 억제해야 한다고 우긴다. 그래서 민주당은 다음 장에서 살펴볼 것처럼 유엔과 같은 세계주의 기관에 우리의 주권을 포기하고 해롭고 일방적인 조약을 반사적으로 선호한다. 상황에 따라 조금씩은 달라도 민주당은 특히 로널드 레이건 같은 '카우보이' 대통령이 계속 뽑힌다면 미국이 세계에서 행동의 자유를 가져서는 안 된다는 데 동의한다.

★ ★ ★

세계주의자 Globalist 의 주권 포기

1919년 동틀 녘, 미국인들은 새해에 대한 자부심과 희망을 느꼈다. 미군은 1차 대전에서 결정적으로 승리해 유럽에서 4년간의 유혈 사태를 끝내고 평화를 회복했다. 그러나 최초의 진보 대통령인 우드로 윌슨의 잘못된 베르사유 조약으로 우리의 승리는 희석당했다. 징벌적이자 유토피아적인 이 조약은 독일을 모욕하고 동맹국들을 격분하게 만들며, 제2차 세계대전 발발의 원인인 국가적 적대감을 촉발시켰다.

윌슨이 사인한 이 조약은 진보 좌파가 시도한 한 세기 동안의 미국 주권에 대한 공격의 시작이었다. 윌슨은 '세계의 이익을 위해 우리의 주권 일부를 포기할 것'이라고 솔직하게 선언했다. 이 조약은 여러 가지 면에서 미국의 주권을 약화시킬 수 있었다. 가장 위험한 것은 이 조약으로 인해 만들어진 국제 연맹[19](League of Nations)이, 이후 창설될 유엔(UN)을 상대적으로 절제되고 합리적으로 보이게 착시 효과를 만들었다는 점이다. 국제 연맹은 공통의 이해관계가 거의 없고 문화와 정치 체제가 근본적으로 다른 국가들로 구성된 전 세계적 동맹 체계를 구성하고 미국이 동맹 국가 방어를 위해 참전할 수밖에 없도록 요구한다. 이 조약으로 모든 국가 주권의 핵심적인 특징, 즉 언제, 어디서, 누구와 전쟁을 벌일지 결정할 수 있는 권한을 포기할 뻔했다.

이 조약은 또 미국에겐 불리하고 전쟁으로 폐허가 된 유럽 국가들에게 유리한 규칙으로 포장된 '공정한(Equitable)' 자유 무역 시스템을 만드는 내용을 포함하고 있다. 그리고 국제 재판소를 설치하고 제3국 판사가 미국인에 대한 사법 권한을 행사하도록 하는 내용도 갖고 있다. 다행히도 일부 뜻있는 인사들은 공화당 상원 의원들과 함께 미국의 주권 파괴에 대한 공격에 맞서 싸웠다. 외교 위원회 위원장이었던 전설적인 헨리 캐봇 롯지(Henry Cabot Lodge)는 국제 연맹의 미군 파병 명령 권한을 없애는 타협안을 제안했다. 하지만 윌슨은 이를 받아들이지 않았다. 윌슨은 미국이 전쟁과 평화 문제에 대한 우리의 권한을 국제 관료들에게 넘기려는 고집을 굽히지 않았다.

뉴잉글랜드의 명문가 출신이자 하버드 학위를 네 개나 받은 뛰어난 역사학자인 롯지가 윌슨에게 보낸 답변은 미국 우선주의 포퓰리스트처럼

---

19 윌슨의 제안에 의해 만들어진 국제 연맹은 정작 미 상원의 베르사유 협약 비준 거부로 미국은 불참했다. 1930년대부터 계속되는 국제 분쟁에 무기력한 모습을 보이고 제2차 세계대전에 아무 역할을 못 하다가 결국 유엔에 승계 해체되었다.

들렸을 것이다. 그는 상원 토론에서 다음과 같이 자랑스럽게 선언한다.

"원한다면 나를 이기적·보수적·반동적이라고 부르거나 어떤 가혹한 형용사를 써도 좋지만, 나는 미국인으로 태어났고 평생을 미국인으로 살아왔다. 국적을 바꿀 가능성이 절대 없으니, 고로 미국을 먼저 생각한다. 연맹 창설을 한다니 미국을 먼저 생각하며, 세계를 위해 최선이 무엇인지 고민하고 있다. 미국이 실패하면 인류의 최고의 희망도 함께 사라질 것이기 때문이다. 나는 오직 한 국가에 대한 충성심만 가졌고 내 충성심은 나눌 수 없다. 나는 오직 하나의 국가만을 사랑해 왔고 그 헌신을 공유할 수 없으니, 연맹을 위해 급조된 국적 없는 만국기에 애정을 줄 수 없다."

또 다른 연설에서 롯지는 미국인들에게 조약의 이해관계를 직설적으로 설명한다. "여러분은 에이브러햄 링컨의, 국민에 의한, 국민을 위한, 국민의 정부를 다른 사람들의, 다른 사람들을 위한, 다른 사람들의 정부로 바꾸라는 요청을 받고 있다." 롯지는 링컨이 국가를 '정치적 옥상옥이 없는 지고의 정치 공동체'로 정의했기 때문에 미국 최초의 공화당 대통령인 그를 불러낸 것이다. 윌슨은 국제 연맹을 국가보다 우월한 존재로 만들 시도를 함으로써 이 핵심 원칙을 공격했다.

윌슨은 조약에 대한 지지를 모으기 위해 당시로서는 드물게 전국 투어를 시작했다. 아마도 윌슨은 1장에서 논의한 자신이 그토록 경멸했던 '뉴턴주의' 헌법하의 낡아 빠진 구시대적 기관 중 하나인 상원이 민의를 반영하지 못한다고 생각했을 것이다. 그러나 오늘날 많은 평범한 미국인들이 그러하듯 다수의 미국인들은 '미국 우선주의'를 생각하며 롯지와 뜻을 같이했다. 윌슨은 뇌졸중으로 쇠약해진 후 실패한 순방을 끝냈고, 그 후 롯지와 상원은 다행히 국제 연맹을 거부하고 링컨의 주권 비전을 지켜 냈다.

국제 연맹은 사라졌지만 그 배후에 있는 세계주의 이데올로기는 지금의 민주당에서 더욱 힘을 얻고 있다. 오늘날 우리는 링컨과 롯지의 주권에 대한 비전과 주권을 포기시키려는 윌슨의 음모 사이에서 여전히 투쟁하고 있다.

자유주의자들이 우리의 주권을 훼손하기 위해 어떻게 노력해 왔는지 이해하기 위해 처음부터 다시 보자. 진보 좌파는 항상 미국에 대한 의구심을 품어 왔다. 윌슨은 미국 건국자들과 우리 헌법을 명백히 거부했다. '일단 미국 탓' 민주당의 지도자들은 공산주의자들을 달래고 전 세계에서 미국의 행동을 비난했다. 이는 엘리트들만의 시각이 아니다. 매년 갤럽이 미국인들에게 '미국인이라는 것이 얼마나 자랑스러운지'를 묻는 설문 조사에서 민주당 지지자들은 공화당 지지자들보다 최소 15% 포인트에서 최대 50% 포인트 낮은 응답을 지속적으로 내놓고 있다. 진보주의자들이 주권을 포기하고 싶어 하는 것은 당연한 일로 보인다.

다른 나라에는 어떨지 모르지만 미국에는 절대로 해로울 국경과 시장 개방 논의는 놀랍게도 미국 내가 발원지다. 오늘날 자유주의자들은 국경 보안뿐만 아니라 국경이라는 개념 자체에 반대한다. 미국인들은 일자리 감소, 임금 하락, 갱단 폭력, 마약의 피해를 고스란히 떠안고 있다.

자유주의자들은 미국의 국익에 대한 고려 없이 시장을 개방하여 미국에는 피해를 주고, 중국에는 이득이 되는 일방적으로 불리한 무역 협정을 유지하기를 원한다.

진보주의자들은 또한 미국의 힘을 제한하고 해외에서 우리 행동의 자유를 약화시키려 한다. 존 케리는 2004년 대선 토론에서 미군 사용은 '글로벌 테스트'를 통과해야 한다고 말해 이러한 정서를 악명 높게 표출했다. 버락 오바마는 미국의 독특함을 믿는다고 빈정댄다. "영국인들이 영국의 특별함을 믿듯이 그리스인들도 그리스의 특별함을 믿는 것 같다."며, 자신의 나라가 특별하다는 생각은 낡은 편견일 뿐이라고 폄하한다. 결국 미국이 특별하지 않다면, 더구나 나쁜 곳이라면 왜 미국을 우선시해야 할까?

진보주의자들은 우리가 할 수 있는 일을 결정하기 위해 '글로벌 테스트'를 적용하는 데 그치지 않고, 세계주의적 제도와 법률로 미국을 영구적으로 제약하고자 한다. 2장에서 만났던 위대한 진 커크패트릭은 이렇게 잘 표현한다. "외국 정부와 그 지도자들, 그리고 국내의 소수 활동가들은 정교한 다자간 절차, 국제 협약, 유엔 조약 등을 통해 미국의 힘을 제한하고 통제하려고 한다. 이는 우리의 주권과 국제적 행동 능력을 모두 제한한다."

진보 좌파는 국경 개방, 시장 개방, 세계주의 관료제에 대한 존중 외에도, 미국을 결함투성이인 일방적인 협정에 묶어 두려고 한다. 이란 핵 협상을 포함한 많은 사례에서 보듯이 이러한 협정은 미국의 주권을 약화시킬 뿐만 아니라 상원의 조약 비준 권한을 회피함으로써 미국 헌법을 훼손한다.

진보주의자들은 어차피 헌법을 별로 신경 쓰지 않는다. 추상적인 개념처럼 보일지 모르지만, 진보주의자들의 주권 포기는 구체적인 방식으로 우리에게 해를 끼칠 수 있다. 국경 개방과 시장 개방은 이미 미국 노동 계급을 황폐화시켰다. 상원이 지구 온난화에 관한 빌 클린턴의 교토 의정서를 비준했다면, 여러분은 자동차 주유와 난방에 훨씬 더 많은 비용을 지불해야 했을 것이다. 이것이 바로 조 바이든이 취임 첫날 다시 가입한 파리 기후 협정에서 우리가 치러야 할 비용이다. 우리가 국제 형사 재판소(International Criminal Court)에 가입하면 미군은 외국 관료들에 의해 재판과 투옥에 직면할 수 있다. 우리가 유엔 무기 거래 조약(Arms Trade Treaty)을 비준하면 외국 관료들이 여러분의 총기 소유권을 결정할 수 있다.

주권은 여러분과 미국에 중요하다. 우리는 자유를 위해 행동의 자유를 지켜야 한다.

국경 없는 미국

주권의 포기도 국내가 발원이다. 수십 년 동안 진보주의자들은 자유 국가의 두 가지 중요한 특징인 안전한 국경과 강력한 국내 시장을 지우려고 노력해 왔다. 진보주의자들은 주권 국가가 스스로의 이익을 돌보는 대신 국경 없는 세상을 선호한다. 글로벌 엘리트들도 그런 세상에 살고 있는데 우리 모두가 그러지 못할 이유가 있을까? 간단한 대답은 누구와 무엇이 국경을 넘을 수 있는지에 대한 명확한 규칙하에 제대로 통제되고 있는 국경이 주권과 미국의 이익을 보호하는 데 필수적이라는 것이다.

열린 국경

국가의 가장 기본적인 속성은 국경이며, 주권 국가의 가장 기본적인 요소는 누가, 무엇이 국경을 넘나드는지를 통제하는 것이다. 민주당은 멕시코와의 2,000마일 국경을 개방함으로써 이 주권적 권리를 포기하려 한다. 그 결과는 우리 노동자와 지역 사회에 치명적인 결과를 가져왔다. 국경 개방 이데올로기는 오늘날 민주당의 사실상 입장이다. 2020년 대선 토론에서 카말라 해리스 부통령 후보를 포함한 민주당 후보 10명 중 8명이 불법 국경 통과를 범죄로 보지 않을 것에 동의했다. 당황한 조 바이든은 머뭇거리다 결국 횡설수설하고 일관성 없는 발언을 하며 자리에서 물러났다.

그는 취임하자마자 국경 개방 급진주의자들에게 책임을 맡겼기 때문에 열정적으로 반대할 수 없었다. 100일간 국외 추방 중단, 국경의 비상 사태 종료, 그리고 국경 장벽 건설을 중단했다. 또한 망명을 원하는 이민자들이 멕시코에서 대기하도록 한 트럼프 행정부의 매우 효과적인 '멕시코 잔류 정책(Remain in Mexico Policy)'도 중단했다. 미국은 항상 진정한

박해의 위험에 직면한 사람들을 환영해 왔지만, 오늘날 국경을 넘는 거의 모든 이민자들은 어려움에 처한 소수파(Minority)가 아니라 돈을 좇는 이들이다. 바이든 행정부 초기에 국경을 방문했을 때, 나는 밤에 다리 밑에 모여 있던 수십 명의 불법 이민자들과 이야기를 나누었다. 박해 때문에 왔다고 말하는 사람은 단 한 명도 없었다. '더 나은 일자리', '지금 들어갈 수 있기 때문에', 그리고 물론 '바이든'이라는 설명이 이어졌다. 이들의 행렬에는 "바이든, 우리를 들여보내 주세요!"라고 적힌 티셔츠를 입은 것은 당연한 일이었다. 바이든은 기꺼이 그들의 요청에 응했다.

결과는 충격적이지만 놀랍지는 않다. 바이든의 취임 첫해에 200만 명 이상의 불법 이민자[20]가 미국 남부 국경을 넘었다. 2년 차에 바이든은 자신의 기록을 깨기 위해 노력하고 있다. 바이든 행정부는 불법 체류자를 고용한 고용주에 대한 단속을 느슨하게 하고 망명을 허용하는 기준도 말도 안 되게 허술하다. 그 결과 국내에 퍼져 있는 불법 체류자 대다수가 본국으로 돌아가지 않고 있다. 이미 2천만 명이 넘는 불법 체류자 수는 계속 늘어만 갈 것이다. 그러나 진보주의자들은 수백만 명의 외국인이 주권 국가로 무분별하게 유입되는 것을 환영하고 심지어 축하하기도 한다.

통제되지 않은 이민은 일자리 경쟁을 가중시키고 임금과 혜택을 감소시킴으로써 미국 노동 계급에 가장 큰 피해를 준다. 특히 불법 체류 외국인이 정착할 가능성이 가장 높은 이민자 커뮤니티에서 더욱 그러하다.

---

20 바이든 취임 후 현재까지 중국인 25,000여 명을 포함한 1,000만 명 이상의 불법 이민자가 미국에 들어온 것으로 추정된다. 이 중에 최소 170만 명은 입국 후 도주한 밀입국자(Gotaway)인 것으로 발표되었다.

나는 개방적인 정치인들에게 배신감을 느낀다는 많은 귀화 미국인들의 이야기를 듣는다. 그들은 규칙에 따라 합법적으로 입국했지만 불법 이주 노동으로 인해 생계가 위험에 처하게 되는 역차별을 받고 있다. 물론 그들은 불법 체류자들이 실리콘밸리나 워싱턴에서 친환경 에너지 로비스트나 다양성 컨설턴트로 고용되지 못한다는 사실을 알고 있다. 그렇다면 진보주의자들은 다른 소리를 낼 것이 분명하다. 자기들 일자리가 위태롭게 되니까.

범죄자, 갱단, 마약 카르텔도 우리의 열린 국경을 이용하여 해외에서 폭력을 들고 온다. 멕시코 카르텔은 멕시코 정부에 대항하여 반란을 일으켜 미국의 남쪽 이웃을 전쟁 지역 외 지구상에서 가장 위험한 국가 중 하나로 만들고 있다. 멕시코에서는 지난 3년 동안 10만 건 이상의 살인 사건이 발생하는데 미국보다 5배 이상 높은 수치이다. 세계에서 가장 위험한 도시 5곳은 모두 멕시코에 있다. 그중 후아레즈(Juarez)와 티후아나(Tijuana) 두 곳은 국경에 근접해 있다. 엘파소(El Paso) 주민들은 집 근처에서 밤하늘을 밝히는 카르텔 기관총의 추적 사격을 볼 수 있다. 카르텔 총잡이들이 멕시코 내에서 미국 시민과 경찰관을 처형하는 일도 다반사다.

이러한 폭력은 필연적으로 국경 너머로 퍼져 나간다. 2015년부터 2020년까지 국경 순찰대(Border Patrol)는 '사살, 강간, 지배(Kill, Rape, Control)'라는 비공식적인 모토를 가진 가학적으로 폭력적인 중남미 거리 갱단인 MS-13의 약 1,800명을 포함하여 4,000명이 넘는 외국인 갱단원을 체포했다. MS-13은 뉴욕에서 버지니아, 캘리포니아에 이르기까지 강간, 고문, 토막 살해, 참수, 대량 살인으로 지역 사회를 공포로 몰아넣었다.

 물론 이러한 폭력의 대부분은 국경 개방의 세 번째 비극적 결과인 마약 거래에서 비롯된다. 헤로인, 펜타닐(Fentanyl), 코카인, 필로폰의 대부분은 멕시코에서 미국으로 밀반입되며, 범죄 조직과 마약 카르텔이 협력하여 마약을 미국 안팎으로 이동시킨다. 마약은 폭력 범죄 외에도 미국 전역의 지역 사회에 말로 표현할 수 없는 고통과 아픔을 안겨 준다. 작년 한 해 동안 약물 과다 복용으로 인해 10만 명 이상의 미국인이 사망한 가슴 아픈 기록이 있다. 이러한 추세는 나아지지 않고 있다. 2021년 국경 순찰대는 미국인 남성, 여성, 어린이 모두를 수차례 죽일 수 있는 충분한 양의 펜타닐을 압수했다. 이는 과다 복용으로 인한 사망자 수에 불과하다. 수백만 명의 미국인이 중독에 시달리거나 사랑하는 이들이 마약이라는 악마와 싸우는 것을 돕느라 매일 고통스러운 삶을 살고 있다.

 이러한 치명적인 결과에도 불구하고 민주당은 상황을 더욱 악화시킬 것이다. 예를 들어, 진보주의자들은 경찰과 함께 불법 체류 외국인 범죄자 추방을 주 임무로 하는 이민 세관 단속국(ICE)의 예산도 삭감하려 한다. 이들은 ICE가 잔인한 범죄를 저지른다고 추정하며 ICE를 비난해 왔다[하원 의원 라시다 틀라이브(Rashida Tlaib)는 ICE가 "이민자 커뮤니티를 공포에 떨게 하려 한다."고 비난한다]. 실제로는 합법 이민자들을 불균형적으로 가해지는 불법 이민자들의 폭력으로부터 보호하는 것이 ICE의 업무이다. 2019년에 ICE는 유죄 판결을 받은 범죄 외국인 50,000명 이상과 갱단 조직원 1,000명 이상을 미국에서 추방했다. 이 불법 이민 범죄자들은 거의 2,000건의 살인과 수십만 건의 범죄에 총체적으로 관련되어 있다. 반면, 조 바이든의 취임 첫해에는 유죄 판결을 받은 범죄 추방자가 3만 9,000명에 불과했고 갱단원 추방자는 절반으로 감소했다. 물론 낸시 펠로시 같은 부유하고 강력한 진보주의자들은 범죄로부터 스스로를 잘도 보호한다. 경호원이 순찰하는 높은 벽과 입구 경비가 있으니 미덕의 목소리를 내기는 쉬운 일이다.

국경이 없는 나라는 국가가 아니다. 이것은 주장이나 의견이 아니라 단순한 사실이며, 2 더하기 2는 4가 되고 정사각형은 네 변이 같고 직각이 네 개인 도형이라고 말하는 것과 다르지 않다. 하지만 진보주의자들은 이 사실을 두고 외국인 혐오, 국수주의, 인종 차별을 부르짖는다. 진보주의자들은 주권의 포기가 미국 내에서 시작된다는 것을 알고 있다. 국경을 개방하고 비판자들을 침묵시킬 수 있다면 국가와 시민권의 의미를 변질시켜 전 세계에서 미국의 역할을 더 쉽게 바꿀 수 있기 때문이다.

시장 개방

민주당은 또한 열린 시장의 정당이다. 우드로 윌슨의 군사력에 대한 접근 방식과 마찬가지로 오늘날 민주당은 미국인의 이익에 부합하지 않는 방향으로 무역 협정과 관행을 밀어붙인다. 민주당은 미국을 풍요롭게 하고 해외 시장을 개방하는 강경한 무역 협정을 추구하기는커녕 우리의 일자리, 공장, 번영을 다른 나라에 넘기고 있다.

공산주의 국가인 중국보다 세계주의 무역 정책으로부터 더 많은 혜택을 받은 나라는 없으며, 우리의 주권을 더 많이 훼손한 무역 관계도 없다. 빌 클린턴은 다른 어떤 정치인보다도 중국의 미국 시장 착취에 책임이 있다. 한국과 베트남에서 우리와 싸웠던 중국은 지난 20년간의 냉전 기간 동안 소련 러시아에 맞서 사실상의 동맹국이 되었다. 소련이 무너지자 즉시 소련 다음으로 심각한 위협인 중국으로 전략적 초점을 전환해야 했다. 중국과 동맹 관계로 소련에 무너뜨린 것처럼. 조지 H. W. 부시는 그렇게 하지 않는 실수를 저질렀고, 클린턴은 선거 유세에서 부시를 정당하게 공격했다. 클린턴은 무역과 인권을 연계하겠다고 약속했다. 그가 중국인을 위한 인권 보호와 더불어 미국인을 위한 공정한 무역 관행을 주장했다면 더 좋았을 것이다. 그럼에도 불구하고 클린턴이 중국의 무역 야망에 최소한의 제동을 건 것은 옳았다.

하지만 클린턴은 취임하자마자 완전히 굴복했다. 1994년, 그는 중국의 지속적인 경제 및 인권 침해에도 불구하고 중국에 특별 무역 특혜를 부여하는 최혜국 지위를 연장하며, 더 나아가 더 이상 중국의 인권 기록과 무역 지위를 연계시키지 않겠다고 약속했다. 그 후 몇 년 동안 클린턴의 중국에 대한 최혜국 지위 부여를 무효화하기 위한 연례 의회 표결은 중국의 인권 침해가 계속되면서 점점 더 논쟁의 여지가 많아졌다. 공정하게 말하자면, 중국에 대한 맹점은 좌파만의 문제가 아니었다. 상당수의 민주당 의원들이 잘못된 정책을 지지했지만, 공화당 의원들도 클린턴의 결정을 지지하는 과반수 표를 던졌다. 클린턴 행정부는 의회에 로비하고 중국과 협상을 통해 영구적인 최혜국 지위를 주고, 중국의 세계무역 기구(WTO) 가입을 촉진하는 주도적인 역할을 했다. 2000년 말, 클린턴은 두 가지 법안에 서명했다. 중국은 1년 후 WTO에 가입하고 영구적인 최혜국 지위를 획득했다.

중국의 무역 지위에 대한 연례 투표의 중요성은 아무리 강조해도 지나치지 않다. 클린턴이 모든 투표에서 승리했지만, 표결이 있다는 사실만으로도 불안에 떨던 CEO들은 중국으로 일자리를 보내는 것을 꺼렸다. 그들은 중국의 단속과 정치적 변화로 인해 중국의 무역 지위가 박탈되어 투자에 손해를 볼 수 있다고 우려했다. 하지만 개도국 지위가 영구화되고 중국이 WTO에 가입하자 CEO들은 안심하고 공장 전체를 중국으로 아웃소싱할 수 있었다.

중국의 대미 무역 지위 영구화와 WTO 가입의 결과는 차이나 쇼크(China Shock)로 알려져 있다. 클린턴은 이러한 조치가 경제적으로 '일방통행로와 같은 것'이라고 동료 미국인들에게 확신시켰다. '일방통행'은 옳았지만 문제는 방향이었다. 혜택이 중국으로 흐를 뿐이었다. 미국은 300만 개의 제조업 일자리와 6만 개 이상의 공장을 잃었다. 미시간, 오하이오, 펜실베이니아의 강력한 산업 주에서만 60만 개의 제조업 일자리가 사라졌다. 내 고향 아칸소주에서도 제조업 일자리의 4분의 1 이상이 사라졌다. 하나의 제조업 일자리가 다른 분야의 여러 일자리를 지원하기 때문에 이 수치는 표면적인 수치에 불과하다. 공장이 문을 닫자 전국의 주요 거리의 상점, 식당, 술집, 편의점도 문을 닫고 텅 비었다. 차이나 쇼크는 많은 소도시와 노동 계급 커뮤니티의 심장을 찢어 놓았다.

중국이 WTO 규칙을 준수했다면 차이나 쇼크는 그 정도이겠지만, 당연히 그렇지 않았다. 대신 중국은 거짓말, 속임수, 도둑질이라는 세 가지 핵심 원칙에 기반한 악의적인 경제 모델을 추구해 왔다. 중국은 외국과의 경쟁에서 자국 기업(주로 국유 또는 국고 보조금을 받는 기업)을 보호하기 위해 통화와 규제를 조작해 왔다. 그런 다음 이러한 기업들은 광범위한 제품 덤핑에 가담하여 우리 기업에 피해를 입힌다. 또한 중국은 기업의 중국 시장 진출 조건으로 가장 민감한 기술을 이전하도록 강요한다. 이도 실패 하면 미국의 발명과 지적 재산을 훔치는 경제 스파이 활동을 벌인다.

차이나 쇼크와 미국의 노동자와 기업에 대한 중국의 범죄는 엄청난 부를 중국 공산당에게 이전했다. 1992년에 우리는 중국과 겨우 330억 달러의 상품을 교역했다. 클린턴 임기 말에는 1,160억 달러로 증가했 다. 오바마 임기 말에는 5,780억 달러로 증가했다. 이는 미국의 역사상 최악의 전략적 실수 중 하나로, 가장 위험한 적의 경제적·군사적 부상 에 자금을 지원한 꼴이 됐다.

뿐만 아니라 중국의 국내 정치 개입을 가능하게 했다. 이는 우리 주권 에 대한 심각한 위협이다. 막대한 자금은 필연적으로 정치적 영향력 장 사로 이어질 수밖에 없다. 이것이 바로 우리가 소련과 무역 관계를 맺지 않은 이유 중 하나였다. 국내 정치 논쟁에서 적에게 발언권을 주고 싶지 않았기 때문이다. 하지만 지금은 중국이 바로 그런 존재가 되었다. 나는 이를 '차이나 로비(China Lobby)'라고 부르는데, 중국에 깊이 투자하여 위 험한 현상 유지를 위해 헌신하는 미국 기관들의 네트워크 문제이다.

차이나 로비는 모든 주에 해당되며 상상을 초월하게 온 나라에 존재한다. 다국적 대기업뿐만 아니라 다양한 방식이라는 말이다. 아칸소 주지사 아사 허친슨(Asa Hutchinson)은 트럼프 행정부 출범 초기에 휴스턴 주재 중국 총영사를 만나라고 내게 졸랐다. 나는 워싱턴에서 대사를 만날 수도 있다며 거절했다. 하지만 휴스턴 영사관이 아칸소주에 대한 중국 투자를 관리하고 있다는 이유로 그는 계속 설득했다. 중국 관리들이 내가 중국 자금에 대한 환상적인 약속 때문에 중국에 대한 비판을 완화하거나 견해를 바꿀 것이라고 생각하게 하고 싶지 않았기 때문에 거절할 이유가 더 강해졌다. 또한 우리 정부가 2020년에 중국의 휴스턴 영사관을 '스파이 소굴(Den of Spies)'이라는 이유로 폐쇄했다는 점도 덧붙이고 싶다. 아칸소만 그런 것이 아니다. 중국은 모든 주에서 주 및 지방 공무원을 통해 영향력을 행사하려고 시도한다.

차이나 로비의 또 다른 놀라운 사례는 할리우드이다. 10년 넘게 중국인 악당이 등장하는 영화가 없었다는 사실을 눈치채셨나? 그 이유는 스튜디오들이 중국 시장에 진출하기 위해 필사적으로 노력하고 있기 때문이다. 중국은 브래드 피트가 〈티베트에서의 7년〉에서 달라이 라마의 가정 교사를 연기했다는 이유로 20년 동안 브래드 피트의 출연을 금지했다. 중국은 또한 해리슨 포드, 리처드 기어, 샤론 스톤도 티베트를 옹호하는 발언을 했다는 이유로 출연을 금지했다. 할리우드 스튜디오들은 재빨리 상황을 파악했다. 디즈니는 〈뮬란〉에서 소수 민족과 종교적 소수자에 대한 대량 학살을 자행하는 중국 신장성 당국에 특별한 감사를 표하기도 했다.

하지만 중국 로비의 주된 타깃은 강력한 다국적 기업들이다. 트럼프 행정부와의 무역 협상이 긴박한 순간에 중국 지도자들은 미국 CEO들에게 중국을 대신해 로비를 해 달라고 요청한다. 2021년에는 코카콜라, 애플, 나이키와 같은 미국의 우량 기업들이 중국 노예 노동 단속 법안에 반대하는 로비를 의회에 벌였다. 그해 위원회 청문회에서 나는 코카콜라, 비자, 프록터 갬블(Procter & Gamble), 에어비앤비의 경영진이 중국의 위구르족 학살 규탄을 거부한 것에 대해 집중 추궁을 했다. 델타항공, 유나이티드항공, 아메리칸 항공은 중국의 압력에 따라 목적지 메뉴 목록에서 대만을 삭제하기로 합의했다. 동시에 코카콜라, 델타항공과 같은 일부 기업은 중국 공산당과 한통속이 되어, 공화당 주 의회를 열과 성을 다해 비판한다.

차이나 로비의 문화적 · 정치적 영향력이 얼마나 광범위하게 퍼져 있는지 알아보기 위해 쇼 비즈니스로 돌아가 본다. Fox를 제외한 미국의 모든 주요 뉴스 네트워크는 할리우드 주요 스튜디오가 소유하거나 그 계열사이다. NBC와 유니버설, ABC와 디즈니, CBS와 파라마운트, CNN과 워너 브라더스. 이러한 뉴스 네트워크가 중국의 대미 범죄에 대해 객관적으로 보도한다고? 나는 그렇게 생각하지 않는다. NBA가 베이징에 굴복한 것을 생각해 보자. 휴스턴 로케츠(Rockets)의 한 임원이 홍콩 민주화 시위를 지지하는 트윗을 올렸을 때, 중국은 그에게 폭탄 퍼붓듯 공격했다. 리그의 많은 선수들도 공격당했지만 르브론 제임스[21](LeBron James)는 예외였다. 영화 스튜디오와 마찬가지로 NBA도 중국에서 경기 중계를 간절히 원하고 있다. 더구나 제임스는 자신의 새 영화 〈스페이스

---

21 미 NBA의 최고 스타인 그는 2019년 홍콩 민주화 시위 관련 친중 발언으로 "트럼프는 비판하더니 중국에는 굴복했다."는 비판을 받았다.

잼 2〈Space Jam 2〉도 중국 개봉을 원했기 때문이다. 그가 중국에 고분고분한 이유이다.

이는 차이나 로비의 힘을 보여 주는 몇 가지 예에 불과하다. 차이나 로비는 분명히 양당의 정치인들을 표적으로 삼고 있지만, 진보 좌파를 더 교묘하게 공략하고 있다. 미디어, 할리우드, 미국 기업, 대학 등 대부분의 기관은 진보주의자들이 운영하고 있다. 또한 많은 민주당원들은 정체성 정치의 렌즈를 통해 중국을 바라보며, 중국 공산주의자들을 비난하는 것은 인종 차별적이고 외국인 혐오적이라고 주장한다. 일부 진보주의자들은 2020년 초에 코로나바이러스가 우한(Wuhan) 실험실에서 나왔을 가능성이 높다고 지적한 나를 인종 차별주의자라고 비난한다. 민주당의 이념적 동지들, 기부자들, 유권자들이 모두 중국에 대해 더 부드러운 노선을 선호하니, 진보적 정치인들이 이를 따르는 것은 놀랄 일이 아니다.

차이나 로비의 영향력은 우리가 중국 공산당에 시장을 개방하지 말았어야 했던 또 다른 이유이다. 이제 워싱턴과 우리 주 수도에서 적국 중국에 동조하는 진정한 '제5열[22](5th Column)' 세력이 작동하고 있다. 중국 로비는 우리의 노동자를 팔아넘기고, 번영을 아웃소싱하고, 공급망을 세계화하여 문명과 인간 생활의 필수품을 다른 나라에 의존하게 만들려고 한다. 우리는 경제가 있는 국가이지, 국가가 있는 경제가 아니다. 식량과 에너지 자급, 자가 치유, 자주국방이 없는 국가는 주권 국가가 아니다.

22 국가나 도시 등 큰 공동체의 내부에 조직되어 암약하는 고정간첩과 유사한 존재이다. 제5열은 적대국을 위한 사보타주, 역정보, 간첩 등의 활동을 한다.

국제주의의 상아탑

윌슨 이후 진보주의자들은 국제기구에 매료되었다. 국제기구는 회원국의 옥상 그 위에 존재하며, 독자적인 삶을 영위하고, 선출되지 않은 글로벌 관료주의 정부에 대한 좌파의 원대한 꿈을 구현하는 등 진보적 사고의 모든 미덕을 구현한다. 국제기구는 규모와 권한은 다양하지만 모두 미국의 주권을 침해한다. 몇 가지 사례를 살펴보면 진보 좌파가 국제기구를 어떻게 악용하는지 알 수 있다. 유엔은 자유주의적 국제주의 체제의 진원지이자 새로운 국제기구 확산망의 거대한 원천이다. 국제 형사 재판소는 좌파의 세계주의적 야망의 논리적이며 극단적인 산물이다.

유 엔

제2차 세계대전 이후 설립된 유엔은 힘은 약하지만 세계 평화와 빈곤과 기아 종식이라는 원대한 목표를 가지고 실패한 국제 연맹의 연장선상에 있다. 처음부터 유엔 능력 한계의 범위를 넘어섰다. 지금의 유엔은 민주당 정치인들의 도움을 받아 부패와 독재자를 옹호하고 미국의 사업에 간섭하는 데 특화된 것처럼 보인다. 유엔은 분쟁 해결과 평화 유지에 실패할 뿐만 아니라 대개 상황을 악화시킨다. 사담 후세인이 국제 제재를 회피하고 측근과 유엔 관리들을 배불리도록 한 악명 높은 '식량 구매용 원유 판매[23](Oil-for-Food)' 프로그램은 유엔의 고질적인 부패와 잘못된 관리의 최악 사례 중 하나에 불과하다. 한편 중국, 쿠바, 베네수엘라 같은 잔혹한 독재 정권이 유엔 인권 이사회에 참여하고 있으며 북한은 유엔 군축 회의의 의장[24]을 맡고 있다. 유엔은 다른 모든 국가를 합친 것보다 더 많은 숫자의 이스라엘 관련 결의안을 채택하고 있다. 이렇게 만연한 반유대주의[25](anti-Semitism)가 유엔을 괴롭히고 있다.

그럼에도 불구하고 유엔은 계속 확장하고 있으며 더 많은 예산을 요구하고 있다. 수십 년 동안 수천억 달러가 쏟아지면서 유엔은 방대한 관료 조직과 세계주의 의제를 추구하는 국, 기관 및 위원회로 구성된 알파벳 수프와 같은 약어를 남발하는 조직으로 전이되었다. 미국 납세자들은 유엔 네트워크에 연간 10억 달러 이상을 지출한다. 어떤 나라보다 훨씬 많은 액수이다. 국경 순찰대와 국립 공원에 지출하는 비용을 합친 것보다 더 많은 액수이다. 이 모든 돈의 대가로 우리는 무엇을 얻나? 매번 미국을 약화시키는 적대적인 좌파 국제 관료주의이다. 우리의 적들은 유엔을 이용해 미국을 압박하면서도 유엔이 결코 자신들을 표적으로 삼지 않을 것이라고 확신한다. 세계 보건 기구와 같은 유엔 기관은 중국과 같은 독재 정권을 감싸고, 유엔 사무총장은 미국을 비판하고 적들과 잘못된 도덕적 동등성으로 설파한다. 설상가상으로 유엔 직원들은 뉴욕시

---

23 1995년 빌 클린턴 미국 대통령 행정부에 의해 제1차 걸프전 이후 사담 후세인 이라크의 비무장화를 목표로 한 국제 경제 제재로 인해 일반 이라크 시민들이 부당한 영향을 받았다는 주장에 대한 대응으로 도입되었다. 이라크의 군사력 증강을 허용하지 않고 일반 이라크 시민들을 위한 식량, 의약품, 그리고 다른 인도주의적인 필요에 대한 대가로 석유를 세계 시장에 판매할 수 있도록 허용하는 것이다.

24 2022년 북한은 2011년에 이어 유엔 군축 회의의 순환 의장국이다. 당시 불법 무기와 핵 확산 문제에 있어 세계 최악인 북한이 군축 회의체를 이끈다는 모순에 대한 비판이 많이 나왔다.

25 반유대주의는 수세기 동안 유대인을 특정해 증오심, 편견, 적대감 등을 드러내는 인종주의로 현재는 세계 금융 시스템과 미디어를 유대인이 지배한다는 음모론을 포함한다.

에서 주차 위반 과태료조차 내지 않아 수백만 달러에 달하는 비용을 납세자에게 부담시키면서 불법적으로 주차 공간을 차지하고 있다.

해외에서 미국을 제약하려는 유엔의 시도보다 더 나쁜 것은 국내 문제에 간섭하는 것이다. 예를 들어, 2020년 여름 폭동 당시 유엔 인권 이사회는 미국의 '조직적인 인종 차별, 경찰의 폭력, 평화 시위에 대한 폭력'에 초점을 맞추기 위해 '긴급' 회의를 요청했는데, 이는 유엔 역사상 5번째 요청 중 하나였다. 2019년 유엔 인권 고등 판무관은 트럼프 행정부의 국경 정책에 '경악'하고 '깊은 충격을 받았다'고 주장하는데, 유엔 인권 사무 차장은 미국의 생명 존중 정책이 '고문'이며 '극단주의적 증오'의 한 형태라고 선언했다.

특히 우리의 주권에 대한 공격적인 개입은 유엔의 '특별 보고관(Special Rapporteur)'들이 주로 한다. 나는 이 프랑스어를 '주제넘은 반미 인사'라고 번역하고 비난한다. 소위 조사관이라고 불리는 이들은 미국에 도착해 동료 좌파 자유주의자들을 만나고, 우리가 지불한 경비 계정으로 인종 차별과 성차별 등 우리의 실패에 대해 강의한다. 2017년 한 특별 보고관은 공화당의 감세와 복지 개혁을 비난하면서 "아메리칸드림은 빠르게 미국의 환상이 되고 있다."며 "이론적으로는 매우 소중하게 여겨지는 기회의 평등은 실제로는 특히 소수자와 여성에게 신화에 불과하다."고 주장했다. 이 발언이 민주당의 주장과 비슷하게 들린다면 전 세계 진보주의자들이 같은 전략을 사용하고 같은 목표를 향해 노력하고 있기 때문이다. 실제로 민주당 대통령들은 자신들의 정책을 발전시키기 위해 특별 보고관을 미국에 초청하는 것을 좋아한다. 예를 들어, 1994년 빌 클린턴은 인권 침해 혐의를 조사하기 위해 특별 보고관을 초청했다. 그 결과 로널드 레이건의 경제 정책을 비난하고 미국의 '구조적이고 교묘한 인종주의와 인종 차별'을 고발하는 정신 나간 보고서가 나왔다. 지나치게 놀란 클린턴 행정부조차도 이 보고서가 "왜곡되고 오해의 소지가 있다."며 비난을 퍼부었다.

그러나 민주당은 미국을 심판하기 위해 이 정신 나간 좌파들을 계속 환영하고 있다. 2021년, 조 바이든은 특별 보고관을 초청하여 미국의 인종 차별에 대해 조사하도록 요청했다(들을 때마다 또 놀란다). 진보 좌파에게는 우리의 주권을 침해하는 것이 핵심이며, 그들은 미국 국민보다 세계주의 관료에 대한 믿음이 더 크다. 진보 좌파가 우리의 주권을 침식하는 또 다른 도구는 유엔의 많은 잘못된 협약과 조약이다. 자유주의자들은 우리의 주권과 국내 정책에 전혀 실속 없는 내용을 숨기기 위해 이런 협약에 정치적으로 매력적인 이름을 붙인다. 예를 들어, 지미 카터 이후 모든 민주당 대통령은 '여성에 대한 모든 형태의 차별 철폐(Elimination of All Forms of Discrimination against Women)'에 관한 유엔 협약을 지지했다. 누구도 차별을 원하지 않으니 멋지게 들린다. 하지만 실제로 내용을 보면 경악한다. 이 협약은 여성의 낙태 권리와 광범위한 관련 행동 체계를 만들기 위한 조치인데, 이 모든 것은 국제 관료들의 감시 감독을 받게 되어 있다.

마찬가지로 민주당은 유엔 '아동 권리(Rights of the Child)' 협약도 지지한다. 다시 말하지만, 좋아 보인다. 그러나 이 협약은 외국인이 미국 부모의 자녀 양육권을 방해하고, 미국 학교의 커리큘럼을 지시하며, 종교의 자유를 약화시킬 수 있도록 되어 있다. 유엔 '무기 거래 조약(Arms Trade Treaty)'은 군벌들이 군용 무기를 획득하는 것을 막기 위한 고귀한 노력처럼 들릴지 모르지만, 실상은 버락 오바마가 협상하고 조 바이든 이 지지하는 유엔 협약의 핵심인 '총기 금지 및 규제'로 이어져 사실상의 '국가 총기 등록부(National Gun Registry)'를 만들며 수정헌법 2조[26] 권리를 위태롭게 할 수 있다.

민주당 행정부는 이러한 유엔 협약과 더 많은 협약에 미국을 끌어들이며, 사법적 자유를 제한하려 한다. 그러나 국제 연맹과 마찬가지로 이러한 세계주의적 야망은 상원에서 번번이 막히고 만다. 실제로 민주당 대통령들조차 토론과 비준을 위해 상원에 제출하는 것도 귀찮아할 정도로 인기 없는 협약이 대부분이다. 그럼에도 불구하고 우리의 주권을 무책임한 비선출직 외국 관료들에게 넘겨주려는 진보적 흑심을 여전히 드러내고 있다.

국제 형사 재판소

국제 형사 재판소는 진보주의자들이 겉보기에 소박한 야망으로 위장하고 국제기구를 장악할 수 있는 위협적인 권력을 보여 주는 대표적인 예이다. 이 날조된 법원은 미국 유니폼을 입은 모든 미국인의 자유를 위협한다. 1998년 유엔 관료와 반미 세계주의자들로 구성된 회의는 로마

---

26 "규율이 잘 서 있는 민병대는 자유로운 주의 안보에 필수적이므로, 무기를 소지하고 휴대할 수 있는 국민의 권리를 침해해선 안 된다."라고 명시하고 있다.

규정이라는 조약을 통해 국제 형사 재판소(ICC)를 만들었다. 국제 형사 재판소에는 국제 판사들로 구성된 법원과 독립적인 검찰이 모두 포함되어 있으며, 민주적으로 선출된 입법부나 국가 원수에 대한 책임이 없고 의미 있는 견제와 균형의 적용을 받지 않는다. 국제 형사 재판소는 전쟁 범죄, 반인도적 범죄, 모호하게 정의된 '침략 범죄'에 대한 관할권을 가지고 있다. 그러나 국제 형사 재판소에는 배심원 재판을 받을 권리, 높은 증거 기준, 이중 위험으로부터 보호 등 모든 미국인에게 보장된 기본적인 적법 절차조차 부족하다. 가장 우려스러운 점은 우리가 조약을 비준하지 않았음에도 불구하고 ICC가 미군을 기소할 수 있는 관할권을 주장하고 있다는 것이다.

그럼에도 민주당은 처음부터 ICC와 협력할 방법을 모색하고 언젠가는 가입할 것이라는 희망을 품고 ICC를 껴안아 왔다. 빌 클린턴은 행정부가 로마 규정의 주요 조항에 반대하고 반대표를 던짐에도 불구하고 2000년 로마 규정에 서명하고 상원에 제출하는 것을 거부하는 전형적인 클린턴식 행보를 보였다. 그의 생각에, 서명은 협상을 계속하고 법원을 개선하려는 열망을 반영한 것이다. 그러나 어떤 협상도 우리 헌법에 반하는 법원을 봐줄 수는 없다.

클린턴의 우유부단은 우리 군대를 믿을 수 없는 국제 재판소의 판단에 맡기려는 결정에 국민적 지지가 거의 불가능하다는 판단 때문이었다. 2002년 로마 규정이 발효된 후 조지 W. 부시는 서명을 철회했고 의회는 초당파적인 다수로 '미국 군인 보호법(American Servicemembers' Protection Act)'을 통과시켰다. 이 법은 국제 형사 재판소와의 정보 공유를 제한하고, 국제 형사 재판소에 대한 자금 지원을 금지하며, 군사 파트너가 미국 요원을 국제 형사 재판소에 넘기지 않기로 동의하도록 권장한다. 이 법은 또한 대통령이 헤이그에 있는 ICC 본부에 구금된 미국인을 석방하기 위해 '필요한 모든 수단을 사용할 수 있는' 권한을 부여하고 있다. 때문에 이 법은 '헤이그 침공법(Hague Invasion Act)'이라는 유머러스한 별명이 붙게 되었다. 2년 후, 의회는 미군 체포를 보호하는 데 동의하지 않은 국가에 대한 경제 원조를 차단함으로써 이 법을 강화했다. 그 결과 수십 개국이 면책 협정에 서명하여 우리 군이 마땅히 받아야 할 보호를 제공받았다.

그러나 민주당은 우리의 주권을 포기하려는 욕망과 정치적 위험에 대한 정당한 감각 사이에서 갈등하면서 ICC를 계속 강화했다. 민주당 의회는 곧 법을 약화시켜 ICC 회원국들에 대한 원조를 다시 허용했다. 버락 오바마는 취임 초기에 ICC의 불량 검사가 아프가니스탄에서 전쟁 범죄 혐의로 미군을 수사한다고 발표할 때조차, 국제 재판소와 미국의 협력을 확대했다. 2019년 ICC 검사가 수사를 재개하자 트럼프 행정부는 수사를 축소했다. 미국은 이 검사의 미국 비자를 취소하고, 다른 여러 ICC 지도자들을 제재했으며, 법원을 미국에 대한 '위협'으로 규정했다. 안타깝게도 조 바이든이 취임 직후 해당 검사의 비자를 복원하고 제재를 취소하면서 ICC에 대한 민주당의 지지가 재개되었다.

우리 군은 최고의 윤리적 기준을 가지고 전쟁을 수행하며 전쟁법의 요구를 뛰어넘는다. 나는 군 복무 기간 동안 이러한 기준에 따라 장병들을 훈련시켰고, 장병들이 놀라운 용기와 도덕성을 발휘할 수 있도록 전투를 지휘했다. 유럽에서 책상머리에 앉아 있는 세계주의 판사들에게 그들의 재판을 맡긴다는 것은 상상할 수 없다. 국제 형사 재판소는 진보 좌파의 야망이 무엇이든 미국의 주권과 미국 국민의 헌법적 권리와 양립할 수 없으며, 앞으로도 그럴 수 없다. 우리는 전적으로 불법적인 '재판소'에 협조해서는 안 된다. 우크라이나 법원이 2022년 초 러시아 침공 이후 수행한 것처럼, 국가 법원은 일반적으로 전쟁 중에 저지른 범죄를 조사하고 기소할 수 있다. 그렇지 않은 경우, 민주적 정당성과 감독을 갖춘 임시 혹은 전문 재판소가 또 다른 옵션이 될 수 있다. 그러나 국제 형사 재판소는 경멸의 대상으로 취급되어야 하며, 만약 그런 일이 발생한다면 무력으로 대응해야 한다.

미국의 권력 포기

진보주의자들은 이념적 목표를 달성하기 위해 국제 협약을 이용한다. 역사적 국제 합의는 상원에서 비준하거나 거부하는 조약의 형태를 취한다. 그러나 최근 수십 년 동안 자유주의 대통령들은 비준 가능성이 낮다는 것을 회피하고자 행정 협정으로 상원을 우회한다. 이러한 합의는 미국의 국익에 도움이 되는 경우가 드물고, 견제와 균형이라는 헌법적 시스템을 정기적으로 훼손하며, 따라서 미국의 주권을 약화시킨다.

조약

민주당 대통령은 강자의 위치에서 조약 협상에 임하는 경우가 거의 없으며, 대개는 협상을 포기한다. 다시 말하지만, 이것은 우연이 아니라 미국의 힘을 부끄러워하고 미국의 주권에 적대적인 진보적 전통에서 비롯된 의도적인 것이다. 그리고 일단 미국이 조약에 가입하면 진보주의자들은 마치 조약이 견고하여 다른 조약 파트너가 속임수를 쓰더라도 절대 폐기할 수 없는 돌판에 새겨진 성서처럼 여긴다. 1978년 파나마 운하 조약은 조약의 진보주의 이론을 잘 보여 준다. 1903년 '헤이-부나우-바릴라 조약(Hay-Bunau-Varilla Treaty)'에 따라 미국은 콜롬비아로부터 파나마의 독립을 인정하고 그 대가로 운하를 건설하고 운하 조차지(Canal Zone)에 대한 주권을 행사할 수 있는 권리를 얻었다. 단도직입적인 협상이자 외교적 성공이었다. 세계적인 공학의 경이로움인 운하는 세계 무역의 대동맥이자 미국인의 자부심의 원천이었다.

그러나 지미 카터는 운하와 운하 조차지를 모두 무상으로 반환했으니 파나마가 미국과의 전쟁에서 승전한 건가 의심이 들 정도의 일방적인 조약을 체결했다. 그는 운하가 '중립'으로 유지되고 미국 선박에 개방될 것이라고 축하했지만 당연히 우리는 이미 이러한 권리를 가지고 있었다. 설상가상으로, 카터는 지속적인 사보타주와 게릴라 전쟁의 위협 속에서 협상을 진행했다. 결국 진보주의자들은 죄책감의 양심을 달래기 위해 '제국주의'라는 비난을 받고 미국은 중요한 전략적 자산을 잃었다. 유감스럽게도 상원은 단 한 표 차이로 조약을 비준했다. 대다수의 공화당 상원 의원과 몇몇 보수적인 민주당 의원들이 반대표를 던지며 로널드 레이건의 주장을 상기시켰다. "우리가 구입했고, 비용을 지불했으며, 우리 것이니 그것을 지킬 것이다."

다행히도 상원은 조약에 대한 진보적 접근 방식의 또 다른 예인 기후 변화에 관한 교토 의정서를 선제적으로 폐기했다. 클린턴 행정부를 대신해 앨 고어가 협상한 이 징벌적 조약은 거의 500만 개의 미국 일자리를 파괴하고 석탄 산업을 마비시킬 뿐만 아니라 자동차 주유, 집 난방, 사업 운영 비용을 크게 증가시켰을 것이다. 이 협약으로 인해 전 세계 8%의 국가가 탄소 배출량 감축 의무를 면제받았으며, 특히 중국은 수백만 개의 미국 제조업 일자리를 약탈하며 세계 최악의 오염국이 되었다. 진보주의자들이 하는 일이 대부분 그러하듯이, 교토 의정서는 막연하고 무형의 이익과 구체적이고 막대한 비용을 맞바꿨다. 상원이 95대 0으로 반대할 정도로 일방적인 의정서였다. 하지만 빌 클린턴은 어쨌든 서명했다. 조지 W. 부시가 미국의 지지를 철회하면서 이 의정서는 사라지고 말았다.

그러나 진보주의자들은 나쁜 조약을 새롭게 협상하는 데 그치지 않고, 조약 상대국이 속임수를 쓰더라도 그 효용성이 이미 지난 오래된 조약도 옹호한다. '중거리 핵전력(INF)' 조약과 '항공 자유화(Open Skies)' 조약은 내가 상원에서 싸웠던 두 가지 안건이다. 1987년 로널드 레이건이 INF 조약에 서명했을 때, 그것은 강경 외교의 승리였다. 이 조약은 핵탄두나 재래식 탄두를 탑재할 수 있는 지상 발사 중거리(500~5,500km) 미사일을 금지했다. 레이건은 유럽에 배치된 우리 미사일이 러시아를 위협했지만 러시아는 우리를 위협할 만큼 우리 영토에 가까운 곳에 미사일을 배치할 수 없다는 전략적 이점을 가지고 협상을 시작했다. 그러나 우리는 여전히 유럽에 수십만 명의 병력과 나토 동맹국들이 위험에 처해 있었다. 또한 대륙 간 미사일에 비해 비행시간이 짧아 경고 시간이 짧고 크기가 작아 이동과 은폐가 용이하다. 그래서 이 조약은 안정성을 촉진하는 동시에 우리에게도 유리하게 작용했다. 러시아는 1,800기 이상의 미사일을 해체해야 했지만 우리는 약 850기만 파괴하면 되었기 때문이다.

하지만 내가 2015년 상원에 입성했을 때 러시아는 금지된 사거리의 미사일을 개발하여 수년간 INF 조약을 위반하고 있었다. 오바마 행정부도 마침내 이러한 위반을 인정했다. 게다가 중국은 빠르게 군비를 증강해 대만과 서태평양에 주둔한 우리 군이 위험에 노출되어 있었다. 나는 오바마 행정부에 우리만의 새로운 미사일을 설계하고 다른 무기 통제 조약에 대한 지원을 보류함으로써 러시아에 대한 지렛대를 확보할 것을 촉구했다. 하지만 오바마와 존 케리는 블라디미르 푸틴에게 조약을 준수하도록 간청할 뿐, 아무 소용이 없었다. 물론 푸틴은 거들떠보지도 않았다.

트럼프 행정부가 러시아와 2년간 협상을 벌인 후, 더 이상 이득이 없고 오히려 심각한 위험을 초래하는 이 조약에서 현명하게 탈퇴했다. 하지만 진보주의자들은 여전히 정치적 이득을 위해 비난한다. 낸시 펠로시는 트럼프가 "국제 안보와 안정을 훼손했다."고 비난했고, 버니 샌더스는 탈퇴를 '위험하고 무책임한 행동'이라고 말했다. 이상하게도 트럼프가 블라디미르 푸틴의 주머니에 있다고 히스테릭하게 비난했던 바로 그 진보주의자들이 이제는 트럼프가 푸틴에게 너무 강경하다고 비판한다. 그들의 뿌리 깊은 이념적 신념이 단기적인 정치적 냉소 정도는 극복한 것이 아닐까 싶다.

항공 자유화 조약도 비슷한 궤적을 따랐다. 조지 H. W. 부시는 소련 붕괴 직후인 1992년 러시아 및 여러 유럽 국가와 이 조약에 서명했다. 이 조약은 군사 기지, 병력 이동 및 기타 관심 지역을 촬영할 수 있도록 각국의 영토 상공에서 특수 정찰기의 비행을 허용하는 것이 골자이다. 이러한 비행은 투명성을 높이고 신뢰를 구축하기 위한 것이었다.

내가 상원에 입성할 무렵 러시아는 INF 조약과 마찬가지로, 러시아가 점령하고 있는 그루지야(Georgia)와 유럽 영토인 칼리닌그라드 (Kaliningrad) 등 민감한 지역에 대한 상공 비행을 거부함으로써 항공 자유화 조약을 위반하고 있었다. 우리는 이 조약에 따른 비용만 부담하고 혜택은 전혀 받지 못하고 있었다. 나는 오바마 행정부에 최소한 미국 영토 상공의 러시아 비행을 제한하는 보복 조치를 취하라고 다시 한번 촉구했다. 소귀에 경 읽기로, 오바마와 케리는 거부했다.

도널드 트럼프가 취임했을 때 나는 그에게 조약을 완전히 폐기하라고 권유했다. 러시아는 속임수를 썼을 뿐만 아니라 미국의 위성 기술이 러시아보다 우월하기 때문이다. 우리는 원하는 영상 이미지를 위성으로 쉽게 대체할 수 있지만 러시아는 그렇지 않다. 게다가 우리의 정찰 항공기는 25억 달러 이상의 업그레이드가 필요했는데, 조약을 위해 불필요한 지출을 포기하면 가능한 비용이었다. 트럼프 행정부가 마침내 조약에서 탈퇴하자 조 바이든은 트럼프가 "미국의 리더십을 포기했다."고 비난하고 러시아의 준수를 강요할 계획도 없이 푸틴과 더 개방적인 협상을 촉구했다.

행정 합의(Executive Agreements)

지금까지 살펴본 바와 같이 상원은 종종 미국의 주권을 옹호하고 세계주의 정부에 대한 진보적 꿈을 좌절시켰다. 이에 대응하여 최근 몇 년 동안 민주당 대통령들은 상원을 회피하고 우리의 주권을 포기하기 위해 행정 합의를 사용하기 시작했다. 행정 합의가 본질적으로 잘못된 것은 아니다. 중요한 것은 행정 합의가 어떻게 사용되는가이다. 대통령들은 국제 우편물 배달, 해외 군사 기지 배치, 외국 주둔 미군의 법적 지위 등 행정적인 문제에는 항상 행정 합의를 사용해 왔다. 전쟁, 평화, 번영이라는 중대한 국가적 의제와는 별로 관련이 없었기 때문이다. 그래서 상원과의 암묵적인 정치적 이해에 따라 대통령들은 상원에 비준 요청을 하지 않았다. 그런 관행을 악용해서 현재의 민주당 대통령들은 이념적 목표 추구라는 미명하에 국가적 의제조차도 상원을 배제한 행정 합의로 미국을 일방적인 거래에 빠뜨리고 있다.

행정 합의 남용의 전환점은 1994년 빌 클린턴이 북한과의 핵 협상에 실패한 '기본 합의[27](Agreed Framework)'였다. 이 협상을 발표할 당시 클린

---

[27] 1994년 10월 21일 체결된 합의로 북한의 핵 개발 포기의 대가로 미북 수교, 미북 간 평화 협정, 북한에 대한 경수로 발전소 건설과 대체 에너지인 중유 공급을 주 내용으로 한다. 2002년 북한이 수년 전부터 핵 개발 프로그램을 추진해 왔다는 사실이 알려지며 2003년 전격적으로 파기되었다.

턴은 이 합의가 '북한을 국제 사회로 끌어들이기 위한 중요한 단계'이며 '북한의 고립을 완화하는 데 도움이 될 것'이라고 주장했다. 클린턴은 미국이 북한에 수억 달러의 경제 원조를 제공하고 북한에 핵 확산 방지용 원자로 2기를 건설하기로 약속했다. 그 대가로 북한은 핵무기용 플루토늄을 만드는 데 사용되는 원자로를 폐쇄한다는 약속을 했다. 그러나 북한은 핵무기로 가는 또 다른 길인 비밀 우라늄 농축 프로그램을 가지고 있었다. 부시 행정부가 이 프로그램을 폭로하자 북한은 약속을 어기고 원자로를 재가동했고, 합의 12년 만인 2006년 첫 지하 핵 실험을 강행했다.

역대 어느 대통령도 단순한 행정 합의만으로 주요 핵무기 통제 협정을 체결하려고 시도한 적은 없었다. 하지만 이 협정은 버락 오바마 대통령이 이란과 더 나쁜 협상을 추진하는 데 유용한 선례가 되었다. 내가 상원 의원이 되었을 때 오바마 협상의 대략적인 윤곽은 상당히 명확해졌다. 미국은 이란에 10억 달러 이상의 제재 완화를 제공하는 반면, 시아파 지도자, 즉 아야톨라[28]들(Ayatollahs)은 핵 프로그램에 대해 쉽게 껐다 다시 켤 수 있는 제한 조치만을 제시했다. 협상이 진행되면서 상황은 더욱 악화되었다. 하지만 한 가지 변하지 않은 것은 이 포괄적 합의는 조약이 아니라서 상원에 비준 요청을 하지 않겠다는 오바마의 주장이었다. 나는 직접 문제에 부딪치기로 했다. 나는 시아파 지도자들에게 공개서한을 다른 공화당 상원 의원 46명의 공동 사인과 함께 보냈다. 우리 헌법에 대한 두 가지 기본 사항을 설명했다. 첫째, 법적 구속력이 있는 조

---

28 아야톨라는 무슬림이 따라야 하는 율법을 해석하는 권한을 가지고 신의 뜻에 따라 현세를 지배하는 절대 권력자로 시아파에서 고위 성직자에게 수여하는 칭호이다.

약은 상원에서 3분의 2의 찬성이 필요하지만, 행정 합의는 현 대통령과의 단순한 상호 이해에 불과하다. 둘째, 상원 의원은 임기 제한이 없는 6년 임기인 반면 대통령은 4년 임기 두 번으로 제한되어 있다. 요점은 차기 대통령과 의회가 오바마의 결함투성이인 합의를 수정하거나 철회할 수 있다는 것이었다.

민주당은 맹렬히 공격했다. 힐러리 클린턴은 국무 장관으로서 개인 이메일 서버 사건[29]에 대한 사과 기자 회견을 하는 자리에서, 나를 포함한 상원 의원들의 이란 서한에 대해 "그들 편이 되려 한다."고 비난했다. 나는 그녀가 무슨 말을 하려 했는지 아직도 혼란스럽다. 외국 적들과 손잡으려는 자신의 전술을 내가 가로챘다고 투덜거린 셈이다. 조 바이든은 일반적으로 장황한 성명을 통해 이 편지가 "내가 존경하는 기관의 존엄성을 떨어뜨렸다."고 불평했다. 나는 이란이라는 숙적과 무기 통제 조약을 체결하기 위해 의도적으로 상원을 회피하는 것이 상원에 더 불쾌감을 준다고 생각했지만, 바이든의 의중을 어찌 알겠나? 나는 그때 바이든처럼 42년이 아니라 겨우 몇 달 지난 초선 의원이었다. 클린턴, 오바마, 바이든, 그 어떤 민주당원도 이 편지의 내용을 반박하지 않았다. 당연히 반박이 불가능했다. 모두 헌법에 근거한 사실만을 언급했기 때문이다.

---

29 힐러리 클린턴이 재직 시절 개인 이메일 서버를 사용해 2012년 리비아 벵가지 미 영사관 테러 사건(대사 포함 미국인 4인 사망)과 관련한 내용 등 1급 기밀 정보와 개인 정보를 주고받았다는 이메일 스캔들이다. 이후 불기소 처분을 받긴 했지만, 이 스캔들로 선거 기간 내내 그의 발목을 잡으면서 2016년 대선 패배의 결정적 요인 중 하나로 작용했다.

그럼에도 불구하고 오바마 행정부와 이란 지도자들은 위험한 협상을 타결했다. 상황은 우려했던 것보다 훨씬 더 나빴다. 오바마와 케리는 이란의 테러 지원, 탄도 미사일 프로그램, 이스라엘과 다른 국가들에 대한 대리전쟁은 무시한 채 이란에 대한 무기 금수 조치를 종료하고 인질 4명의 몸값으로 17억 달러를 지불하는 데까지 합의했다. 6장에서 설명하지만, 이 모두는 미국의 죄악 때문에 이란에 보상하려는 오바마의 이데올로기적 계획의 일부인 것이다.

오바마는 여기서 끝나지 않았다. 2016년에 그는 탄소 배출을 규제하기 위한 복잡한 전 세계 조약인 파리 기후 협정에 서명했다. 교토 의정서의 운명을 떠올리며 오바마는 이 협정을 상원에 제출하는 것을 다시 거부했다. 그리고 그는 미국의 일자리와 성장에 어떤 대가를 치르더라도 협정을 준수하기 위해 행정부의 방대한 규제 권한을 사용할 계획이었다. 이러한 협정과 이란 및 북한과의 실패한 핵 협상을 관통하는 공통점은 소위 진보 대통령들이 일방적인 국제 협정으로 미국의 힘을 약화시킨다는 거다. 적국이 이득을 취한 반면, 우리는 그 대가로 얻은 것이 거의 없다. 대부분의 미국인은 강력하고 주권적인 국가를 원한다. 마찬가지로 그들은 미국의 국익과 주권의 수호자인 상원을 존중한다. 그래서 좌파 대통령들은 상원에 협정 제출을 피하려 한다.

달리 말하면, 이러한 행정 협약의 남용은 윌슨의 진보적 정부 비전을 구현한 것이다. 중립적인 전문가인 외교 정책 엘리트에 의한 통치, 구체적인 국익보다 추상적인 국제주의, 헌법과 그 견제와 균형 시스템에 대한 무시 등이다. 아이러니하게도, 윌슨이 경멸했던 구시대적인 '뉴턴주의' 상원은 이들 대통령에게 협상의 강력한 도구가 되어 미국을 위해 더 나은 협상을 타결할 수 있는 지렛대가 될 수 있었다. 그럼에도, 그들은 정치적 지렛대나 미국에 더 나은 거래를 원하지 않는다. 그들은 자신들의 이념적 목표를 달성하기만 원한다.

그래서 헌법을 불편하게 생각하고 무시한다. 이란 핵 합의가 조약으로 제출되지 않은 이유를 묻는 질문에 존 케리는 조약 비준이 "물리적으로 불가능해졌다."고 말한다. 그러나 그는 불과 몇 년 전 상원 외교 위원장을 맡았을 때 러시아와의 주요 (그리고 심하게 일방적인) 핵무기 통제 조약을 상원 비준을 통해 이끌었다. 불과 2년 뒤에는 케리가 직접 서명한 또 다른 조약, 즉 몬테네그로(Montenegro)의 나토 가입을 비준하는 투표를 실시했다. 그로부터 3년 후 상원은 북마케도니아(North Macedonia) 가입 조약도 비준했다. 조약의 비준은 어렵지만 불가능하지는 않다. 그러나 이 어려움은 미국 건국자들이 현명하게 구상하고 계획한 결과이다. 그래야만, 우리의 이익을 보호하고 광범위한 대중의 지지를 받을 국제 협약을 체결할 수 있기 때문이다.

지난 100년 이상 진보 좌파는 국경 개방, 악성 무역 거래, 국제기구의 그물망과 일방적 협정을 통해 미국을 약화시키고 우리의 주권을 포기했다. 그들은 미국의 건국과 미국의 힘에 대한 의심 때문에 의도적으로 그리했다. 윌슨은 항상 '세계의 이익을 위해 우리의 주권 일부의 포기'를 최우선으로 생각했다. 민주당 대통령들은 여전히 세계주의적 복음을 전파하고 있다. 버락 오바마는 브렉시트(Brexit)(나는 오바마의 행동을 영국 주권에 대한 진보적 적대감의 표현으로 본다.)에 반대 캠페인을 벌이면서 '가장 효과적인 국가는 집단으로 영향력을 행사하는 국가'라고 주장한다. 혼자 나대지 말라는 말이다. 민주당이 가장 보기 싫어하는 것은 위험한 세상에서 행동의 자유를 가진 강하고 자신감 있는 주권 국가 미국이다.

무엇보다도 미국의 힘을 반영하고 행동의 자유를 지켜 주는 실체가 바로 미군이다. 자유주의자들은 잘못된 무기 통제 거래와 국제 형사 재판소 같은 국제 관료 기구를 통해 우리 군을 방해하려고 한다. 그러나 군대는 미국 대통령이 국가를 보호하고 국익을 증진하며 주권을 수호하기 위해 사용할 준비가 되어 있는 가장 강력한 미국 전력의 단일 도구로 여전히 남아 있다. 당연히 좌파는 우리 군을 겨냥하여 내부에서 군을 약화시키고 지도자들의 손을 묶으려고 한다.

이제 좌파 자유주의자들이 어떻게 군대를 중성화하는지 살펴본다.

Chapter 4

★ ★ ★

미군의 중성화中性化

도널드 트럼프 대통령 재임 초기에 내 휴대폰에 "대통령입니다."라는 메시지가 떴다. 나는 위원회 청문회를 마치고 사무실로 돌아오는 길이었다. 선거 운동 기간과 인수위 기간에 대화를 나눈 적은 있지만 취임 후 처음으로 나눈 대화였다. 기억에 오래 남는 대화가 될 것 같다.

난 대통령 보좌관에게 전화를 걸었고, 즉시 트럼프와 대화가 시작됐다. 약간의 인사를 나눈 후, 임기 초기에 흔한 주제인 잠재적 차기 후보에 대해 간단히 논의했다. 말이 끝나고 나는 트럼프가 백악관과 대통령 업무에 어떻게 적응하고 있는지 물었다. 그는 "알다시피, 톰, 좋아요. 근데 여기 정말 많은 일이 엉망진창이네요."라고 대답했다. 무슨 뜻이냐고 물었다. "오바마가 한 일들 말이죠. 얼마 전 밤에 전화가 한 통 왔어요.

테러범을 사살해도 되는지 승인을 요청한다는 거예요. 나는 그가 누군지 들어본 적도 없어요."

"그럼 승인하셨나요?" 내가 물었다. 트럼프는 "네, 하지만 왜 이런 일로 대통령에게 전화하는지 물어봤어요. 대위나 소령이나 이 사람에 대해 더 잘 아는 전문가 그룹이 있지 않나요? 난 그 사람에 대해 전혀 모르거든요. '대통령님, 추가 지시가 있을 때까지 오바마 행정부의 프로토콜을 그대로 유지하고 있습니다.' '평소에도 이렇게 해 왔다고요?' '네, 그렇습니다.'"

"그래서 뭐라고 하셨나요?" 내가 끼어들었다. 전혀 놀랍지 않았다. 상원 정보 및 군사(Intelligence and Armed Services) 위원회에서 처음 2년을 보냈던 나는 오바마 행정부의 대테러 공격 절차에 꽤 익숙하기 때문이다. 하지만 트럼프는 이 모든 것에 대해 어떻게 생각하는지 궁금했다.

"승인했지요! 그리고 다시는 저에게 전화하지 말고 다음에는 더 낮은 직급의 다른 사람을 찾으라고 말했습니다. 어떻게 생각하세요, 톰?" 나는 대답했다. "대통령님 생각이 맞습니다. 이런 결정은 워싱턴의 정치인이나 관료가 아니라 현장의 지휘관이 내려야 합니다."라고 대답했다. 트럼프 대통령은 기뻐했고 우리는 통화를 끝냈다.

트럼프의 본능이 옳았다. 오바마 행정부는 지구 반대편에 있는 우리 군을 사사건건 간섭하기 위해 이런 작전에도 불필요한 관료적 · 법적 검토를 여러 겹으로 부과했다. 군대에서는 이를 '5천 마일 나사돌리개

(Screwdriver)'라고 부르곤 한다. 파키스탄의 오사마 빈 라덴 사살 작전과 같이 매우 민감한 작전에는 대통령의 승인이 당연히 필요하다. 하지만 시리아, 이라크, 예멘, 소말리아 같은 곳에서 ISIS나 알카에다 테러범에 대한 일상적인 공습은 전혀 다른 문제다. 얼마 지나지 않아 트럼프 행정부는 대통령의 본능을 대테러 공격 절차에 공식화했다.

과거 행정부의 지침은 사살 목표물을 놓칠 위험 외에도 군에 대한 좌파 자유주의적 사고방식을 드러낸다. 오바마 행정부는 군이 적절한 결정을 내릴 수 있다고 믿지 않았다. 지금도 믿음이 없기는 마찬가지다. 바이든 행정부는 오바마 시대의 많은 정책을 다시 복원했다. 이 모든 것의 배후에는 군대 자체에 대한 불안감과 미국의 힘 사용에 대한 의구심이 있다. 국방 예산, 민-군 관계, 군의 조직과 훈련 등 군에 대한 민주당의 사고방식을 관통한다. 이는 제복을 입은 우리 군인들을 모욕하는 것일 뿐만 아니라 국가 안보에도 위험하다.

미국 군대는 전쟁에 대비하고 전쟁에서 승리하는 두 가지 간단한 임무를 가지고 있다. 간단명료하다. 누구에게도 뒤지지 않는 군대는 전쟁을 예방하거나 승리할 수 있는 가장 확실한 방법이다. 제2차 세계대전에서 승전 직후 윈스턴 처칠은 유명한 철의 장막 연설에서 "러시아는 힘만큼 존경하는 것은 없으며, 약점, 특히 군사적 약점보다 무시하는 것은 없다."고 말했다. 대부분의 적들이 그러하다. 처칠이 수년간의 전쟁을 겪은 후 남긴 경고 한마디는, 한 발짝만 앞선 군사력을 유지하면 된다는 허황된 욕망은 결국 적의 군사 도발을 유혹한다는 거다. 평화를 유지하려면 그냥 힘이 아니라 압도적인 힘이 필요하다는 이야기다.

그러나 진보주의자들은 군사력에 대해 깊은 회의감을 갖고 있다. 군대가 미국 힘의 근간이라는 것은 이해하지만, 특히 미국의 이익을 방어하는 데 사용된다면 그 힘을 의심하고 있다. 앞서 살펴본 바와 같이, 그들은 추상적인 이상을 위해 힘을 사용하는 것을 선호하며, 사용하더라도 다른 국가와 협력하거나 다자간 조직을 통해서만 사용하는 것을 선호한다. 그러나 우리 군대는 여전히 장전된 총처럼 대기 중이며, 강력하고 자신감 있는 지도자가 요청하면 언제든 적을 격파할 수 있는 준비와 능력을 갖추고 있다. 진보적인 사람들에게 이보다 더 무서운 것은 없다.

그들의 답은 군대를 제약하는 것이다. 민주당은 습관적으로 군에 대한 예산을 삭감하여 군대를 훈련하고 장비를 갖추기 위한 중요한 노력을 방해하고 있다. 민주당원들은 군의 관습과 문화에 대해 불안감을 느끼기 때문에 우리 군이 잘못된 정책과 우선순위를 따르도록 유도한다. 그들은 사회 공학적으로 왜곡된 좌파적 '정치적 올바름[30](Political Correctness)'을 강요한다.

그 결과, 민주당 정권이 집권하면 그들이 원하는 바대로 군은 항상 약화되어 왔다. 자신들에게는 괜찮다. 그러나 약한 군대는 '적의 도발을 유혹'함으로써 우리 군과 국가를 위험에 빠뜨린다.

---

30 말과 용어의 사용에서 인종, 민족, 언어, 종교, 성차별 등의 편견이 포함되지 않도록 하자는 주장이다. 지나칠 경우에 사회가 전체주의화되고, 집단적인 압력이 개인의 자유를 억압하는 현상이 생길 수 있다는 비판이 있다.

'속 빈 강정' 민주당

민주당에 투표하면 작고 약한 군대를 만들라는 투표와 다름없다는 것이 사실상 정치의 철칙이다. 겨울을 나기 위해 남쪽으로 이동하는 철새들처럼, 민주당은 워싱턴을 장악하면 본능적으로 국방비를 삭감한다. 이러한 예산 삭감은 군대를 축소하고, 준비 태세를 저해하며, 새로운 무기, 특히 핵무기의 도입을 지연시키거나 취소한다. 그 결과 적은 도발하고 전쟁이 발발하면 우리 군대는 더 큰 위험에 직면하게 된다.

국방비 축소

국방 예산은 정부 전체 예산에서 특별하고 독특한 부분을 차지한다. 나는 상원에서 오랫동안 예산에 따른 전략이 아니라 전략을 위한 예산수립을 주장해 왔다. 이 전략은 무시하거나 피할 수 없는 적의 위협에 대한 처방이다. 그래서 국방 예산은 세입이 예산의 우선순위에 많은 영향을 미치는 일반 예산과는 다르다.

로널드 레이건은 1983년 집무실 연설에서 '국방 예산이 어떻게 결정되는지에 대한 단순한 진실'을 설명한다. "국방 예산은 특정 금액을 지출하기로 결정한다고 해서 끝나는 것이 아닙니다." 그는 이어 말한다.

"평화를 유지하기 위해 무엇을 해야 하는지를 고려하고 안보에 대한 모든 가능한 위협을 검토하는 것부터 시작합니다. 그런 다음 평화를 강화하고 이러한 위협을 방어하기 위한 전략에 합의해야 합니다. 마지막으로, 잠재적 위협의 일부 또는 전부를 방어하기 위한 우리의 방어 체계를 평가합니다. 이러한 목적을 달성하는 데 드는 비용을 합산하면 그 결과가 국방 예산입니다."

레이건은 임의적인 예산 삭감을 제안한 민주당에, "몇억 달러를 덜 쓰자고 말할 수 있는 논리는 없습니다. 국방비의 특정 부분을 줄이면서도 모든 안보 우발 상황에 대비할 자신 있나 물을 뿐입니다."라고 반박했다.

민주당은 이런 식으로 문제를 보지 않는다. 그런 적이 한 번도 없다. 그들은 군대를 단지 국내 사업 계획에 자금을 지원하는 또 다른 정부 프로그램, 예산의 한 축으로 간주한다. 이러한 무시 패턴은 대규모 정부 국내 프로그램에 대한 자유주의적 야망이 시작되던 진보주의 시대로 거슬러 올라간다. 우드로 윌슨, 프랭클린 루스벨트, 해리 트루먼, 존 케네디, 린든 존슨은 '강경한' 민주당원이고 강한 군대를 유지시켰다는 통념이 있다. 이 대통령들 임기에 참전했기 때문이다. 그러나 특히 우리가 직면한 위협과 우리가 해야 할 의무에 비추어 볼 때, 국방 예산이라는 핵심 문제에 있어서 이들은 좋은 평가를 받기 어렵다.

윌슨과 루스벨트 모두 유럽에 전쟁의 먹구름이 몰려와 미국이 장비를 갖추고 출격해야 할 때 이미 군은 예산 부족 상태였다. 윌슨이 선전 포고를 했을 때 미군의 병력은 13만 명에 불과했지만, 그 무렵 독일은 수백만 명의 병력을 보유하고 있었다. 전쟁 당시 미군 사령관이었던 전설적인 존 '블랙 잭' 퍼싱(John "Black Jack" Pershing) 장군은 "우리는 해외에 파견할 수 있는, 심지어 사단급 근처의 조직화된 부대조차 없었다."고 회고했다. 루스벨트 대통령과 제2차 세계대전 때도 마찬가지다. 1939년 나치 독일과 소련 러시아가 폴란드를 침공할 때 미 육군의 규모는 포르투갈보다 작은 19위였다. 1939년 육군 참모 총장이 된 조지 마샬(George Marshall) 장군은 예산 삭감과 방치로 인해 "육군이 사실상 3류 수준으로 전락했다."고 지적했다.

냉전이 시작된 후에도 상황은 여전했다. 트루먼은 레이건이 해서는 안 된다는 그대로 국방 예산을 깎았다. 그는 국내 우선순위에 먼저 자금을 지원한 다음 남은 예산을 군에 제공했다. 트루먼은 소련과의 긴장이 고조되는 와중에도 국방비를 전시 최고치의 10분의 1 수준으로 삭감했다. 한국 전쟁 발발 한 달 전, 트루먼은 오마 브래들리(Omar Bradley) 장군의 경고에도 불구하고 여전히 국방비 추가 삭감을 주장하고 있었다. 한 관측통의 표현에 따르면, 당시 미군이 개전 초 사용한 구식 무기와 부족한 군수품은 북한군의 소련제 탱크에 "탁구공처럼 튕겨 나갔다."고 힐난했다. 드와이트 아이젠하워(Dwight D. Eisenhower)의 국방 예산과는 대조적이었다. 그는 국방비가 국가 경제의 9% 이하로 떨어지지 않도록 했다. 트루먼 대통령 시절에는 3.5%까지 떨어졌다.

마찬가지로 케네디와 존슨은 베트남 전쟁에서 미국의 역할을 극적으로 확대하면서 군에 대한 예산은 과소로 책정했다. 케네디 대통령 재임 기간 동안 경제에서 차지하는 국방 지출은 계속 감소했다. 그는 연방 지출을 상징적인 수준인 1,000억 달러 이하로 유지하고자 했는데, 이는 전략을 짜고 예산을 수립한 것이 아니라 그 반대로 예산을 짜고 전략을 수립한 대표적인 예다. 존슨은 처음에는 베트남에 드리워진 먹구름을 무시하고 국내 의제에 돈을 쏟아붓기를 바라며 국방 예산 하락 추세를 이어 갔다. 존슨의 첫 번째 쥐꼬리만 한 국방 예산은 전시를 치르기에는 턱없이 부족했고, 적절한 병력을 확보하기 위해 또다시 미친 듯이 예산 쟁탈전으로 이어졌다. 민주당은 강력한 반공 레토릭을 내세웠지만, 말뿐이고 예산은 할당하지 않았다.

베트남전 이후 '일단 미국 탓' 민주당이 당을 장악하면서 상황은 훨씬 더 악화되었다. 2장에서 본 것처럼 신좌파는 전쟁뿐만 아니라 미국의 힘 자체에 반대했다. 미국의 힘을 제한하는 가장 좋은 방법은 미국의 가장 기본적인 힘의 원천인 군대를 해체하는 것 외에 또 있을까?

지미 카터는 미군의 전력이 바닥을 치고 있을 때 취임했고, 그는 계속 밑바닥으로 밀어 넣었다. 워터게이트 사건은 리처드 닉슨과 제럴드 포드를 약화시켰고, 군을 겨냥한 의회 내 자유주의 민주당 의원들을 대담하게 만들었다. 1976년까지 국방 예산은 한국 전쟁 전 트루먼 대통령의 마지막 예산 이후 경제에서 차지하는 비중이 가장 낮은 수준으로 떨어졌다. 강력한 대통령이라면 위험을 인식하고 소련의 위협에 대응하기 위해 군비 증강을 지시했을 것이지만 카터는 강력한 대통령이 아니었다. 카터는 국방비 삭감 캠페인을 벌였지만, 레이건은 1976년 공화당예비 선거에서 포드 후보에 맞서 군사비 지출을 늘리자고 주장했다.

카터는 다행히도 예산 삭감 공약을 지키지 않았지만, 취임 첫 3년 동안 군대를 파탄에 빠뜨렸다. 국방비는 30년 만에 최저치를 기록했다. 군

인 봉급은 수치스러운 수준까지 떨어졌고 일부 군인 가족은 복지 프로
그램 혜택을 받아야 했다. 군 고위 지도자들은 미국이 러시아와의 재래
식 전쟁에서 패배할 것이라고 경고하기 시작했다. 육군은 미국에 주둔
한 10개 사단 중 6개 사단과 유럽에 있는 1개 최전방 사단을 "전투 준비
가 되지 않았다."고 평가했다. 육군 참모 총장 에드워드 마이어(Edward
Meyer) 장군은 육군이 서류상으로는 임무 수행 준비가 완료된 것처럼 보
이지만 실제로는 전쟁에서 승리할 수 없을 정도로 인력, 훈련, 장비가 열
악한 '속 빈 강정'이 되고 있다고 경고한 것으로 유명하다. 1979년 말, 재
선이 임박하고 이란에서 혁명이 일어나고 소련이 아프가니스탄을 침공
하자 카터는 현실의 벽에 부딪혔다. 이전의 실수를 암묵적으로 인정하
면서, 카터는 국방비 지출을 소폭 증액해 달라고 요구했고 받아들여졌
다. 그러나 유권자들은 갑작스러운 유턴에 속지 않았고 레이건에게 군
대를 재건해 달라고 표를 던졌다.

민주당은 12년 동안 정치적 광야에서 허송세월을 보냈고, 유권자들은
소련이 지구상에서 사라지지 않는 한 다시는 백악관을 맡기지 않았을
것이다. 소련이 따라올 수 없는 레이건의 국방 예산 대폭 증액 덕분에 우
리는 냉전에서 승리했다. 12년 동안 강화되고 활성화된 미군은 당시 세
계 4위였던 사담 후세인 군대를 격파하고 그레나다와 파나마에서 전광
석화 같은 승리를 거두기도 했다. 미국의 군사력은 그 누구의 도전도 받
지 않았다. 그리고 빌 클린턴이 대통령이 되었다.

클린턴 치하에서 국방 예산은 경제에서 차지하는 비중이 매년 감소하
여 제2차 세계대전 이전 수준에 도달했다. 냉전이 끝난 후, 조지 H. W.

부시가 처음 주장했지만 클린턴의 말이 되어 버린 '평화 배당금[31](Peace Dividend)'을 주장한다. 이전의 격렬한 전쟁이 그랬던 것처럼 어느 정도의 군비 축소는 피할 수 없었을 것이다. 그러나 클린턴은 트루먼과 마찬가지로 훨씬 더 나아갔다. 그는 육군을 18개 사단에서 10개 사단으로, 해군을 567척에서 약 300척으로 대폭 감축했다. 군대에 대한 급여는 카터 시대의 빈곤 수준으로 떨어졌다. 국방부는 새로운 무기 프로그램을 취소하거나 연기했으며, 이를 '조달 휴가[32](Procurement Holiday)'라고 불렀다. 물론 오사마 빈 라덴과 중국, 그리고 다른 적들은 민주당이 잠자는 동안 휴가를 보내지 않았고 냉전 이후의 평화는 9/11에 비극적으로 끝났다.

클린턴의 파괴적인 예산은 수년 동안 군에 해를 끼쳤다. 예를 들어, 금방 효과가 나타나는 감세와 달리, 군함을 건조하거나 노련하고 잘 훈련된 군인을 육성하는 데는 시간이 걸린다. 클린턴이 퇴임한 지 몇 년이 지나 내가 입대했을 때만 해도 군의 규모는 여전히 너무 작았다. 병사들은 반복적이고 장기적인 파병에 허덕이고, 군과 그 가족들은 스트레스를 받았다. 육군은 또한 클린턴 시대에 역동적인 젊은 리더들을 많이 잃었다. 나는 지휘소에서 야간 근무를 하던 중 연대장과 육군 리더십에 대해

---

31 1991년 12월 소련의 붕괴를 전후로 미 조지 부시 대통령과 영국 대처 수상이 사용해 유명해진 정치 슬로건이다. 탈냉전 시대 군비 축소를 민간 분야의 자원으로 배분해 생기는 경제적 혜택을 가리키는데, '총 대(對) 버터 모델'의 논의로 연결되기도 한다. 이 모델은 국방비와 민간 부문 예산의 상관관계를 설명하는 간단한 모델이다.

32 경제적인 불안정이나 정치적인 변화로 인해 정부나 기업이 조달 활동을 일시적으로 중단하는 것을 의미한다. 2014년 미 공군 전략핵 부문 부소장인 하렌칵(Harencak) 장군은 지난 20~25년간 미국이 핵전력 강화에 조달 휴가를 보냈다고 언급한 바 있다. 이에 대해 미국의 핵무기 준비에 문제가 없었다는 비판도 존재한다.

대화를 나눈 적이 있다. 나와 같은 많은 후배 장교들은 선임 지휘관들이 다소 소극적이고 위험을 회피한다고 생각한다고 말했다. 그는 클린턴 시대의 하급 장교 시절을 회상하면서 그 점을 인정했다. 그는 클린턴 대통령이 너무 빠르고 깊게 칼을 갈았기 때문에 군이 '무결점 정신[33](Zero-Defect Mentality)'을 갖게 되었다고 설명했다. 무결점이란 위험도 없다는 뜻이니, 위험투성이인 전쟁에서 승리할 수 없다는 말과 다름없다. 급격한 병력 감축으로 인해 위험을 감수할 수 있는 유능한 리더는 승진에서 밀려났고, 실수 없이 안전하게 플레이하는 신중한 장교들이 점점 더 많은 자리를 차지하게 되었다. 전쟁이 일어난다면, 대담하고 공격적인 장교들이 임무 수행을 더 잘할 것은 당연지사이다.

7년간의 전쟁이 끝난 후 버락 오바마는 더 큰 규모의 국방 예산을 물려받고 아프가니스탄에서 소규모 전쟁을 치르는 동안 국방 예산을 약간 늘렸지만, 이후에는 클린턴만큼이나 국방 예산을 삭감했다. 어떤 면에서는 오바마의 삭감이 훨씬 더 위험했다. 9/11 이후 늘어난 지출의 대부분은 미래를 위한 무기에 대한 투자가 아니라 전시 작전을 위한 것이기 때문이다. 2009년까지 중국의 급속한 군사력 증강은 누구나 알 수 있는 사실이며, 중국이 어느 국가에 도전하는지 삼척동자도 알 일이었다. 오히려 오바마는 부시 행정부의 국방 예산을 유지하면서 인민 해방군에 대응하기 위해 전시 예산을 첨단 무기로 전환해야 했다.

그러나 오바마는 임기 초에 발생한 사건에서 드러났듯이 군대를 일

---

33 지휘 통제 구조가 실수를 허용하지 않는 것을 의미하는데, 부정적으로는 직업 정신, 동기 부여 감소 및 혁신 억압으로 이어질 수 있다.

반 예산 항목 중의 하나로 보는 전형적인 민주당 사고방식을 가지고 있었다. 그는 밥 게이츠(Bob Gates) 국방부 장관과 주요 국방 개혁에 합의했다. 게이츠는 구식 프로그램, 관료주의적 비대, 기타 효율화를 통해 수천억 달러를 절감할 수 있을 것이라며, 군이 절감한 비용을 미래 무기에 재투자할 수 있도록 하는 조건으로 합의했다. 그러나 오바마는 약속을 어기고 절감액을 다른 정부 프로그램에 사용했다. 게이츠는 오바마가 순전히 정치적인 이유로 "국내 지출을 삭감하면서 국방은 그대로 둘 수 없다."고 말했다고 회고한다. 게이츠는 '오바마 백악관과의 합의는 오직 좌파 정권의 정치적 목적을 위함'이라고 분노했다.

그 배신 이후 상황은 더욱 악화되었다. 새로 구성된 공화당 하원은 적자 지출을 통제하려 했지만 오바마는 국내 지출과 국방 지출에서 똑같이 삭감해야 한다고 억지를 부렸다. 게이츠의 말대로 "국방비는 그 자체로 삭감될 수 있고, 또 삭감되어야 한다."는 것이 오바마의 생각이었다. 이러한 접근 방식은 두 가지 이유에서 잘못된 것이다. 첫째, 앞서 설명했듯이 우리 군대는 정부 예산의 일반 부분과 다르다. 국방 예산은 우리가 직면한 위협과 그 위협에 대응하기 위한 전략에 기반해야 한다. 국방 예산은 위험하게도 임의적 지출 결정으로 책정될 수 없다. 둘째, 국방 지출은 2011~12년 사이 연방 지출의 5분의 1도 안 되는 비중을 차지했지만 지출 삭감의 절반이 국방 지출에서 이뤄졌다. 그 결과 오바마 대통령의 두 번째 임기 동안 실질 국방 지출은 15% 이상 줄어들었고 국방 지출은 대공황 이후 연방 예산에서 차지하는 비중이 가장 낮은 수준으로 떨어졌다. 오바마가 퇴임했을 때 미국은 제2차 세계대전 이후 가장 작은 육군, 제1차 세계대전 이후 가장 작은 해군, 역대 가장 작은 공군을 보유했다.

바이든 부통령은 오바마의 사고방식을 공유했으며, 이후 대통령이 되고 나서도 입장을 바꾸지 않았다. 바이든은 첫 번째 예산안에서 군대를 제외한 모든 지출을 날려 버릴 것을 제안했는데, 그럼에도 군 예산은 연방 부처 중 가장 적은 증가율을 보였고 폭주한 인플레이션을 고려한다면 실제로는 6% 삭감된 것이다. 이후에 그는 국내 지출을 놀랍게도 16%나 늘리겠다고 제안했다. 나와 공화당 의원들은 이 부적절한 예산안에 강력히 반대했고, 의회를 책임지고 있는 진보적인 의원들조차도 이를 받아들일 수 없었다. 결국 바이든의 국방 예산에 10억 달러를 추가했는데, 여전히 충분하지는 않지만 다른 대안보다는 나았다.

카터와 마찬가지로 바이든도 러시아가 우크라이나를 침공했을 때 현실을 직시하게 되었지만, 그는 카터와 달리 예산 증액을 거부했다. 77년 만에 유럽에서 벌어진 최악의 전쟁과 중국의 지속적인 군사력 증강에도 불구하고 바이든의 두 번째 예산안은 인플레이션을 고려할 때 여전히 국방비를 늘리지 않았다. 설상가상으로, 바이든 예산처는 트럼프 행정부 기간 동안 매년 증가했던 경제 대비 국방 지출이 바이든 임기 동안 거의 매년 줄어들 것으로 예상하고 있다. 몰려오는 위협의 폭풍이 바이든을 무감각에서 벗어나게 할지는 아직 지켜봐야 한다. 하지만 바이든은 국방비 증액보다 보스턴 마라톤 폭탄 테러범과 같은 범죄자들에까지 코로나 생계 지원금[34]을 보내는 것을 우선시했기 때문에, 나는 바이든이 여전히 정신 못 차릴 것에 한 표 던진다.

핵 무관심

민주당은 우리 군대의 가장 핵심적인 무기인 핵무기에 대해 깊은 반감을 가지고 있다. 자유 국가로서 우리의 생존은 핵무기에 달려 있다고 해도 과언이 아니다. 따라서 핵무기에 대한 민주당의 반사적 적대감은 가장 위험하고 무책임한 견해 중 하나이다.

핵무기는 러시아, 중국, 북한 (그리고 조만간 이란)이 미국에 대한 핵 공격을 감행하는 것을 억제하기 때문에 우리의 생존에 필수적인 요소다. 지난 수년 동안 군사(Armed Services) 위원회에서 나는 진보적인 상원 의원들과 증인들로부터 한 가지 공통된 질문을 듣는다. "왜 우리는 사용하지도 않을 무기에 그렇게 많은 돈을 쓰는가?" 이 질문은 두 가지 전제가 틀렸다. 미국은 연간 국방 예산의 약 3~6%에 불과한 예산을 핵무기에 지출한다. 더 중요한 것은, 우리는 매일 핵무기를 사용하고 있다. 핵무기는 존재만으로도 적을 억제할 수 있기 때문에 지난 70년 동안 하루도 빠짐없이 핵무기를 사용해 왔다고 말하는 거다. 미국의 핵무기는 세계 평화를 위한 강력한 힘이며, 제2차 세계대전 이후 강대국 간의 전면전이 없었던 이유이기도 하다.

미국은 60년 동안 지상 기반 대륙 간 탄도 미사일, 탄도 미사일 잠수

---

34 2013년 보스턴 마라톤 폭탄 테러의 주범 중 하나로 살해 혐의로 기소된 조하르 차르나예프(Dzhokhar Tsarnaev)에게 생계 지원금을 지급한 건이다. 사회적 비판에도 불구하고 범죄자에게 경제적 지원을 제공하는 것이 사회 재통합과 재범률 감소에 도움이 될 수 있다는 주장도 있다. 최근 미 법원은 복역 중인 테러범이 받은 생계 지원금을 테러 부상자의 보상금에 사용할 수 있다고 판결한 바 있다.

함, 중폭격기(Heavy Bomber)로 구성된 핵 '3축 체계(Triad)'를 유지해 왔다. 각 구성 요소는 고유하고 상호 보완적인 특징을 가지고 있다. 대평원(Great Plains) 전역에 400개 이상의 지하 격납고에 있는 미사일은 반응성이 가장 뛰어나며 몇 분 안에 발사할 수 있고 효과적인 표적 타격이 거의 불가능하다. 폭격기는 가장 유연하게 위기 상황에서 다양한 옵션을 제공하고 적에게 반격의 의도와 결의를 알릴 수 있다. 잠수함은 생존성이 가장 뛰어나 적에 대한 2차 타격 능력을 보장한다. 이 3축 체계는 전략적으로 건전한 것으로 입증되었다. 당연히 러시아도 핵 3축 체계[35]를 보유하고 있다. 중국도 마찬가지일 것이다.

반핵 자유주의자들이 수십 년 동안 미국의 핵무기를 약화시키기 위한 노력은 단지 핵전쟁의 위험을 증가시킬 뿐이다.(많은 경우 이들 이념가들은 서방에서 반전 및 반핵 운동에 은밀히 자금을 지원해 온 오랜 역사를 가진 러시아 정보기관에게 사기를 당한 것이다.) 미국은 1960년대까지 소련에 대해 핵 우위를 유지했다. 그러나 케네디, 존슨 행정부가 '전략적 안정[36](Strategic Stability)'을 결정하면서 상황이 급변했다. 이 완곡어법은 소련이 미국의 군비에 맞설 수 있도록 핵무기의 보유를 허용하는 것이다. 이 충동적 결정에 따라 그들은 어리석게도 우리의 미사일 전력을 동결하고, 소련 폭격기에 대한 방어를 해체했다.

---

35 핵 3축 체계는 일반적으로 지상(ICBM), 해상(SLBM), 공중(이중용도 전투기) 무기 체계로 핵무기를 투발할 수 있는 능력을 말한다. 한국형 3축 체계는 킬체인-한국형미사일방어(KAMD)-대량응징보복(KMPR)으로 다층 방어 체계이다.

36 핵무기 보유국 간의 관계에 사용되는 용어로, 한 국가가 핵전략적 능력을 보유하고 있을 때 다른 국가에 대한 핵전쟁의 위험을 억제하는 것을 의미한다. 핵무기의 사용을 막고 핵전쟁의 발발을 방지하는 것을 목표로 한다.

1970년대 중반까지 소련은 새로운 무기 시스템과 무기 통제 협정에 대한 노골적인 속임수를 통해 핵 우위를 점하지만, 민주당은 우리 군 장비를 약화시키기 위한 추가 조치를 취했다. 카터는 한국에서 미국의 핵무기를 철수한다는 공약을 발표했다. 결국 의회의 반대로 이행되지 못했지만 여전히 아시아 동맹국들은 혼란에 빠졌다. 카터는 또한 B-1 폭격기 출격도 취소했다. 그는 어리석게도 이런 선의로 소련이 무기를 철수하기 바랐다. 당시 국방부 장관 해롤드 브라운(Harold Brown)은 소련의 군비 지출은 미국이 뭘 하든 상관없이 증대한다며 "우리가 늘리면 소련도 늘리고, 우리가 줄여도 소련은 늘린다."고 투덜거렸다. 지혜는 시대를 초월한다.

레이건은 민주당의 반대에도 불구하고 핵 무력을 재건하기로 결심하고 선거 운동에 임하고 취임했다. 레이건은 B-1 폭격기를 다시 도입하고, 훨씬 뛰어난 B-2 스텔스 폭격기를 제작했으며, 새로운 대륙 간 및 잠수함 발사 탄도 미사일을 무기고에 추가하고, 유럽에 새로운 중거리 탄도 및 순항 미사일을 배치했다. 놀랍게도 민주당 의원들은 미국이 소련에 대한 불공정 이점을 갖게 되고 이 때문에 소련이 군비 통제 협상을 뒤엎을 것이라고 불평했다. 당시 상원 의원이었던 조 바이든은 새로운 미사일이 '현재 소련의 선제공격 능력을 훨씬 능가하는 선제공격 능력'을 제공할 것이며 '우리가 먼저 공격하면 소련에 심각하고도 압도적인 피해를 입힐 수 있는 위치'에 놓이게 될 것이라고 한탄했다. 바이든은 당시에도 힘을 통한 평화를 이해하지 못했고 지금까지도 그러하다.

냉전이 끝나자, 자유주의자들은 전쟁 승리의 최대 관건인 바로 그 무기를 약화시키려는 노력을 강화했다. 1997년 빌 클린턴은 로널드 레이건 대통령의 핵 독트린을 폐기하는 극비 명령을 내렸다. 이 독트린은 우리 군이 장기적인 핵전쟁의 승리를 위해 준비해야 한다고 명시한다. 그러나 클린턴의 새 독트린은 미국의 핵무기는 전쟁 예방용이며 승리를 위함이 아니라고 명시한다. 클린턴은 이러한 변화를 통해 미국이 비축하고 있는 수천 개의 핵탄두를 해체하기를 희망했다. 클린턴의 한 관리는 "핵무기는 이제 어느 때보다 핵 안보 전략에서 역할이 작다."고 인정했다.

또 다른 끔찍한 사례로, 클린턴의 에너지 장관 헤이즐 오리어리(Hazel O'Leary)는 핵무기가 과거의 유물이라는 행정부의 잘못된 믿음에 따라 수십 년 동안의 미국 핵 기밀을 기밀 해제 했다. 적을 위해 한 일은 물론 아니다. 그러나 기밀 해제 된 정보는 북한과 리비아의 핵 프로그램에 금광이었다. 얼마 지나지 않아 한 중국인 귀순자가 중국이 미국 핵탄두의 일급 기밀 설계도를 갖고 있다는 증거를 들고 CIA에 왔다. 중국도 클린턴 행정부로부터 배우고 있었던 것이다.

오늘날의 민주당은 변하지 않았다. 트럼프 행정부가 러시아의 막대한 핵무기 우위에 대응하기 위해 해상 발사 핵 순항 미사일과 새로운 '전술' 해상 발사 탄두를 제안했을 때 의회 민주당원들은 자금 지원을 차단하기 위해 움직였다. 그들은 실패했지만 바이든 행정부는 순항 미사일을 취소했다. 하지만 이마저도 일부 자유주의자들에게는 충분하지 않다. 버니 샌더스 상원 의원은 현재 50년 된 미니트맨 III 미사일을 대체할 새로운 대륙 간 탄도 미사일을 없애자고 제안한다. 그의 법안 제목은 스스로를 우롱하듯 ICBM 법안(Investing in Cures Before Missiles Act)이다. 샌더스는 우리 핵무기로부터 돈을 떼어 내어 토니 파우치와 지지리 운 없는 질병 통제 센터(CDC)에 주길 원한다. 이건 지어낸 말이 아니다.

빌 클린턴의 발자취를 따라 민주당도 핵 위기 발생 시 우리의 손을 묶고 싶어 한다. 바이든은 적들이 설령 화학 무기나 생물학 무기를 사용해 우리나 동맹국을 공격해도 핵 보복에 대해 걱정할 필요 없다는 '선제공격 금지(No First Use, NFU)' 정책을 공약으로 내세웠다. 바이든이 이 문제에 대해 입장을 바꾼 것은 러시아의 우크라이나 침공 때문이라고 생각한다. 그러자 엘리자베스 워런(Elizabeth Warren) 상원 의원은 '선제공격 금지'를 입법화하자고 고집을 피우고 있다.

카터 시대 이후 그 어느 때보다 더 많은 핵 위협에 직면한 오늘날, 우리의 핵 능력을 약화시키려는 민주당의 최근 노력은 특히 위험하다. 아무 생각 없이 자유주의자들이 우리의 핵무기를 해체하기 위해 노력하는 동안 중국과 러시아는 그들의 핵무기를 확장하기 위해 경쟁하고 있다. 중국의 핵무기 증강은 특히 우려스럽다. 수십 년 동안 중국은 '최소한의 억지력'을 유지했다. 더 이상은 아니다. 중국은 어떤 군비 통제 협정의 제약을 받지 않고, 우리 핵군 사령관의 말을 빌리자면 '숨 막힐 듯한' 핵 전력 증강에 나서고 있다. 2022년 그는 군사 위원회에서 중국이 '2030년까지 최소 천 개의 핵탄두를 보유할 것으로 보이며, 이는 이전 국방부 추정치를 크게 초과하는 것'이라고 증언했다. 위성 사진 판독에 따르면, 중국은 새로운 대륙 간 미사일을 위해 약 300개의 미사일 지하 격납고를 건설하고 있다. 중국은 또한 추적 및 모니터링이 어려운 이동식 미사일을 100개나 보유하고 있다. 우리 군은 중국이 아직 3축 체계를 갖추지 못했다면 2021년에 성공적으로 시험 발사 한 핵 탑재 가능 극초음속

활공체(Hypersonic Glide Vehicles)를 포함하는 3축 체계를 구축하는 중이라고 평가하고 있다.

러시아도 여느 때와 마찬가지이다. 블라디미르 푸틴 대통령 재임 기간 동안 러시아는 미사일, 잠수함, 폭격기 등 3축을 모두 현대화하여 현재 우리보다 훨씬 최신식이다. 또한 러시아는 우리보다 약 10배 많은 약 2,000개의 전술 핵탄두를 보유하고 있다. 러시아는 심지어 핵 추진 시스템을 갖춘 순항 미사일과 어뢰를 실험하고 있는데, 이는 전 세계를 사정권에 두고 목표물을 향해 며칠에 걸쳐 순항할 수 있다. 푸틴은 우크라이나 전쟁 초기에 보여 주었듯이 언제든 핵 검을 휘두를 준비가 되어 있다.

위 상황을 고려할 때 우리는 중국과 러시아 연합군의 핵 과잉 대응이라는 매우 현실적인 위협에 직면해 있다. 그래서 우리는 핵 3축의 현대화 일정을 가속화하고 핵전력에 다른 유연한 요소를 추가해야 한다. 그러나 민주당은 이러한 사실을 직시하지 않고 미국의 힘뿐만 아니라 국가로서의 생존을 위태롭게 하고 있다.

민주당 대 군대

국방 예산과 주요 무기에 대한 자유주의자들의 적대감의 근원은 군대에 대한 불신이다. 군대는 미국의 힘을 가장 강력하고 치명적으로 구현한다. 민주당은 부드러운 보살핌과 양육의 우선순위에 초점을 맞추기 때문에 '엄마 정당(Mommy Party)'이라고도 불린다. 미국 문화에서 군대의 상징적인 훈련병 하사만큼 '엄마'와 거리가 먼 캐릭터도 드물다. 긴장이 생길 수밖에 없다.

이러한 긴장은 전쟁에서 싸우고 승리하는 군대의 능력을 약화시킨다. 자유주의자들은 군복의 반짝이고 각진 모습만 보고 인종 차별, 성차별, 극단주의가 숨어 있다고 의심한다. 그들은 이러한 죄악을 바로잡기 위해 훈련과 준비를 멀리하고, 안보를 위협하고 군대를 위험에 빠뜨리는 좌파적 사회 공학에 몰두한다. 자유주의자들은 살상 훈련을 받은 실제 전사보다 사회 정의를 위한 전사를 훈련하는 것이 더 편한 것처럼 보인다.

이것은 모두 위험한 어리석음의 발로이다. 군대는 인문 대학이나 《포춘》 500대 기업이 아니라 전투 집단이다. 민주당의 첫 여성 징병제 시도를 무산시킨 유명한 보수주의 운동가 필리스 슐라플라이(Phyllis Schlafly)는 "미국 군대의 목적은 나라 방어입니다. 사회적 실험에 참여하거나 가난한 사람들에게 일자리를 제공하거나 아기를 가진 사람들을 위한 탁아 시설의 운영이 아닙니다. 목적은 우리를 방어하는 것입니다."라고 강조한다. 군대는 위험이 크기 때문에 민간 기관과는 차별화된 방식으로 운영되어야 한다. 군대가 잘못되면 시위대의 캠퍼스 건물 점거나, 주주들이 입을 손해 정도는 일도 아니다. 우리가 죽는다.

못 믿을 군대

민주당원들은 군대와 불안한 관계를 맺고 있다. 이러한 불안감은 잘못된 견해, 잘못된 정책, 잘못된 우선순위로 이어진다.

빌 클린턴, 버락 오바마, 조 바이든은 모두 군과의 관계가 좋지 않았다. 이들 모두 군 복무를 하지 않았기 때문에 군이라는 기관이 다소 낯설게 느껴진 것은 우연이 아니다. 군 복무를 하지 않았고 경우에 따라 군을 경멸하는 극좌파 보좌진으로 둘러싸여 있는 것도 문제다.

클린턴은 군과 험난한 관계를 맺을 운명이었다. 그는 60년 만에 군 복무를 하지 않은 최초의 대통령으로 베트남 전쟁 당시 징집도 회피했다. 많은 베트남 참전 용사들이 클린턴 대통령 재임 기간 동안 군 고위직에서 복무했다. 클린턴의 초대 합참 의장인 콜린 파월(Colin Powell) 장군은 회고록에서 자신과 클린턴이 개인적으로 "잘 지냈고 친해졌다."고 쓴다. 하지만 파월은 클린턴이 "학구적인 성향이 강했고" 클린턴 보좌관들이 참석하면서 국가 안보 회의도 "대학원생 모임이나 싱크 탱크 세미나처럼 오락가락 진행되는 경향이 있었다."고 속을 털어놓는다.

클린턴은 군부와의 관계를 나쁘게 시작해 문제가 더 꼬였다. 그는 합동 참모 본부(Joint Chiefs)가 공개적으로 반대했던 동성애자 군 복무 금지를 폐지하는 선거 공약 이행에 대한 파월의 조언을 무시했다. 이 문제는 그의 임기 초기 내내 따라다니며 나머지 의제들을 뒤로 미루게 했다. 파월은 클린턴이 "군대 경험이나 이해가 전혀 없는 젊은 민간인들에 둘러싸여 있었다."고 한탄했다. 악명 높은 한 사건이 있었는데, 어떤 장군이 젊은 여성 백악관 참모에게 인사하자 콧대를 세우며 "여기선 군인들과 대화하지 않습니다."라고 대답했다고 한다. 파월은 그 젊은 여성의 발언이 전자파처럼 퍼지며 펜타곤을 휩쓸었다고 회고한다.

평생을 학계와 지역 사회 활동가로 살아온 오바마에게 군대는 낯선 기관이다. 2008년 선거 운동 기간 동안 그는 봉사를 주제로 한 개막 연설에서 지역 사회 봉사, 해외 봉사, 평화 봉사단, 심지어 재생 에너지에 대한 교육 자원봉사를 구체적으로 언급했다. 하지만 병역에 대해서는 한 번도 언급하지 않았다. 이와 대조적으로 나는 고등학생과 대학생들과 대화할 때 항상 군 입대를 권한다. 그들이 인생에서 어떤 일을 하든, 군대는 더 나은 시민이자 사람으로 만들어 줄 것을 확신한다.

취임 후 오바마와 군과의 관계는 소원했다. 밥 게이츠는 조지 W. 부시 전 대통령과 오바마 전 대통령 모두의 국방부 장관을 역임했기 때문에 두 사람의 군 고위 지도자들과의 관계를 잘 판단할 수 있는 위치에 있다. 게이츠는 부시는 (적어도 본인이 아는 한) 군의 동기에 의문을 제기하거나 개인적으로 불신한 적이 없지만, 오바마는 군의 행동과 제안 사항에 대해 깊은 의심을 품었다고 말한다. 또한 부시는 고위 군인들과 함께 있는 것을 즐기는 것 같았지만, 오바마는 장군 및 제독들과 함께 보내는 시간을 의무로 여겼다고 회고한다.

게이츠는 오바마와 바이든이 군을 얼마나 불신하는지 보여 주는 끔찍한 순간을 기억한다. 한번은 오바마가 아프가니스탄 전쟁의 전략 결정을 위해 길고 힘든 회의를 하였다. 갑자기 바이든이 끼어들어 "군은 대통령의 결정을 명령으로 간주하시오."라고 소리쳤다. 그러자 오바마는 재빨리 "내 말은 명령입니다."라고 받아쳤다. 게이츠는 이 상황을 '충격적'이라고 묘사한다. 여덟 명의 대통령을 모셨지만 누구도 '결정을 직접적인 명령으로 간주하는' 것을 들어본 적이 없었기 때문이다. 나도 마찬가지다. 군 복무 중에 그런 말을 듣거나 말한 기억이 없다. 게이츠는 바이든의 촉구에 따른 '오바마의 명령'은 두 사람이 미국 군사 문화에 얼마나 익숙하지 않은가를 보여 주는 한 사례라며, "그런 명령은 불필요하고 모욕적이며, 오바마 백악관의 미군에 대한 불신이 얼마나 깊은지를 보여 주는 증거"라고 기술한다.

게이츠는 바이든이 어떤 최고 통수권자인지 잘 보여 준다. 클린턴과 오바마와 달리 바이든은 워싱턴에서 평생을 고위 군 지도자들과 함께 보내면서 군에 대한 불신만 키운 것 같다. 게이츠는 바이든이 오바마에게 "매일 '군을 믿을 수 없다.', '전략이 효과가 없다.', '모두 실패하고 있다.', '군이 당신을 속이고, 망치려고 한다.'고 말하면서 우물에 독을 붓고 있다."고 우려했다. 오바마는 자신의 회고록에서 바이든의 언급을 확인하면서 자신에게 "제 말 들어 보세요, 보스. 제가 이 동네에 너무 오래 있었는지 모르지만, 제가 아는 한 가지는 이 장군들이 새 대통령의 눈과 귀를 가린다는 겁니다."라고 쓴다. 이어서 바이든이 말했다고 한다. "그들이 당신을 방해하게 놔두지 마십시오."

바이든이 군 자문관의 최선의 판단에 반하여 아프가니스탄에서 철군을 실행한 비참한 방식에서 알 수 있듯이, 이런 부정적 견해는 부통령일 때는 위험한 것으로 그치지만 대통령이라면 치명적이다. 실패한 아프가니스탄 철수를 두고, 바이든은 군대를 유지하라는 조언을 '아무도' 하지 않았다고 거짓말을 했다. 여러 고위 지휘관들이 군사 위원회 청문회에서 선서하에 바이든의 거짓을 확인하고 반박했다.

물론 이 세 명의 대통령만이 군대에 대한 불안감을 가진 민주당원들은 아니다. 다른 민주당원들은 지휘권이 없으니 부담을 느끼지 않고 군대에 대한 자신의 의견을 더욱 거침없이 표현한다. 존 케리는 군대를 미래가 없는 교육도 제대로 받지 못한 게으름뱅이라고 악명 높게 비난했다. "아시다시피 교육은 최대한 활용하고, 열심히 공부하고, 숙제하고, 똑똑해지려고 노력하면 잘할 수 있습니다. 그렇지 않으면 이라크에 갇히게 됩니다." 나는 당시 이라크에서 복무 중이었는데, 장담하건대 주둔 미군 사이에서 이 말은 불쾌하기 그지없이 들렸다.

많은 민주당원들도 막사 구석구석에 인종 차별, 성차별, 극단주의가 도사리고 있다고 본다. 뉴욕의 커스틴 길리브랜드(Kirsten Gillibrand) 상원 의원은 여성과 소수자에게 편향되어 있다는 이유로 오랫동안 군 사법 시스템 전체를 뒤엎기 위해 노력해 왔다. 그녀는 "흑인이나 아시아계라면 유감스럽게도 당신에게 잘못된 편견이 있을 가능성이 높다."고 말한다. 국회 의사당 폭동 이후 군대 내 극단주의에 대한 청문회에서 코네티컷주 딕 블루멘탈(Dick Blumenthal) 상원 의원은 군대의 최대 10%가 백인 우월주의자일 수 있다고 아무런 증거 없이 주장한다.

2005년 일리노이주 딕 더빈(Dick Durbin) 상원 의원은 관타나모 베이(Guantánamo Bay) 수용소가 테러리스트에게 너무 가혹하다며 미군을 '나치, 소련의 수용소, 폴 포트 등 인간을 전혀 고려하지 않는 미친 정권'에 비유했다. 며칠 논란에 휩싸이자, 그는 전형적인 정치인의 사과문을 발표한다. "만약 조금이라도, 우리 훌륭한 남녀 장병들에게 부정적인 견해로 비춰졌다면."이라고 사과했다. 그가 의도한 것이 어떤 견해일지 궁금하다. 나는 조지아주 포트 베닝에 있는 장교 후보생 학교에서 외출해 주말을 보냈기 때문에 그 에피소드를 생생하게 기억한다. 5개월 동안 외부와 거의 단절된 채 지내던 나는 콜럼버스 시내의 한 호텔에서 TV를 켜고 주말 내내 뉴스를 장식한 더빈의 발언을 접했다. 그리고 일요일 밤에 후보생 학교에 복귀할 때도 이 뉴스는 우리 대화의 중심이었다. 말할 것도 없이, 우리 중 아무도 그의 비방을 쉽게 잊을 수 없다.

사실 군대에 대한 민주당의 편견은 모두 잘못된 것이다. 우리 군대는 뒤처지기는커녕 군대 연령대 인구 전체에 비해 학업 성취도가 높고 인성에 흠결도 적다. 내가 아는 거의 모든 군인들은 이라크에 '갇혀' 있기보다 조국을 위해 싸우고 싶어 한다. 게다가 미군은 인종 평등에 대한 자랑스러운 기록도 가지고 있다. 트루먼 대통령은 1948년 재키 로빈슨(Jackie Robinson)이 야구에서 인종 장벽을 깬 지 불과 1년 후이자 '브라운 대 교육 위원회 판결[37](Brown v. Board of Education)'이 있기 6년 전에 군대를 통합했다. 오늘날 아프리카계 미국인의 군 복무 비율은 인구 비율보다 더 높은 것을 봐도 군이 인종 차별적인 기관이라는 증거는 말도 안 된다. 딕 더빈의 말과 달리, 미군은 테러와 고문을 공식적인 국가 정책으로 삼는 잔혹한 정권과는 차원이 다르게 잘못에 대한 책임을 신속하고 엄

---

[37] 1954년 브라운 대 교육 위원회 재판은 미국 연방 대법원이 백인과 유색 인종이 같은 공립 학교에 다닐 수 없게 하는 주법을 불법으로 판정하여 유명해졌다. 당시 캔자스주 거주 유색 인종 소녀 브라운(Brown)이 집 근처 공립 학교에 입학하지 못하게 되자 문제를 제기하고 주 정부에 대해 승소한 재판이다. 이후 인종 차별을 금지하는 연방 법률 제정에 중요한 역할을 했다.

격하게 요구한다. 그럼에도, 살펴본 바와 같이 민주당은 '일단 미국 탓'이다.

이러한 잘못된 견해는 여전히 군대 문화를 훼손하고 군대를 소외시키는 심히 왜곡된 정책과 우선순위로 이어진다. 예를 들어, 바이든의 국방 장관 후보자인 로이드 오스틴(Lloyd Austin)은 인준 청문회에서 중국과 같은 외국의 적에 대해 말하기도 전에 "우리 군대 내 인종 차별주의자를 제거해야 한다."며 '그들 일부가 우리 군대 안에 있다면' 적으로부터 미국을 방어할 수 없다고 주장한다.

그날 아침 그의 증언을 듣고 나는 실망했다. 그가 더 잘 알고 있을 텐데 하는 생각이 들었다. 30년 전 콜린 파월의 경력이 그랬던 것처럼, 육군 최고 지휘관직을 여러 차례 역임한 아프리카계 미국인 4성 장군으로서 그의 화려한 경력은 우리 군에 대한 인종 차별적 비난을 무색하게 한다. 나도 그처럼 군이 모든 형태의 차별과 괴롭힘에 대해 엄격한 무관용 정책을 시행하고 있다는 것을 잘 알고 있다. 내가 복무했던 모든 부대에서 기회균등 정책과 기대치를 포함한 모든 종류의 기준에 대한 정기적인 교육이 있다.

더 중요한 것은 함께 복무한 병사들이 항상 높은 기준에 부합했다는 점이다. 나는 아프리카계 미국인, 라틴계 미국인 교관, 지휘관, 동료, 부하들 어느 누구에게도 인종 차별이나 괴롭힘은 단 한 번도 목격하지 못했다. 파월과 오스틴은 안타깝게도 이전 세대 출신이라 그런 일이 있다고 생각하지만, 그랬다면 지금 군이 얼마나 발전했는지를 보여 주는 증거일 뿐이다. 가장 중요한 것은 피부색이 아니라 우리 모두가 자원하여 오른쪽 어깨에 달고 있던 빨간색, 흰색, 파란색 견장이다. 우리는 전우다. 피부색보다 더 깊은 유대감이 있다. 그럼에도 불구하고 오스틴은 '극단주의' 대처를 위해 군 전체에 하루 동안 '교육 훈련(Stand-Down)'을 명령했다. 이와 대조적으로, 내가 기억하는 가장 공격적인 전군 교육 훈련은 2007년에 실시된 뇌 손상과 외상 후 스트레스에 대한 것이었다. 30분간 진행된 이 훈련은 많은 병사들이 부상을 입었기 때문에, 필요하고도 유용한 훈련이었다. 예상대로 오스틴의 종일 교육 훈련은 제대로 진행되지 않았다. 군인이면 누구나 아는 진리로, 지휘관이 새벽 6시에 사단을 집합시키면 젊은 사병들은 새벽 4시에 모여야 한다. 이는 지휘관 아래 각 부하 지휘관들이 바로 아래 부하들에게 상급자보다 '5분 전'에 도착하도록 지시하기 때문이다. 국방부 장관의 지시도 마찬가지이다. 나는 군의 무관용 정책을 강화하고 모두에게 동등한 기회를 요구하는 대신, 군의 '조직적 인종 차별'과 '백인 우월주의'를 비난하고, 군인을 인종별로 분리하고, '암묵적 편견'을 갖고 있다고 추정하고, '특권'과 편견에 대한 '고백'을 강요하고, '특권 산책[38](Privilege Walks)' 및 기타 좌파식 유행을 실시하는 훈련 과정에 대한 수백 건의 불만을 접수했다. 소수계 병사들은 이 세션이 자신들을 비하하고 경멸한다는 불만을 제기하기도 했다.

군대 내 '극단주의자'에 대한 바이든 행정부의 마녀사냥도 마찬가지다. 미 의사당 폭동 이후 거창하게 시작된 '극단주의 활동 대응 실무 그

---

38 사회적 특권이나 불평등에 대한 인식 제고를 위한 교육적 활동으로, 참여자들은 자신의 경험을 공유하고 타인의 관점을 들으며 사회적 불평등에 대한 인식을 증가시킨다.

룹(Countering Extremist Activity Working Group)'은 행정부를 당황스럽게 흔들어 놓았다. 6개월에 걸친 조사 끝에 200만 명이 넘는 군인 중 '극단주의자'는 100명도 채 되지 않는 것으로 밝혀졌다. 그중 상당수는 범죄를 저지르는 길거리 갱단이었다. 다시 말하지만, 오스틴이나 군대 경험이 있는 사람이라면 이 사실이 놀랍지 않다. 군대는 신병들의 극단주의 연루 여부를 엄격하게 선별하고, 범죄 경력 조회를 실시하며, 신체검사 시 극단주의 문신이 있는지 전신을 스캔한다. 대부분의 제대 군인처럼 나도 시험 당일에 속옷 차림으로 이리저리 돌아다니며 여러 가지 질병 검사를 위한 채혈과 실격 문신이 있는지 검사받았던 기억이 난다.

군 정책의 산만함과 잘못된 우선순위는 미국 내 인종이나 바이든 행정부에만 국한된 것이 아니다. 오바마의 정치적 성향이 강한 해군 비서실장 레이 메이버스(Ray Mabus)는 해군과 해병대의 전통에 맞서 8년 동안 문화 전쟁을 벌였다. 마지막 해에 그는 두 군대에 '보병(infantryman)'과 같은 '남성 성별화된' 직책을 성 중립적인 이름으로 변경하도록 지시했다. 메이버스는 오바마 행정부가 ISIS를 격퇴하고 중국의 해군력 증강에 대응하는 데 큰 성과를 거두었기 때문에 이제 그런 문제에 집중할 수 있다고 생각한 것 같다. 그의 지시는 특히 '하사관(Petty Officer)'과 같은 계급 대신 '사무병(Yeoman)' 또는 '위생병(Corpsman)'과 같은 직급별 호칭을 사용하는 미국 건국 이전의 전통을 가진 해군에 큰 혼란을 가져왔다. 게다가 해군의 최초 입대 계급이 '해병(Seaman)'이라는 남성이라 해군의 직급을 바꾼다고 해도 '성별화 문제'가 해결되지는 않을 것이다. 수개월에 걸친 복무 및 퇴역 장교들의 공개적인 대혼란과 메이버스의 퇴진으로 해군 지도부는 모욕적인 계획을 포기했다.

2021년 여름, 나는 연례 국방 법안에 대한 군사 위원회의 토론에서 민주당의 잘못된 견해와 그로 인한 잘못된 정책의 또 다른 사례를 가까이에서 목격했다. 일반적으로 우리는 어떻게 군대를 모집, 훈련, 장비를 준비하나 혹은 어떤 무기, 항공기, 함정을 구매하나에 대해 많은 수정안을 고려한다. 하지만 민주당이 다시 주도권을 잡은 이번에는 그렇지 않았다. 12시간이 넘도록 적을 무력화시킬 수정안에 대해 단 한 건도 투표하지 않았다. 그렇다면 무엇에 투표했을까? 징병을 위한 여성 등록, 군대 내 '극단주의'에 대응하기 위한 관료제 신설, 인종 차별과 성차별에 맞서기 위한 군 사법 제도의 해체, 군대 내 개인 소유 총기 박탈 등이었다. 가장 긴 논쟁은 엘리자베스 워런 상원 의원이 100여 년 전 '인디언 대학살[39](Battle of Wounded Knee)'에서 수여된 명예 훈장을 폐지하자는 개정안이었다. 동료 공화당원들과 함께 회의 분위기에 대해 놀라움을 금치 못하고 있는데, 민주당 측에서 한 상원 의원이 걸어왔다. 그는 어리둥절한 미소를 지으며 "군사 위원회에서 사회 문화적 현안으로 내내 시간을 보내니 정말 이상하네요."라고 말한다. 나는 "네, 정말 그렇네요."라고 냉정하게 답할 수밖에 없었다.

아이러니하게도 우리는 하원과의 협상 과정에서 이 나쁜 조항들을 대부분 없앴다. 바이든의 무기력한 국방 예산에 250억 달러를 추가하자 민주당 내 극좌파로부터 지지표를 잃었기 때문이다. 그들은 법안 통과를 위한 공화당 표를 충분히 확보하기 위해 '사회 및 문화' 수정안을 문구에서 삭제해야 했다. 민주당은 제 발등을 찍은 셈이다.

---

39 약 300명의 사우스다코타 인디언 라코타족이 미군 병사들에게 총격을 받고 사망한 사건이다. 미 정부와 인디언 사이의 마지막 전투로 알려져 있으나 두 당사자 간 관계는 더욱 악화되었다.

이 장면은 2022년에 또다시 코미디처럼 반복되었다. 특히 내겐 '우리 딸 징병제[40](Draft Our Daughters)'라고 부르는 수정안이 눈에 띈다. 2021년에 나는 여성 징병 등록을 의무화하는 법안에 반대한 위원회 소속 상원 의원 5명 중 한 명이었다. 한 여론 조사에 따르면, 여성의 3분의 2가 이 법안에 반대하는 것으로 나타났는데, 일부에서는 민주당이 현실과 동떨어진다고 비판했다. 이 수정안이 최종 법안에서 삭제된 후 민주당은 2022년에 이 법안을 다시 발의한다. 그들의 사고방식을 엿볼 수 있다. 일부 민주당 상원 의원들은 징병 등록이 딸들의 자존감을 향상시킬 것이라고 주장한다. 나는 이 수정안에 반대하는 유일한 상원 의원이었다. 반대의 이유로, "군대의 목적은 자녀의 자존감을 높이는 것이 아니라 적을 사살하는 것입니다."라고 간단히 말했다.

민주당은 여전히 메시지를 이해하지 못했지만 수십 년 동안 쌓인 군대에 대한 불안감을 극복하기는 어려울 것이다. 하지만 민주당의 불안감은 대개 군을 분열시키고 사기를 떨어뜨리며 핵심 임무 수행을 어렵게 만들기 때문에 반드시 극복해야 한다.

이념 우선, 임무 후순위

자유주의자들은 군대를 특수 기관으로 보지 않기 때문에 전투 효율성

---

[40] 2016년 미국 대통령 선거 캠페인 중 민주당이 꺼내든 용어이다. 남녀평등을 강조하고, 여성도 미군 선발 서비스(Selective Service System)에 등록되어야 한다는 주장으로 사회적 합의는 이루지 못하였다.

과 임무 완수보다 이념적 목표를 우선시하는 경향이 있다. 오바마와 바이든 행정부는 모든 군대의 기준을 낮추고, 전투 성과를 저해해서라도, 여성에게 지상 전투 업무를 개방하려는 노력을 지속한다. 하지만 그들이 돕고자 하는 바로 그 여군이 가장 큰 상처를 받게 된다. 2013년 1월, 오바마 대통령의 마지막 공식 행보 중 하나로 리언 패네타(Leon Panetta) 국방부 장관은 여성의 지상 전투 복무에 대한 군의 규정을 폐지한다고 발표했다. 그러면서 그는 "복무 기준을 낮추는 것은 아니다."라고 주장했다. 초선 의원으로서 나는 취임 첫 달에 논란이 많은 이 문제를 다루지 말라는 많은 사람들의 경고에도 불구하고 이 정책 변경에 반대했다. 나는 오바마 행정부가 패네타가 하지 않겠다고 말한 대로 기준을 낮추고 장병들의 생명을 위험에 빠뜨릴 것이라고 생각했다. 또한 의회 동료들 중 군에 대해 아는 사람이 얼마나 적은지 처음으로 깨달았다. 요즘 의원들은 군 복무 경험이 드물기 때문에 군에 대한 기본적인 사실도 이해하지 못하지만, 나는 아프가니스탄에서 퇴역한 지 4년도 채 안 된 상태였다.

한 예로, 많은 진보주의자들이 '여성의 전투 참여'를 허용하기로 한 패네타의 결정을 축하하지만, 이는 그들의 무지이며 동시에 이미 전투에서 용감하고 명예롭게 복무한 수천 명의 여성들에게 모욕감을 안겨 주었다. 수십 년 동안 여성들은 전투 임무를 수행해 왔다. 이라크와 아프가니스탄처럼 '전선 없는 전쟁(Wars without Front Lines)'은 보급품 수송 및 기타 임무를 수행하는 여군이 언제든 '전투에 투입'될 수 있다는 것을 의미했다. 나는 보병 순찰에 여군 병사들과 동행할 때가 많았다. 이 여성들은 항상 자신의 몫을 다했고 그 이상도 해냈다.

자유주의자들은 당면한 구체적인 문제를 이해하지 못한다. 이 논쟁은 '전투에 참여하는 여성'에 관한 것이 아니다. 의무병, 정비병, 정보 전문가 등 여성에게 많은 일자리가 열려 있는 보병 대대와 같은 전투 부대의 여성에 관한 것도 아니었다. 오히려 최전방 지상 전투, 특히 보병과 특수 부대에 복무하는 여성에 대한 토론이었다. 보병과 특수 부대는 군대에서 가장 육체적으로 힘든 보직으로, 20마일을 도보로 행군할 때 80파운드의 짐을 짊어지고, 다루기 힘든 28파운드의 M240B 기관총을 들고, 부상당한 250파운드의 전우를 안전한 곳으로 끌고 가야 하는 등 힘, 체력, 내구성에 대한 요구 사항이 매우 까다로운 자리이다.

많은 민주당원들과 일부 공화당원들은 지상 전투 업무의 독특한 신체적 요구 사항을 이해하지 못한다. 한 민주당 의원이 해군이 함정과 잠수함을 여성에게 개방할 수 있다면 육군과 해병대도 여성에게 보병을 개방해야 한다고 주장한 대화가 기억난다. 어떻게 그런 말을 하는지 믿을수 없다. 대부분의 해군 직무는 기술적이고 지적인 업무이다. 해군의 과제는 주로 극도로 제한된 함정 공간에서 여성 수병에게 침실과 화장실을 제공하는 방법과 같은 시설과 행동에 관한 것이다. 반면 지상 전투 업무는 강렬하고 혹독한 육체적 노동이다. 육군과 해병대가 직면한 도전은 생물학과 생리학의 피할 수 없는 현실이다.

패네타 장관은 이러한 현실을 인식하고 군에 특정 지상 전투 작업에 대한 예외가 필요하다는 것을 입증할 기회를 주었다. 하지만 이미 해결책이 있다고 믿었다. 합참 의장 마틴 뎀프시(Martin Dempsey) 장군은 "특정 기준이 너무 높아 여성이 통과할 수 없다고 결정하면, 이제 군이 장관에게 왜 기준이 그렇게 높은지 설명해야 하는 부담이 생긴다."고 지적한다. 행정부의 압력에 직면한 뎀프시는 예외 요청을 부정적으로 볼 것이라는 신호를 보낸 거다. 그럼에도 불구하고 해병대는 패네타가 제안한 대로 여성이 지상 전투 임무를 수행할 경우의 영향에 대한 엄격한 데이터 기반 연구를 제안했다. 해병대는 남녀 혼성 부대와 전원이 남성인 부대를 비교하여 사격부터 부상률, 사상자 대피 시간까지 모든 것을 테스트했다. 결과는 나와 해병대의 우려대로 나왔다. 전체 남성 부대가 테스트의 70%에서 혼성 부대를 능가했다. 해병대 안전에 가장 우려스러운 점은 혼성 부대가 전투에서 생사를 가를 수 있는 사상자 대피에 최대 159% 더 오래 걸린다는 점이다. 또한 남성과 여성의 신체가 무거운 하중에 대한 생리적 영향이 다르기 때문에 여성 해병대원들이 훨씬 더 높은 비율로 부상을 입었다. 이 연구는 '남성과 여성의 생리적 차이는 항상 어느 정도는 분명하다는 것'이라고 건조한 결론을 내렸다. 연구 결과는 영국과 이스라엘의 그것과 유사하다. 남녀 스포츠가 분리되어야 한다는 상식적인 논리 이상도 이하도 아니다.

그러나 상식이 아닌 이데올로기가 지배했고, 오래전 퇴임한 패네타 장관을 대체한 애쉬 카터(Ash Carter)는 연구 결과를 진지하게 받아들이지 않고 해병대의 예외 요청을 거부했다. 설상가상으로 메이버스는 여전히 건재했고 그 어느 때보다 정치화되어 있었다. 그는 해병대의 성차별을 비난하며 "이 연구는 많은 남성들이 불편하게 생각하고, 여성은 절대 이 일을 할 수 없을 것이라는 전제에서 시작되었습니다. 그런 사고방식으로 연구를 시작하면 결과를 예단하는 셈이죠." 그는 심지어 "실험에 참여하려면 더 높은 기준을 넘어야 했다."며 연구에 자원한 여성들을 폄하하기도 했다.

나는 여전히 자유주의 이념주의자들이 군대 기준을 낮추도록 강요하지 않을까 하는 의구심을 가지고 있다. 나만 그런 것은 아니다. 당시 4성 해병대 장군으로, 이후 도널드 트럼프의 국토 안보부 장관과 백악관 참모 총장을 지낸 존 켈리(John Kelly) 장군은 퇴역 전날에 직설적으로 경고한다. "그들은 어떤 기준도 바꾸지 않을 것이라고 말하고 있습니다." 이어서 "그러나 지금부터 12개월 후든 4년 후든 큰 압박이 있을 것입니다. 왜냐하면 우리가 다른 역할에 여성을 허용했는지, 왜 다른 역할이 부여되지 않느냐는 질문이 제기될 것이기 때문입니다."라고 덧붙인다. 또 "우리가 기준을 바꾸지 않으면 보병이나 수색대(Rangers), 해군 특수 부대(SEALs)에 실제 정원을 채우는 것은 매우 어려울 것입니다."라고 우려한다. 그는 미래 군 수뇌부가 기준을 낮추라는 엄청난 압력을 받게 될 것이라고 예측했는데, "그것이 바로 이 땅의 의제 중심적(Agenda-Driven) 사람들이 원하는 유일한 방법이라고 생각하기 때문입니다."라고 말했다.

'의제 중심적' 이념주의자들은 역시 켈리와 내가 예측한 대로 행동했다. 2022년 초, 육군은 극좌파 활동가들과 자유주의 정치인들의 압력에 굴복했다. 수년간 성 중립적인 기준을 유지하겠다고 약속했지만, 결국 여군에 대해 더 낮은 신체 적합성 기준을 채택한다고 발표했다. 어떤 의미에서 이 결정은 수십 년 동안 육군이 남자와 여자의 체력 테스트에서 별도의 채점 척도를 적용해 온 관행을 이어 가는 것일 뿐이다. 물론 가장 큰 차이점은 이제 지상 전투직에 여성도 지원할 수 있다는 점이다. 오늘날 젊은 여군은 팔 굽혀 펴기 10회와 2마일을 23분 이내에 '달리기' 등 몇 가지 테스트만 통과하면 보병에 지원할 수 있다.

솔직히 말하자면, 남자 군인에 대한 '한심한' 기준도 그다지 나아지지 않았다. 하지만 남자 군인에 대한 서류상의 기준은 결코 실제 기준이 아니다. 내가 복무하는 동안 육군의 체력 검정 종목별 최소 점수는 100점 만점에 60점이었다. 하지만 내가 복무했던 모든 보병 부대는 종목당 90점을 고집했고, 그보다 낮으면 보충 체력 훈련을 받아야 하고 진급, 포상, 진학 기회도 제한되었다.

보병 대대를 지휘하는 등 아직 군대에 있는 친구들에게 육군 최소 체력 기준보다 더 높은 체력 기준을 설정할 수 있는지 물어봤다. 그들은 모두 아니라고 대답했고, 많은 이들이 이 질문에 웃었다. 그 이유는 간단하다. 기준을 높이면 대부분의 여성이 보병에서 배제될 것이기 때문이다. 그 결과 지금은 여성에 대한 기준만 따로 있는 것이 아니라 남성에 대한 기준도 더 낮아졌다.

육군은 '여성들이 더 쉽게 통과할 수 있도록 테스트를 완화하지 않을 것'이라는 패네타 장관의 약속은 물론이고, 군 스스로의 약속과도 거리가 멀어졌다. 좌파적인 '정치적 올바름' 이념가들은 기뻐하겠지만, 육군의 결정은 남녀 군인 모두의 생명과 임무를 위험에 빠뜨릴 것이다. 한 육군 장교는 노골적으로 반대하는 글을 썼다.

"120파운드의 여성이 250파운드의 짐을 들거나 끌기 어렵다고 육군이 인위적으로 여성에게 그 책임을 면제할 수는 없다. 그게 전장의 현실이다. 성 중립 테스트를 만든 목적은 성별에 관계없이 모든 병사가 수행해야 하는 객관적인 신체적 기준이 각 직무에 있다는 현실을 인정하는 것이다. 남녀 모두에게 낮은 기준으로 충족할 가능성을 동등하게 보장하려는 의도가 아니다."

그녀는 알고 있을 거다. 크리스틴 그리스트(Kristen Griest) 대위는 육군 최초의 여성 보병 장교이자 최초의 여성 레인저 스쿨 졸업생 중 한 명이다. 그리스트 대위는 "미국 최고의 전투 부대 기준이 이렇게 심각하게 훼손되도록 방치하는 것은 정말 비윤리적"이라고 말한다. 나도 전적으로 동의하며 이러한 기준을 지키기 위해 행동해 왔다. 현재 미 의회는 나와 육군 참전 용사인 조니 언스트(Joni Ernst) 상원 의원이 함께 제안한 연례 국방 법안 수정안을 채택하여 지상 전투 업무에 성 중립적인 체력 기준을 요구할 예정이다. 바이든 행정부의 좌파 이념가들이 정신을 차리고 그리스트 대위의 조언을 따를지 지켜볼 것이다.

군사력에 대한 민주당의 적대감과 군과의 긴장된 관계로 인해 정치적 사각지대가 만들어진다. 이것이 결과적으로 선구자적 여성 지도자로부터 비난받는 이유 중 하나이다. 이상하게도 좌파들은 정치적으로 인기가 없는 목표라도 이념적으로 매력적이면 기어코 추구한다.

그럼에도 민주당은 국방에 취약하다는 인식(현실에서 확인되듯이)에 매우 신경질적이다. 그 결과 민주당원들은 실제로 할 수 없음에도 불구하고 강경한 '척' 행동해야 한다는 강박을 느끼는 경우가 많다. 다음에 살펴보지만, 그런 일이 발생하면 보통 미국인은 죽고 우리의 안전은 위험에 처하게 된다.

Chapter 5

★ ★ ★

민주당이 강경한 척 행동할 때

1985년 9월, 미국은 마이클 두카키스(Michael Dukakis) 주지사와 조지 H. W. 부시 부통령의 대선 캠페인이 한창이던 시기였다. 두카키스는 상황 반전이 절실했다. 여름 내내 여론 조사에서 선두를 달리던 두카키스의 인기는 부시 캠페인이 매사추세츠주에서 두카키스의 진보적 기록을 부각시키자 무너졌다. 선선한 가을 어느 날, 두카키스는 자신의 이미지를 쇄신하기 위해 미시간에 있는 제너럴 다이내믹스[41](General Dynamics)를 방문했다.

'공작(Duke)'이라는 별명을 가진 두카키스는 우드로 윌슨이 이상적으

---

41 1954년 설립되고 미국 버지니아주에 본사를 둔 항공 우주 및 방위 산업 상장 기업이다. 무기 판매 기준 세계 5위 방산 업체로 2022년《포춘》지 선정 100대 기업에 선정되었다.

로 여겼던 '거대 정부' 전문가다. 하버드 법대를 졸업하고 6개 국어를 구사하며, 소문에 의하면, 스웨덴의 토지 이용 계획을 재미로 공부한 것으로 유명하다. 진보주의자들에게는 첫눈에 반할 조건들이다. 하지만 미국 국민은 '공작'을 차갑고 경직되고 로봇처럼 잘난 척하는 존재로 여겼다. 언론은 그를 '의문투성이'이자 '멋진 기술 관료(Technocrat)'라는 이중적 표현으로 묘사했다.

미국인들은 두카키스가 대통령이 되기에 너무 나약하고 우유부단한 사람이라고 생각했고, 그럴 만한 이유가 있었다. 주지사 시절 그는 범죄에 매우 관대했으며, 폭력적인 중범죄자들이 주말에 감옥에서 외출할 수 있도록 방임했다. 종신형을 선고받아야 할 살인범 윌리 호튼(Willie Horton)은 주말 외출 후 돌아오지 않고 한 여성을 강간하고 약혼자를 구타했다. 미국인들은 경악했고 두카키스에 대한 반감을 불러일으켰다. 그뿐이 아니다. 예를 들어, 두카키스는 '일단 미국 탓'을 내세우는 민주당이 그러하듯이, 학교에서 '충성 맹세[42](Pledge of Allegiance)'를 낭독하는 것에도 반대했다.

두카키스는 주요 국방 및 외교 정책 문제에서도 나을 것이 없었다. 그는 핵 동결 운동을 지지했고, B-1 폭격기를 비롯한 주요 무기 체계에 반대했으며, 레이건 행정부의 급격한 해군력 증강에 반대했고, 그레나다 해방과 리비아 보복 폭격에 반대했다. 이러한 약점은 냉전이 약화되던

---

42 미국에서 공식 의례 등을 거행할 때 성조기에 대하여 충성을 맹세할 때 쓰이는 문구로, 1892년 이래 4번 수정되었다. '나는 미합중국의 국기와, 만인의 자유와 정의가 함께하고 신(神) 아래 통일된 하나의 공화국에 대해 충성을 맹세합니다.(비공식 번역)'

시기에 큰 핸디캡으로 작용했다. 부시 캠페인은 국가 안보에 대한 이점을 강조했고, 두카키스 캠페인은 유약한 이미지에서 빨리 벗어나야 한다는 것을 알고 있었다.

그래서 기술 관료이자 먹물티를 물씬 풍기는 두카키스가 군복을 입고 대형 군용 차고에 들어간다. 장난꾸러기 꼬마 같던 그는 갑자기 68톤, 8피트 높이의 M1A1 에이브럼스(Abrams) 탱크에 올라 대형 탱크 지휘관용 헬멧을 쓴다.

사진 촬영을 위한 적절한 위치가 정해지자 두카키스의 명령에 따라 M1A1 탱크는 차고 밖으로 포효했다. 탱크가 등장하자 모인 기자단은 의도하지 않은 웃음을 터뜨렸다. 거대한 탱크의 열린 해치에서 주지사의 상반신이 튀어나왔고, 대통령이 될지 모를 사람이 1년 전에 인기를 끌었던 〈스타워즈〉의 패러디 영화인 〈스페이스볼(Spaceballs)〉의 다크 헬멧(Dark Helmet)처럼 보이는 거대한 헬멧을 쓰고 있었다(두카키스의 연출은 패러디가 아니었고 의도적인 것도 아니었다). 탱크가 연습 트랙을 돌자 그는 지휘관의 아우라를 풍기며 카메라를 향해 손을 치켜들었다.

두카키스는 강해 보이기는커녕, 그 어느 때보다 약해 보였다. 나약함에 대한 두카키스의 불안감은 대선 캠페인 역사상 최악의 실수 중 하나를 저지르게 만든 거다. 언론과 부시 캠프는 계속 그의 업적을 날카롭게 비판했다. 두카키스의 몰락은 계속되고, 두 달 후 부시는 공화당의 또 다른 선거 압승으로 40개 주에서 승리했다.

마이클 두카키스가 탱크를 타고 '선거 망각[43](Electoral Oblivion)'의 늪에 빠진 것은 웃길 일이지만, 국가 안보라는 약점이 정치적 빚이 될 수 있다는 것을 아는 민주당의 민낯 진실을 보여준 사례이다. 미국 국민은 미국을 사랑하고, 안전하고 강한 나라를 원하며, 군대를 존경한다. 추상적 이념보다 국익을 우선시하고 선출직 공직자에게도 같은 것을 기대한다. 이러한 모든 본능은 앞서 살펴본 것처럼 진보적인 사고방식과 다르다. 그 결과, 민주당 정치인들은 나약함을 넘어 편집증에 가까운 자의식을 가지고 있다. 이 사실은 빌 클린턴의 조소적인 격언인 "잘못된 강함이 올바른 약함을 이긴다."에 잘 드러나 있다. 이 조소는 민주당의 딜레마를 적나라하게 보여 주는데, 강하면서도 옳은 생각은 하지 못한다는 것이다.

냉전 시대의 선거 결과가 정치의 본질을 말한다. 냉전 전반기 (1948~1964년)에는 민주당이 5번의 대통령 선거 중 3번을 승리했다. 그러나 민주당이 베트남 전쟁뿐만 아니라 미국의 힘에 눈을 돌리자 1968년부터 1988년까지 6번의 선거 중 5번을 패배한다. 그중 4번은 역대급 압승이었다. 소련이 붕괴한 1992년에야 미국 국민은 다시 민주당 후보를 뽑아도 안전하다고 느꼈고, 60년 만에 군 복무를 하지 않은 사람이 대통령에 당선된 것은 우연이 아니다.

선거 유세장에서 웃길 일이 백악관에 오면 치명적이다. 민주당원들은 강경한 척 행동해야 한다는 강박 관념에 시달려 대개 재앙적인 결과를 초

---

43 정당이나 후보가 선거에서 압도적 열세로, 향후 정치적인 논의에서 대중에게 잊히거나 사라지는 상황을 의미한다.

래한다. 그들은 준비도, 이길 의지도 없는 어리석은 싸움에 말려들어 간다. 약해 보이는 것을 두려워하지만, 미국의 이익을 지키기 위해 힘을 행사하는 데는 불편해한다. 민주당 대통령들은 전쟁을 시작할 수는 있지만 전쟁에서 이길 수는 없으니 매번 땜빵식 미봉책을 꺼내 든다. 비극적이게도 대개 패배, 불명예, 미국인 사망이라는 동일한 결과로 귀결된다. 민주당이 강경한 척 행동한 사례는 슬프게도 많지만, 특히 피그스 만[44](Bay of Pigs), 베트남, 소말리아의 세 가지 사례는 그들이 강경한 척 행동할 때 어떤 일이 벌어지는지 그 위험성을 잘 보여 준다.

피그스 만, 우왕좌왕 케네디

피그스 만 작전은 민주당원들에게 잊고 싶은 재앙이자 배신이지만, 쿠바계 미국인과 반공주의자에게는 결코 잊을 수 없는 사건이다. 이 작전은 1960년 대선 캠페인과 집권 초기에 강인한 척 보이고 싶었던 존 케네디의 욕망과 위기 상황에서 실제로 강해지는 것에 대한 두려움 때문에 실패한 사례이다. 그 결과 케네디는 미국의 안보를 약화시키고 소련을 대담하게 만들었으며 쿠바인들을 60년 동안 공산주의 지옥으로 몰아넣는다.

케네디는 1960년 새롭고 강력한 민주당 후보로 선거에 나섰다. 제2차

---

44 1961년 미국이 당시 쿠바의 지도자인 푸티니호 바티스타의 독재 체제를 깨뜨리고 공산주의를 제거하려는 군사적 시도이다. 계획, 정보, 그리고 미국의 지원 모두 부족하거나 부적절해 실패로 끝났다. 이후 양국은 더욱 긴장과 대립 양상으로 전개되었다.

세계대전의 영웅 드와이트 아이젠하워가 1952년과 1956년 두 차례에 걸쳐 애들레이 스티븐슨(Adlai Stevenson)을 '나약한 인텔리(Egghead)'로 조롱하며 압승을 거둔 것을 목격한 케네디는 1960년 리처드 닉슨과 재대결에 대한 욕구가 전혀 없었다. 케네디는 아버지의 유산이라는 짐도 짊어지고 있었다. 아버지 조 케네디는 제2차 세계대전이 발발할 때 프랭클린 루스벨트의 영국 주재 대사를 역임한 바 있다. 그는 네빌 체임벌린(Neville Chamberlain)의 유화 정책을 지지하고, 영국에 대한 미국의 경제 및 군사 원조에 반대하며, 히틀러와의 비공식적인 만남을 거듭 모색했다. 전쟁 초기에 그는 이미 패배를 인정할 준비가 되어 있었다.

하지만 젊은 케네디는 전쟁 중 해군 중위로 훈장을 받은 이점이 있다. 케네디는 또한 아이젠하워와 닉슨이 소련과의 '미사일 갭(Missile Gap: 적국과 미사일 개발의 격차)'을 허용하고 피델 카스트로의 공산주의 반란에 쿠바를 잃게 한 것에 대해 비판함으로써 매파적 명성(Hawkish Reputation)을 쌓았다. 특히 쿠바에서 케네디는 냉전 시대의 투사 같은 이미지로 엉뚱한 나팔을 불어 댔다. 그는 "카스트로를 타도할 수 있는 궁극적인 희망을 쿠바 국내외 민주적 반카스트로 세력에서 보았다."며 "자유를 위한 이 투사들은 우리 정부로부터 사실상 아무런 지원도 받지 못했다."고 분노를 감추지 않았다.

1961년 1월 20일, 케네디는 냉전의 레토릭을 새로운 차원으로 끌어올린다. "우리는 자유의 생존과 성공을 보장하기 위해 어떤 대가건, 어떤 짐이건, 어떤 고난이건 받아들이고, 친구를 지원하고 적과 맞서겠다."고 약속한 것으로 유명하다. 잘 알려지진 않았지만 더 중요한 것은 라틴 아메리카에 "국민과 자유 정부가 악의 사슬에서 벗어나도록 돕겠다."는 '특별 서약'을 제안한 거다. 서약에는 구체적으로 "침략이나 정권 전복에 반대한다."는 내용을 담고 있다. 이 말로 쿠바 망명자들은 분명 희망에 흥분했지만 곧 헛된 것임이 증명된다.

케네디의 쿠바 자유를 위한 캠페인과 무관하게, 플로리다 해안에서 불과 90마일 떨어진 곳에서 공산주의의 위협은 계속 커지고 있었다. 쿠바는 멕시코만과 카리브해로 통하는 항로를 장악하고 있기 때문에 식민지 시대부터 미국의 정치가들은 쿠바가 적의 통제하에 놓일 것을 우려해 왔다. 현대 기술로도 이 섬은 난공불락의 항공 모함과 미사일 기지이다. 극좌파 카스트로는 쿠바를 소련의 전략적 궤도(Strategic Orbit) 안으로 구겨 넣고 공산주의 강경파로 둘러싸인 구중궁궐 속에 숨어서 소련 무기를 수입한다. 카스트로는 세계에서 가장 열정적인 반미 강경파 중 한 명으로 자리 잡음 하며 서반구의 안정에 확실한 위협이 된다. 간단히 말해 카스트로를 제거하는 것이 미국의 이익에 부합했다. 아이젠하워 행정부는 쿠바 반군의 침공을 지원할 계획을 세우기 시작했고 과테말라에서 쿠바 반체제 인사들을 훈련시키기 시작했다.

CIA는 취임 첫날 케네디에게 이 계획에 대해 브리핑했다. 계획은 카스트로의 공군을 파괴하기 위해 공습을 가한 후 쿠바 망명자들이 낮에 상륙하는 것이었다. CIA는 상륙군이 새롭게 들어선, 아직 취약한 카스트로 정권에 대항하여 진행 중인 게릴라전에 합류하여 대규모 혁명을 일으킬 수 있을 것으로 기대했다. 작전이 실패할 경우 반군들이 탈출하여 안전하게 게릴라에 합류할 수 있는 상륙 지점을 반란군의 심장부인

에스캄브레이 산맥(Escambray Mountains) 근처로 선정했다.

이 계획은 결함도 있었다. 처음부터 비밀리에 진행되었기 때문에 반군이 군사적 목표를 달성하는 데 사용할 수 있는 군사 지원의 성격과 양이 제한적이었다. 이 계획은 또한 기습이 중요한데, 작전을 둘러싼 언론의 추측이 만연했다. 케네디 대통령 취임 열흘 전 불길한 조짐이 보였다. 《뉴욕 타임스》에 '미국, 과테말라 비밀 공군 기지에서 반카스트로군 훈련 지원'이라는 헤드라인으로 기사가 실린 것이다. 합동 참모 본부도 "어쨌든 결국에는 성공하지 않겠냐."며 이 계획에 의구심을 표했다. 합참은 카스트로를 무너뜨리기 위해 더 강력한 군사 행동을 선호했다.

그러나 케네디는 정반대로 행동하며 계획을 더욱 약화시켰다. 그는 선거 유세와 취임식에서 강경한 발언을 한 것과는 달리 계획이 "군사 작전처럼 보인다."고 불평하며, 그의 절친한 친구이자 백악관 고문이 된 아서 슐레진저 주니어(Arthur Schlesinger Jr.) 하버드 교수의 말처럼 '새 행정부의 악의적 이미지로 고착화될 것'이라고 우려했다. 케네디의 요구에 따라 CIA는 상륙 지점을 전술적으로 안전한 위치에서 상륙정에 불리한 산호초와 80마일의 늪지대인 피그스 만 바히아 데 코치노스(Bahía de Cochinos) 인근 해변으로 옮긴다. 케네디는 또한 상륙 작전을 야간에 실시할 것을 주장하며 공습 계획을 최소화하거나 없애려 했다.

케네디의 신경질적인 땜질로 승리에 필요한 조건은 약화되었다. 이 계획의 성공 여부는 그곳 대중이 얼마나 반란에 참여하는지에 달려 있는데, 반란이 진행 중인 지역에서 멀리 떨어진 한적한 늪지대에 그것도 야간에 상륙하면 그럴 가능성은 거의 없어진다. 또한 유력 일간지 《유에스 뉴스 앤드 월드 리포트(U.S. News & World Reports)》가 '카스트로 전복을 위한 대규모 작전'이라는 헤드라인으로 기사를 쓰니, 그가 부인할수록 점점 더 어리석게 보일 뿐이었다. 전 세계가 케네디가 무슨 일을 꾸미고 있는지 알고 있었지만 그는 계속해서 작전의 전술적 계획을 방해했다. 여기서 물러서면 의회 공화당원들이 자신을 잔인하게 비난할까 두려웠다. 이런 두려움과 자신이 한 말 때문에 케네디는 쿠바에 강경한 척 행동해야 한다는 강박감을 느꼈지만, 그는 절반밖에 행동하지 않았다.

설상가상으로 케네디는 작전 상황이 악화되자 초조해졌다. 합동 참모 본부의 주장에 따라 케네디는 침공에 앞서 카스트로 공군에 대한 일련의 공습 계획을 처음에는 승인했다. 공습은 상륙 이틀 전과 침공 당일로 계획되어 있었다. 그러나 며칠 후 케네디는 겁을 먹고 CIA에 공습을 '최소화'하라고 명령한다. CIA는 첫 번째 공습을 위해 항공기 수를 절반으로 줄이고 케네디는 결국 나머지 공습을 취소한다. 카스트로의 공군을 파괴하기 위해 계획된 40회의 출격 중 케네디는 단 8회만 허용했다. 그의 국무 장관 딘 러스크(Dean Rusk)는 겁에 질린 전략 참모들에게 "정치적 고려가 작용했다."고 투덜거렸다. 케네디의 공습 취소에 불만을 품은 장군은 "망할 전쟁이 시작됐다!"라고 외쳤다. 케네디의 우유부단함이 이미 부적절하게 변질된 계획마저 망친 것이다.

작전이 전개되면서 상황은 더욱 악화되었다. 4월 17일 새벽, 2506여단의 자유의 전사들이 들쑥날쑥한 산호초를 헤치고 고국인 쿠바 땅에 침투했다. 워싱턴으로 돌아온 케네디는 여러 차례에 걸친 공중 엄호 요청을 거부하며 이들을 배신했다. 동이 트자, 카스트로의 공군은 해변을 공습하고, 유일한 항공기 두 대를 격추하고, 보급선을 폭격하는 등 반군을 초토화했다. 한 반군 지도자는 수평선에 있는 미 구축함에 무전으로 도움을 요청했지만, 미군 사령관은 "마음은 당신들과 함께하지만 도울 수 없다. 어떤 식으로든 교전하지 말라는 명령을 받았다."고 우물거렸다.

케네디에게 버림받은 2506여단은 카스트로의 공산군 총력전에 용감하게 맞섰다. 카스트로는 언론 보도와 제3국 첩보원 덕분에 10만 명의 반체제 인사 및 용의자를 단속하고 투옥했다. 3만 2천 명의 정규군과 30만 명의 민병대를 전투에 투입했다. 그럼에도 이 버림받은 여단은 "호랑이처럼 싸웠다."고 한 CIA 장교가 증언한다. 이들은 4시간 동안 2,000발에 달하는 포격을 견디고, 수차례의 탱크와 보병 공격을 격퇴했다. 이틀간의 격렬한 전투 끝에 수적으로 크게 열세였던 여단은 탄약이 부족하고 지쳐 미국의 지원이 절실했다. 여단장은 "제발 우리를 버리지 말아달라."고 간절히 호소하며 공중 지원을 간청했다.

하지만 케네디는 그들을 버리고 말았다. 해군 작전 사령관 알레이 버크(Arleigh Burke) 제독이 해변에 있는 반군에게 재보급을 위해 공군 수송기를 보내 달라고 촉구했을 때 케네디는 "더 이상 관여할 수 없어요."라고 애처롭게 중얼댔다. 제2차 세계대전과 한국 전쟁의 전설인 버크는 아직 미숙한 군 통수권자에게 매섭게 맞받아친다: "젠장, 대통령님, 우리는 이미 참전했고 이젠 숨을 곳이 없습니다." 참전은 했지만 승리에 전념하지 않았다.

후퇴 중에도 반군은 케네디의 무능함 때문에 고통을 겪었다. 그들은 아군 게릴라 부대와 합류하기 위해 험준한 산속 본부로 숨는 대신 케네디가 어리석게도 상륙 지점으로 선택한 지옥 같은 늪지대로 도망쳐야 했다. 며칠 후, 살아남은 천 명의 전사들은 그들 동료를 수없이 죽인 공산군에게 투항했다. 이들은 거의 2년 동안 잔인한 투옥과 재판, 그리고 경우에 따라 처형되었다. 살아남은 2506여단 대원들은 1962년 12월 말 마침내 풀려나고, 마이애미에서 영웅 대접을 받았다.

피델 카스트로는 피그스 만에서 반군이 패한 이유를 묻는 질문에 "공중 엄호 부족"이라고 간단히 대답했다. 그의 동생 라울은 한술 더 뜬다. "케네디가 흔들렸다. 그 순간 침공하기로 결정했다면 피의 바다에 우리는 모두 죽었을 것이다. 대신 그는 반군을 몰살시켰다. 다행히도 그는 흔들렸다. 케네디가 아닌 후임자였다면 전쟁에 개입해 혁명을 끝장냈을 것이다."

"그는 흔들렸다." 민주당이 강경한 척 행동할 때 어떤 일이 벌어지는지 아주 간결하게 요약한 말이다. 숙적을 맞닥뜨릴 때 더욱 치명적이 된다. 케네디는 2506여단의 용감한 전사들을 그 해변에 버렸고, 쿠바 국민을 수십 년 동안 공산주의의 불행에 빠뜨렸다.

케네디의 우유부단함은 곧 이 재앙을 기회로 삼은 적들을 대담하게 만들어 미국의 안전을 위태롭게 한다. 케네디는 나폴레옹의 유명한 격언인 "비엔나를 점령하려면 비엔나를 공격하라."를 무시한 거다. 카스트로는 직접적인 이득을 얻었다. 그는 잔인한 통치를 견고히 하면서 자신을 무기력한 거인을 물리친 위대한 혁명가로 치켜세웠다. 소련 총리 니키타 흐루시초프(Nikita Khrushchev)도 미국의 굴욕적 패배를 비웃으며 카스트로의 쿠바를 완전한 공산주의 진영 속으로 환영했다. 말이 나온 김에 비엔나를 말하자면, 사태가 터진 지 불과 6주 후 흐루시초프가 첫 정상 회담에서 케네디를 비난하고 굴욕을 안겨준 곳이 바로 비엔나였다. 케네디는 훗날 "그는 나를 지옥으로 몰아넣었다."며 "나를 야만적으로 대했다."고 회고했다. 흐루시초프는 케네디에 대해 "이 사람은 경험이 매우 부족하고 심지어 미성숙하다."고 평했다.

우리의 명예에 대한 모욕과 안보에 대한 위협은 계속되었다. 흐루시초프는 비엔나에서 케네디에게 굴욕을 준 지 불과 두 달 만에 베를린 장벽 건설을 명령했다. 케네디는 온유하게 버텼다. 그리고 1년도 채 지나지 않아 흐루시초프와 카스트로는 쿠바에 핵무기를 탑재할 수 있는 미사일을 배치하기로 비밀리에 합의했다. 1962년 10월의 쿠바 미사일 위기는 흔히 케네디의 위대한 승리로 묘사되지만, 실제로는 중대한 전략적 패배였다. 흐루시초프는 우리 해안에서 불과 90마일 떨어진 곳에 탄도 미사일과 폭격기를 배치하는 놀라운 도발로 위기를 예고했다. 그러나 케네디는 조작된 위기를 끝내기 위해 튀르키예에 배치된 핵미사일 철수, 쿠바 침공과 카스트로 축출을 하지 않겠다는 약속, 쿠바 내 모든 소련 비핵무기의 암묵적 수용이라는 세 가지 대규모 양보를 했다.

피그스 만 사태는 민주당이 강경한 척 행동할 때 어떤 일이 벌어지는지 보여 주는 전형적인 사례이다. 미봉책은 결국 아무것도 하지 않는 것보다 더 나쁘다. 케네디는 1960년 선거 운동 기간 동안 쿠바에 대해 강경한 태도를 취하고 싶지만, 이를 따르지 않을 경우 정치적 역풍을 두려워했다. 그와 주변의 진보주의자들은 동료 자유주의자들과 '국제 사회'가 어떻게 반응할지 부끄러워하며 쿠바에서 미국의 중요한 이익을 보호하기 위해 충분한 무력을 사용하지 않았다. 그 후 미국은 대가를 치렀다. 소련 러시아는 우리 뒷마당 쿠바를 거대한 무기 창고로 만들고, 카스트로는 라틴 아메리카 전역과 멀리 아프리카까지 소련을 도와 좌익 반란을 지원했다. 소련이 붕괴된 후에도 쿠바는 반미 운동과 반미 정부를 계속 지원했으며, 오늘날에도 마찬가지다.

민주당은 피그스 만 사건을 잊고 공산주의 쿠바와 화해를 원할지 모르지만 쿠바는 꿈쩍도 안 할 것이다. 쿠바에는 말도 안 되는 소리다. 버락 오바마 같은 진보적인 대통령이 일방적으로 양보하고 2016년처럼 아바나(Havana)를 방문해 동생 라울 카스트로와 함께 야구 경기를 관람할 때까지 기다리면 해결될 일이기 때문이다. 언젠가는 꼭 쿠바인들이 자유를 누리리라 믿지만, '케네디가 흔들린' 이후 쿠바인들이 겪은 고통에 대해 애도한다.

베트남: 민주주의의 비극

한 명이 아니라 두 명의 민주당 대통령이 베트남 전쟁을 미국 최악의 군사적 참사로 만들었다. 케네디는 베트남을 미국의 전쟁으로 변질시켰다. 매파와 비둘기 양쪽 모두의 사랑을 받고 싶었던 린든 존슨은 우리 군이 한 손은 뒤로 묶인 채 전쟁을 치르도록 강요했다. 그 결과 양쪽 모두 그를 미워하게 되었고, 수만 명의 미군이 정글과 논바닥에서 전사하고, 미국은 냉전 시대로 전략적 후퇴를 강요당했다.

케네디의 어리석음

케네디는 불안정한 동남아시아를 물려받았지만, 그의 어리석은 실수로 인해 상황이 악화되었다. 케네디는 전략적으로 중요한 이웃 국가였던 라오스를 공산주의자들에게 양도하고 남베트남을 통치하던 친미 독재자를 전복시켰다. 베트남 전쟁을 미국 전쟁으로 만들고, 결국 남베트남이 공산주의자들에게 함락되는 결과를 초래했다.

케네디가 취임할 당시 동남아시아는 15년 동안 폭력과 불안정으로 몸살을 앓고 있었다. 프랑스는 제2차 세계대전 중 베트남, 라오스, 캄보디아 등 프랑스령 인도차이나의 오랜 식민지에 대한 통제권을 상실했고, 전쟁 후 이를 되찾기 위해 공산주의 반란군과 싸웠다. 특히 베트남에서 프랑스는 무자비한 도살자이자 조셉 스탈린의 추종자였던 호치민(Ho Chi Minh)과 맞섰다. 소련과 공산주의 중국은 호 주석의 군대를 지원했다. 드와이트 아이젠하워의 미국은 1954년 프랑스가 최종 패배할 때까지 프랑스를 지원했다. 1년 전 한국과 마찬가지로 베트남도 호가 이끄는 공산주의 북베트남과 응오 딘 디엠(Ngo Dinh Diem)이 이끄는 미국 동맹 남베트남이 대치하고 있었다.

하지만 한국과 달리 베트남에서는 전투가 계속되었다. 러시아와 중국의 지속적인 지원으로 북베트남군은 남베트남과 직접 전쟁을 벌였고, 호치민 정부는 남베트남 전역의 공산주의 반군을 지원했다. 완벽하지는 않았지만 다른 어떤 대체 통치자보다 낫고 친미 성향이 강했던 강경한 통치자 디엠에게 아이젠하워는 미국의 지원을 지속했다. 디엠 정부는 북부에서 큰 진전을 이루지는 못했지만 미국의 지원으로 반군을 저지하고 남부에서 통치를 강화했다. 이러한 노력에 결정적인 역할을 한 디엠 정부는 북베트남과 그 동맹국이 남부에 대항하는 공산주의 반군을 무장하고 공급하는 데 사용했던 남북 베트남을 연결하는 물류 네트워크인 최초의 호치민 트레일[45](Ho Chi Minh Trail)을 파괴했다. 공산주의자들은 이웃 라오스에 새로운 호치민 트레일을 건설하기 시작했고, 아이젠하워 행정부는 라오스의 반공 정부를 지원하면서 이에 반대했다. 라오스에서의 대리전은 빠르게 확대되었고 케네디가 취임할 무렵에는 소련과의 전면전 직전까지 이르렀다.

피그스 만에서와 마찬가지로 케네디는 라오스에서 고심했다. 합동 참모 본부는 케네디가 개입하려면 6만 명이라는 압도적인 병력을 투입해야 한다고 제안했지만, 케네디가 감당할 수 있는 병력은 해병대 1만 명에 불과했고, 이는 겉보기에는 강해 보였지만 승산이 없는 총격전만 초래할 가능성이 컸다. 그러나 케네디는 아이젠하워가 동남아시아의 공산주의를 막는 '병 속의 코르크(Cork in the Bottle)'라고 불렀던 이 작은 국가에 휴전과 중립을 추구하며 진로를 바꿨다. 라오스 공산주의자들은 6주

---

45 베트남 북부에서 시작하여 라오스와 캄보디아를 거쳐 남베트남 국경 지역에 이르는 수백 킬로미터에 이르는 네트워크이다. 미군은 트레일의 파괴와 이용을 방해하기 위해 공격과 폭격을 시도했으나 결국 성공하지 못하였다.

후 북베트남군이 라오스 동부의 주요 지형을 점령하고 새로운 호치민 트레일을 건설한 후에야 휴전에 합의했다. 한 달 후, 재앙적인 비엔나 정상 회담에서 케네디와 흐루시초프는 휴전에 합의하는 한편 최종 정치적 합의는 국제회의로 미루기로 했다. 양측은 결국 라오스를 떠나기로 합의하지만 공산주의자들은 실제로는 떠나지 않고, 중립국이어야 할 라오스를 남베트남에 병력을 공급하는 데 계속 사용했다.

라오스에 대한 케네디의 실수는 베트남 전쟁에서 그가 저지른 첫 번째 중대한 실수이기도 하다. 그는 어리석게도 흐루시초프와 호, 그리고 라오스 공산주의자들의 보증을 믿고, 라오스 동쪽 절반에 대한 통제권을 사실상 그들에게 넘겨주었다. 바로 이 지역이 새로운 도로를 건설하는 데 필요한 지역으로 북베트남은 라오스에 머물며 도로 건설을 계속했다. 몇 년 동안 수천 명의 미군이 이 길을 따라 밀반입된 무기로 인해 부상당하고 사망하게 된다. 결과적으로 남베트남과 동남아시아를 더욱 불안정하게 만들었다.

피그스 만, 비엔나 정상 회담, 베를린 장벽, 라오스 등 잔인한 취임 첫해를 보낸 케네디는 "이제 우리의 힘을 신뢰하는 데 문제가 생겼고, 바로 베트남이 그 장소."라고 인정한다. 1962년 케네디는 병력을 3,000명에서 11,000명으로 늘렸다. 이 병력은 전투 역할이 아닌 남베트남군에 대한 조언자 역할을 주로 수행했다.

그러나 케네디는 곧 남베트남의 친미 통치자 디엠에 대한 쿠데타를 허용하는 두 번째, 훨씬 더 심각한 실수로 남베트남을 안정시키려는 우리 군의 노력을 약화시킨다. 1963년, 공산 게릴라에 대한 전투가 계속되는 가운데 디엠은 공산주의의 영향을 받은 불교 봉기와 맞닥뜨렸다. 디엠은 이에 대한 대응으로 반대파를 탄압했다. 불교 사제들은 항의의 표시로 몸에 불을 질렀고, 이 사진은 곧 미국 신문에 실려 미국인들을 경악하게 했다. 정부 내 디엠 비판론자들은 이 기회를 놓치지 않고 디엠의 축출을 종용한다.

그 비판자들 중 가장 대표적인 인물이자 쿠데타의 주요 지지자는 남베트남 주재 미국 대사 헨리 캐봇 롯지 주니어(Henry Cabot Lodge Jr.)였다. 케네디와 마찬가지로 매사추세츠 정치 왕조의 자손인 롯지 역시 1952년 케네디에게 패배할 때까지 상원 의원을 지냈다. 1960년에는 닉슨의 부통령 후보로 지명되기도 했다. 케네디가 오랜 라이벌에게 대사를 부탁한 이유는 베트남을 공산주의에 뺏앗길 경우를 대비해 공화당이 '커버'할 수 있기를 바랐기 때문이다. 롯지는 위기의 한가운데 베트남에 도착했다. 하지만 케네디는 롯지가 아니라 자신을 궁지로 몰아넣었다. 롯지가 국무부 관리들과 함께 디엠에 반대하는 입장이었기 때문에 케네디는 약해 보이지 않고는 쿠데타에 반대할 수 없었고, 심지어 소문대로 롯지가 내년에 대통령 선거에 출마할 경우 선거 운동에 문제가 될 수도 있다고 우려했다. 다시 한번 케네디는 흔들렸고, 대통령으로서 결정할 일이 아닌 것처럼 쿠데타를 '실망스럽다'고 할 뿐 머뭇거렸다.

정치적 이유로 강경하게 보이려는 케네디의 충동은 또다시 실패로 이어졌다. 케네디의 암묵적 승인을 받은 남베트남 장군들은 디엠을 대통령직에서 해임하고 처형했다. 2만 명도 안 되는 병력으로 공산주의 반군과 싸우고 있는 나라에서 케네디는 후계자도 없이 우호적인 정부의 참수를 묵인한 것이다. 디엠이 결점이 많은 동맹국 지도자임에는 틀림없지만, 그 후의 사건들이 증명하듯 그는 베트남에서 최고의 대항마였다. 쿠데타 이후 남베트남 정부는 혼란에 빠지고, 새로운 지도부는 디엠의 유능한 관료들을 숙청하고, 군부 세력들은 연이어 쿠데타를 일으키며 전쟁에 차질을 빚었다. 이후 2년 동안 북베트남이 주도권을 장악했다.

무엇보다도 케네디는 베트남 전쟁을 미국 전쟁으로 전환시켰다. 우리는 적은 비용으로 사이공에 친미적이고 반공적인 정부를 유지할 수 있었다. 하지만 어리석게도 디엠을 제거함으로써 진격하는 공산주의자들과 싸움에 대한 책임을 떠안게 되었다. 미국의 압도적인 힘만이 공산주의자들의 점령을 막을 수 있었다.

합동 참모 본부는 디엠 쿠데타를 '아시아의 피그스 만'이라고 적절하게 불렀다. 케네디는 디엠 쿠데타 3주 만에 암살자의 총탄에 맞아 비극적으로 사망했기 때문에 자신의 어리석음이 저지른 전모를 목격하지 못했다. 그의 후임자인 린든 존슨은 이 참사를 그대로 물려받게 된다.

존슨의 패배

존슨 대통령은 대물림된 혼란을 더 큰 유혈 분쟁으로 만들 뿐이었다. 5년 동안 그는 민주당이 강경한 척 말만 하고 실천하지 않을 때 어떤 일이 일어나는지 보여 주었다. 공산주의자들에게 남베트남을 잃을 경우의 정치적 결과는 두려웠지만, 전쟁에서 승리할 수 있는 충분한 무력을 사용할 수 없었다. 그 결과 존슨이 지휘하는 동안 3만 6,000명 이상의 미국인이 전사하는 교착 상태에 빠졌다.

존슨은 국가적 전쟁 교리에 따라 강경하지 않으면서도 강경한 척 행동해야 한다는 민주당의 정치적 당위성을 강조했다. 그는 중국 패망 후 공산주의에 유약하다는 비판을 받았던 해리 트루먼의 운명을 겪을 것을 두려워하며 "나는 미 대통령으로서 중국이 갔던 길을 동남아시아가 따라가는 것을 허용하지 않겠다."고 단언했다. 그는 매파적 냉전주의자들만 아니라, 소위 '흐느껴 우는 자매들'[46]과 평화협회'[47]들(Sob Sisters and Peace Societies)'을 두려워했다. 그리고 이들 모두를 달래기 위해 헛되이 노력했다. 존슨이 합참에 내린 북베트남 관련 지침은 '또 하나의 한국 작전이 시작되지 않을 수준으로, 그들을 약간만 화나게 만드는 것'이었다. 존슨은 정치적 비판을 막아 내는 동시에 전면전을 피하기 위해 강경한 모습을 보이길 원했다. 그는 패배를 두려워하는 만큼 승리도 두려워했다.

존슨은 저렴한 비용으로 강하게 행동하는 것처럼 보이려는 그의 정치적 욕망에 대한 지적인 정당성과 행정적인 지원을 위해 국방 장관 로버트 맥나마라(Robert McNamara)에게 도움을 청한다. 맥나마라는 제2차 세계대전 당시 육군 공군 통계관으로 근무한 후 포드 자동차의 CEO가 된 윌슨의 또 다른 이상적 테크노크라트였다. 맹목적 진보주의자였던 그는

---

46 미국의 20세기 초 주로 언론계 여성들이 국제 갈등이나 전쟁에 반대하고 평화를 추구하는 운동에 참여하는 것에 대한 낮은 수준의 비판이나 비웃음의 의미이다.

47 20세기 초기에 여러 국가에서 조직된 평화 운동 그룹들을 가리키는 용어이다.

과학적 관리와 컴퓨터 회계 프로그램이 투키디데스[48](Thucydides)나 조지 워싱턴 같은 장군들로부터 배운 전쟁의 오랜 교훈을 대체할 수 있다고 믿었다. 압도적인 힘과 속도와 같은 원칙 대신 '핀포인트 작전'과 '점진적 압력' 그리고 '측정된 대응'과 같은 원칙에 따라 전쟁을 수행하게 되었다.

이러한 개념은 케네디과 존슨, 두 대통령의 약점과 미봉책을 변명하기에 완벽했다. 나중에 도널드 트럼프의 국가 안보 보좌관을 역임한 H. R. 맥매스터(H. R. McMaster)는 젊은 육군 장교 시절 참전했던 베트남 전쟁에 대한 획기적인 역사서인 《직무유기(Dereliction of Duty)》를 집필한다. 그는 저서에서 맥나마라의 점진적 압박 이론에 대해 "전쟁은 적에게 자신의 의지를 강요하는 것이지 적과 소통하는 것이 아니다. 점진적으로 군사 행동을 강화하면 미국의 결연한 의지를 전달하여 적의 행동을 바꿀 수 있다는 건 헛된 망상이다."라고 지적한다. 그러나 존슨은 최소한의 무력과 자원으로 '결연한 의지'를 보여줄 수 있다는 철저한 정치적 계산이 있었다. 맥조지 번디(McGeorge Bundy) 국가 안보 보좌관은 이 정책이 성공할 확률이 25%에 불과하다는 점을 인정하면서도 "실패하더라도 그만한 가치가 있다. 우리가 할 수 있는 모든 것을 하지 않았다는 혐의는 벗을 수 있기 때문."이라고 주장했다. 강해 보이고 비판을 피하는 것이 중요하지 승리는 그다음이란 말이다.

군인들은 잘 알고 있듯이 이런 이론은 전쟁에서 승리하는 데 과거나

---

48 고대 그리스의 역사학자로 주요 작품인 〈펠로폰네소스 전쟁사〉는 아테네와 스파르타 간의 대결이 주제이다. 그는 전쟁의 잔혹성과 인간적 비극을 언급하며, 권력의 남용과 탐욕이 종종 전쟁과 혼란을 초래한다고 보았다.

지금이나 적합하지 않다. 합동 참모 본부는 맥나마라가 '사다리를 천천히 걸어 올라가면서' 적과 '소통'하겠다는 전략에 강력히 반대했고, 대신 '느닷없는 일격'을 가할 것을 촉구했다. 그러나 이 전략은 매번 좌절되었다. 존슨 행정부 초기의 워 게임은 맥나마라의 '점진적 압박' 전략이 고통스러운 패배로 귀결됨을 보여 주었다. 합동 참모 본부는 맥나마라에게 전쟁을 끝내든지 아니면 정글로 갈 것을 촉구했다. 관료적 재능이 뛰어난 맥나마라는 이러한 많은 결과와 비판을 미꾸라지처럼 피했다. 맥나마라의 한 거만한 보좌관은 노련한 제독에게 이렇게 말한다. "당신네 군인들은 항상 두 발로 뛰어들어 일을 끝내라고 배우지만, 이건 다른 종류의 전쟁입니다." 실제로 우리 군대는 전쟁에서 승리하는 데 익숙하지만 존슨과 맥나마라는 전쟁에서 지는 것만 피하고 싶었다.

하지만 전쟁에는 승리 아니면 패배뿐이다. 초강대국에게는 더욱 그러하다. 존슨은 자신이 잘못된 메시지를 '전달'할지도 모른다는 두려움 때문에 몇 번이고 군이 물러서도록 강요했다. 북베트남 통킹 만(Gulf of Tonkin)의 국제 수역에서 우리 군함이 공격당하고 남부의 게릴라에게 막사가 폭파당하고 미 공군 기지가 폭격당한 후에도 보복 공격을 축소했다. 그는 하노이 폭격, 북베트남 보급품의 대부분을 수송하는 중요한 항구인 하이퐁(Haiphong) 항구 기뢰 공격, 라오스 내 공산주의 수송로 파괴를 거부했다. 맥나마라는 심지어 러시아가 공급한 전투기와 지대공 미사일 기지가 있는 북베트남 비행장 폭격도 거부했다. 그러면서 그는 우리 조종사들을 분쟁 지역 영공으로 보내 위험에 처하게 했다.

폭격 작전을 개시하고 병력을 베트남으로 급파할 때도 존슨은 신중하고 사후 대응적인 태도를 유지했다. 그는 종종 적의 대규모 공격이 있은 후 또는 남베트남군이 붕괴 직전에 이를 때까지 기다렸다가 공격적인 작전을 승인했다. 놀랍게도 백악관이 공격 목표 결정을 사사건건 관여하며 시간을 끌어 미래의 잠재적 '메시지'를 위해 베트남군의 중요한 목표물을 파괴하지 않도록 일조했다. 도덕관념이 한치도 없는 호치민은 의심할 여지 없이 고마워했다. 존슨은 또한 1968년 대선 일주일 전 폭격 중단을 승인한다. 전략적 이유는 찾아보기 어렵고 단지 정치적 이유 때문이었다. 이 중단은 북베트남이 전열을 재정비하고 새로운 공격을 계획할 시간을 줄 뿐이었다.

존슨은 전쟁의 목표는 적의 의지와 저항 능력을 파괴하는 것이지, 정치적으로 강해 보이거나 적에게 '메시지를 전달하는 것'이 아니라는 점을 이해하지 못했다. 그래서 베트남전에서 실패했다. 1963년 16,000명에서 1968년 530,000명으로 대통령 재임 기간 동안 매년 병력을 늘리면서도, 그는 군대가 승리하기 위해 싸우는 것을 억제했다. 율리시즈 그랜트(Ulysses S. Grant)의 전쟁 방식은 불행히도 그들의 사전에는 존재하지 않는다. "전쟁의 기술은 매우 간단하다. 적을 찾아내서 가능한 한 빨리 강하게 자주 공격하고 그리고 계속 나아간다."

민주주의의 비극

베트남이 꼭 그렇게 될 일은 아니었다. 케네디가 라오스에서 공산주의자들에게 보급로를 제공하고 남베트남 정부를 참수하지 않았다면 미국은 매우 적은 비용으로 베트남에서 조기에 승리할 수 있었다. 존슨 대통령이 집권 초기에 북베트남에 압도적인 무력을 사용했다면 미국은 다소 높은 비용이 들더라도 조기에 승리할 수 있었다. 하지만 민주당은 단기적으로 강해 보이는 것에 만족하며 승리를 버렸다.

리처드 닉슨이 대통령이 되었을 때 우리 군은 마침내 묶인 손을 풀고 양손으로 싸울 수 있게 되었고 목표를 달성했다. 우리는 1968년 구정 대공세(Tet Offensive)에서 심각한 손실을 입은 남부의 공산 게릴라들을 상대로 우위를 점했고, 전투력으로써 그들을 본질적으로 파괴했다. 전장에서 더 큰 압박에 직면한 북베트남은 평화 협상을 시작했고, 1973년 초에 협상이 타결되었다. 이 모든 것이 전쟁의 베트남화 기간에 일어났으며, 1969년 475,000명이던 병력 수준은 1972년 24,000명으로 감소했다. 닉슨은 남베트남에 대한 개인적인 확언과 북에 대한 위협, 즉 북이 공격을 재개하면 미국이 돌아올 것이라는 위협을 통해 부분적으로 평화를 유지했다. 한동안 남측이 군사적으로 우위를 유지하는 듯 보였지만 워터게이트 사건으로 닉슨은 정치적으로 큰 타격을 입었고 좌파 민주당 의회는 남베트남에 대한 추가 군사 원조를 거부했다. 미국을 전쟁에 끌어들인 민주당으로부터 버림받은 사이공은 1975년 4월에 함락되었다.

베트남 전쟁이 비극인 이유는 우리가 참전해서가 아니라, 조기에 현명하고 강하게 맞붙지 않았기 때문이다. 로널드 레이건은 베트남 전쟁을 '고귀한 대의(Noble Cause)'라고 불렀다. 레이건은 옳았다. 베트남 전쟁은 고귀한 대의였으며 미국의 중요한 국가 안보 이익을 보호하기 위해 꼭 필요한 전쟁이었다.

첫째, 아이젠하워의 도미노 이론이 옳았다. 라오스와 캄보디아는 남베트남과 함께 공산주의자들에게 함락되었다. 이후 공산주의자들은 끔찍한 규모의 대량 학살을 자행했다. 싱가포르의 리콴유(Lee Kuan Yew)와 같은 정치가는 동남아시아의 다른 국가들이 공산주의에 함락되지 않은 주된 이유가 미국이 베트남에서 싸웠기 때문이라고 설명한다. 그러나 사이공에서의 미국의 굴욕은 1970년대 후반에 소련과 쿠바의 대리인들이 전 세계에서 대담하게 행동할 동기를 부여했다. 아프가니스탄, 앙골라, 니카라과, 그레나다 등에서 일어난 전쟁과 공산주의 혁명은 사이공을 도망치듯 떠난 미국 헬리콥터의 그림자 속에 어른거린다.

둘째, 베트남은 아시아에서 매우 중요한 전략적 영토이며 앞으로도 그럴 것이다. 이것은 단순한 지리적 사실이다. 남베트남은 남중국해와 세계에서 가장 중요한 두 수로인 말라카(Malacca) 해협 바로 위에 위치해 있다. 베트남은 필리핀, 말레이시아와 싱가포르, 인도네시아 등 동남아시아의 다른 국가와 호주로 통하는 관문으로 제2차 세계대전에서 일본이 베트남을 우선적으로 공격한 이유이다. 남베트남이 사실상 또 다른 현재의 발전된 한국, 즉 미국의 선박, 항공기, 병력을 쉽게 이용할 수 있는 역동적인 자본주의 경제라면 오늘날 중국과의 군사적 갈등이 얼마나 달라졌을지 상상해 보라.

민주당은 이러한 잠재적 · 전략적 이점을 비극적으로 낭비하고, 베트남 전쟁을 잘못 관리함으로써 전 세계 공산주의를 부추기며, 수백만 명을 공산주의 폭정의 어둠 속으로 몰아넣었다. 케네디와 존슨이 강해 보이려는 욕심 대신 승리를 위해 싸웠다면 이런 일은 일어나지 않았을지 모른다. 그것은 진정 비극이다.

소말리아: '종이호랑이' 민주당

정치적 이유로 강경한 척 행동하려는 본능은 냉전의 유물이 아니다. 민주당원들의 정신 깊숙이 자리 잡고 있다. 민주당원들은 한편으로는 우리의 중요한 이익보다 추상화된 원대한 계획을 추구하려는 진보적 본능과 다른 한편으로는 미국의 힘 행사에 대한 적대감 사이에서 자주 갈등을 겪는다. 이러한 일관성 없는 경향의 결과로 민주당은 우리 군대를 죽이고, 우리의 이익을 위태롭게 하고, 우리의 명예를 더럽힌다. 탈냉전 이후 최초의 대통령인 빌 클린턴은 1993년 소말리아 사태에서 정확히 그리했다.

1992년 말, 조지 H. W. 부시 대통령의 임기 마지막 날, 전쟁으로 폐허가 된 아프리카 소말리아에 기근이 발생하여 약 350,000명의 소말리아인이 사망했다. 군벌들은 지역 농업을 파괴하고 식량을 무기로 삼아 라이벌 부족을 굶겨 죽이면서 기근을 일으켰다. 무능한 유엔은 군벌들이 식량을 훔치는 것을 막지 못했고, 상황은 더욱 악화되었다. 유엔은 식량 수송 확보뿐만 아니라 군벌을 무장 해제 하기 위해 다시 한번 미국의 도움을 요청했다.

부시는 식량 지원 임무에는 동의했지만 광범위한 안보 임무는 현명하게 거부했다. 심지어 식량 지원 임무조차 그의 핵심 보좌관들 중 일부가 의문을 제기했다. CIA 국장이자 조지 W. 부시 대통령과 버락 오바마 대통령의 국방부 장관을 지낸 밥 게이츠는 기근이 자연재해가 아니라 내전으로 인한 것이라고 지적한다. 군벌들이 서로 계속 싸우는 한 식량 지원은 원인이 아닌 증상만 치료할 뿐이었다. 부시 행정부에서 미국이 소말리아 내전을 해결할 수 있다고 생각하거나 해결해야 한다고 생각하는 사람은 아무도 없었다.

어쨌든 부시는 엄격하게 정의되고 제한된 임무 수행을 위해 압도적인 무력 전략을 고집했다. 클린턴 대통령 당선인의 지원을 받아 그는 25,000명 이상의 병력을 모가디슈(Mogadishu)로 보냈다. 이러한 압도적인 힘에 직면한 군벌들은 한발 물러나 식량 원조가 모가디슈로 유입되도록 허용했다. 부시 대통령과 클린턴 대통령 시절 합참 의장을 지낸 콜린 파월 장군은 나중에 "몇 주 만에 우리는 시장의 경제를 뒤흔들 정도로 성공적이었다. 소말리아에 원조 식량이 너무 많이 쏟아져 들어와 농사로는 생계를 유지하기가 힘들어졌었다."고 회고했다.

클린턴은 성공적인 임무를 물려받았지만, 곧바로 최악의 자유주의적 충동에 따라 행동함으로써 임무를 망친다. 1993년 3월, 그는 평화 유지 작전의 책임을 무능한 유엔에 넘긴다. 그는 또한 압도적인 무력 사용을 꺼리는 민주당의 일반적인 관행을 반영하여 우리 병력을 4,000명으로 줄였다. 동시에 그는 내전을 종식시키고 소말리아를 구하기 위한 유엔의 대규모 확장 임무를 지원함으로써 진보적 환상에 허우적거리기 시작한다. 이건 병력 지원 규모와 관계없이 부시가 의도적으로 피했던 일이었다. 매들린 올브라이트 유엔 대사는 '국가 전체를 재건하는 것을 목표로 한 전례 없는 사업'이라고 찬사를 보냈다. 게이츠는 나중에 이 계획을 '허황된 꿈'이며 '절망적으로 비현실적'이라고 불렀다. 파월은 '14세기식 군벌들의 불화로 출발된 재앙에 해결책은 20세기식 민주주의 도입'이라는 좌파식 생각을 비웃었다.

현지 상황은 예상대로 빠르게 통제 불능 상태가 되었다. 소말리아 군벌과 부족들은 더 이상 미국의 축소된 병력을 두려워하지 않고 서로를 공격하고 유엔군을 공격하기 시작했다. 6월에는 한 강력한 군벌인 모하마드 파라 아이디드(Mohammad Farah Aydid)의 민병대가 파키스탄 유엔 평화 유지군 20여 명을 학살했다. 두 달 후, 아이디드의 군대는 한 번의 공격으로 미국인 4명을 살해하고 다른 공격에서 7명을 더 다치게 했다.

무모한 작전으로 미국인 사상자가 발생하자 클린턴은 대응해야 한다는 강박감을 느꼈지만, 전형적인 민주당 방식대로 미봉책에 의존했다. 그는 450명의 육군 수색대, 델타 포스 대원, 나이트 스토커(Night Stalker) 헬리콥터 대원을 배치했다. 이들의 임무는 아이디드를 생포하고 그의 지휘 체계를 파괴하는 것이었다. 이 병사들은 미국 최고의 군인들이지만 클린턴은 그 적은 병력에 너무 많은 것을 요구했다. 모가디슈는 수천 명의 아이디드의 동족과 광신적 지지자들을 포함해 100만 명 이상의 주민이 거주하는 인구 밀집 도시였고, 이들 중 일부는 알카에다 요원으로부터 우리 헬기를 격추하는 방법도 교육받았을 것이다. 책임 사령관은 이 작전으로 아이디드를 생포할 확률이 25%에 불과하다고 판단했다. 하지만 클린턴은 작전을 강행했다.

그 후 태스크 포스가 현지에 도착한 첫 달 동안 우려스러운 징후가 나타났다. 자존심 구겨지고 운도 안 따르는, 클린턴의 진보적 국방부 장관 레 아스핀(Les Aspin)은 미군을 안전하게 수송하고 필요한 경우 소말리아의 도로 차단을 뚫기 위해 미 에이브럼스 탱크 4대와 브래들리 장갑 차량 14대 요청을 '해맑은' 얼굴로 태평스레 거부했다. 이 요청은 모가디슈에 미군의 발자국을 최소화하고자 했던 클린턴의 최대주의자[49](Maximalist) 목표와는 상반되는 것이었다. 이제 상황은 재앙으로 치닫고 있었다.

1993년 10월 3~4일 밤에 벌어진 모가디슈 전투의 참혹함은 아무리 강조해도 지나치지 않다. 마크 보우덴(Mark Bowden)의 베스트셀러를 원작으로 한 강렬한 영화 〈블랙 호크 다운(Black Hawk Down)〉을 보면 미군 병사들의 놀라운 용기와 기술을 어느 정도 짐작할 수 있다. 제프 스트루에커(Jeff Struecker)는 당시의 활약으로 은성 훈장을 받은 젊은 수색대원이었다. 그는 "영화 〈블랙 호크 다운〉에 나오는 장면은 기본적으로 실제로 일어난 일입니다. 여러분이 얻을 수 있는 가장 정확한 정보입니다."라고 설명한다. 스트루에커는 모가디슈 이전과 이후에도 여러 차례 전투를 목격했다. 그는 그날 밤에 대해 "모가디슈같이 치열한 전투는 이제까지 없었다. 아니, 근처에도 못 온다." 2021년 퇴임식에서 스콧 밀러(Scott Miller) 장군에게 같은 말을 들었다. 특수 작전계의 전설이자 아프가니스탄의 마지막 사령관이었던 그는 당시 젊은 델타 대위였다. 그는 "지난 20년 동안 수많은 총격전을 목격했지만 모가디슈와 비슷한 전투는 없었다."고 회고한다.

---

49 클린턴의 정책, 리더십 스타일, 정치적 이념 등을 열렬하게 찬양하고 지지하는 사람들을 의미한다.

이 노련한 전사들에게 임무는 간단하다. 정보 요원이 도시 내부에 있는 아이디드 핵심 간부들을 찾아낸다. 수색대는 블랙 호크 헬기를 타고 목표 건물 주변 거리로 빠르게 이동하여 경계선을 구축하고, 델타 대원들은 리틀 버드(Little Bird) 헬기를 타고 옥상으로 날아가 건물을 확보한 후 목표물을 점령한다. 한편, 지상 호송대가 근처에 대기하여 병력과 수감자들을 미군 기지로 철수시킨다.

소말리아 폭도들과 적 민병대의 격렬한 사격에도 불구하고, 작전은 블랙 호크 한 대가 격추되고 다시 한 대가 격추되는 재난이 닥칠 때까지 대체로 계획대로 진행되었다. 수색대와 델타항공 요원들은 첫 번째 추락 지점을 확보하고 승무원들의 시신을 수습한다. 그러나 요원들이 두 번째 추락 지점에 도달하기 전에 이미 소말리아인들이 무더기로 기다리고 있었다. 전투의 치열함을 보여 주는 또 다른 사례로, 두 명의 델타항공 대원 게리 고든(Gary Gordon)과 랜디 슈하트(Randy Shughart)는 추락한 승무원을 구하기 위해 헬기로 두 번째 현장에 자원 진입 한 공로로 베트남과 아프가니스탄 사이에 유일하게 사후 명예 훈장을 받았다. 지상 호송대도 많은 사상자를 냈는데, 아스핀 장관이 거부했던 장갑차가 현장에 있었다면 상황은 달라졌을 것이다.

도시에 갇힌 태스크 포스는 위치를 공고히 하고 밤새 소말리아의 연이은 공격에 맞서 싸웠고, 영웅적인 헬리콥터 대원들이 상공에서 근접 공중 지원을 했다. 한편, 미군 지휘관들은 고립된 수색대와 델타 대원들을 대피시키기 위해 말레이시아와 파키스탄의 장갑차를 이용해 2차 호송대를 구성해야 했다. 그러나 긴장한 나머지 제대로 훈련받지 못한 말레이시아 운전사들이 너무 빨리 출발하는 바람에 여러 명의 미군이 현장에 남겨지고 말았다. 지친 상태에서 탄약도 거의 없는 이들은 모가디슈 마일(Mogadishu Mile)로 알려진 곳으로 도주했고, 해 뜰 무렵 격렬한 총격전을 뚫고 집결지에 도착했다.

미국인들은 모가디슈 거리로 끌려가는 미군 병사들의 비참한 시신 사진을 보고 충격을 받았다. 열여섯 살 소년이었던 내가 느꼈던 분노를 잘 기억한다. 며칠 후 클린턴이 소말리아에서 철군을 발표했을 때 분노는 더욱 커졌다. 지난 10개월 동안 우리 임무가 어떻게 확장되었는지 잘 알지 못했던 나는 단순히 우리 군의 죽음과 국가의 불명예에 복수하고 싶었다. 그만한 가치가 있는 임무이니 계속 진행하든지 아니면 애초에 파병하지 말았어야 했다. 모가디슈는 내 인생에 있어 중요한 전환점이었다.

나만 이런 감정을 느낀 게 아니었다. 나는 처음에는 군인으로서, 그리고 지금은 상원 의원으로서 모가디슈의 여러 베테랑들을 만날 수 있는 특권을 누렸다. 그들은 많은 공통점을 가지고 있다. 전투가 끝난 다음 날 모가디슈의 한 사령관이 클린턴에게 보낸 자필 편지에 이렇게 적었다: "임무는 성공적이었습니다. 표적들을 생포하여 현장에서 끄집어내었습니다." 이 전투에서 미국인 18명이 사망하고 73명이 부상당했지만, 아군은 아이디드의 부하들에게 훨씬 더 많은 상처를 입혔다. 심지어 보수적인 추산에 따르면, 적군 사망자는 500명, 부상자는 1,000명이 넘는다. 전투가 끝난 직후, 한 델타 대원은 소설가 보우덴의 표현대로 "미국 역사상 가장 일방적인 전투였다."고 인정한다. 부상당한 한 수색대원은 의료진의 동정 어린 눈빛에 "우리가 완전히 뭉기어 놨으니 그들이 오히려 불쌍하지요."라고 미소 지으며 화답했다.

이 영웅들은 클린턴보다 소말리아의 전략적 상황과 의미를 더 잘 이해한다. 일부에서는 부시가 식량 지원 임무조차 제대로 수행하지 않은 실수를 저질렀다고 생각하지만, 대부분의 사람들은 클린턴이 임무를 확대하지 말았어야 했다는 데 동의한다. 전투가 끝난 후에도 영웅들은 대부분은 남아서 아이디드를 생포하거나 사살하는 임무 완수를 희망했다. 그중 일부는 복수에 대한 고귀한 열망이지만 대부분은 전략적인 이유였다. 상황이 어려워진다고 해서 임무를 포기하지 않는다는 것을 전 세계에 보여 줘야 하며, 특히 적들이 미군의 시신을 모독하는 등의 잔혹 행위를 저지르면 어떤 일이 벌어지는지 가르쳐야 한다는 것이 이들의 생각이었다. 비극적이지만, 민주당이 강경한 척 행동할 때 어쩔 수 없이 마주치는 어려운 선택이다. 민주당은 우리의 중요한 이익에 부합하지도 손실을 줄이지도 않으며, 위험한 교훈은 회피하고 갈등만 확대하는 나쁜 선택을 한다.

클린턴은 꼬리를 내리고 도망치며 많은 태스크 포스 멤버들에게 충격을 주었다. 18명의 목숨이 그만한 가치가 있다면 임무를 계속 수행해야 했기 때문이다. 게다가 적들에게 위험한 교훈을 줄 수 있다는 민주당의 두려움은 증명되었다. 특히 오사마 빈 라덴은 수많은 파트와[50](Fatwas: 이슬람법적 의견서)에서 모가디슈를 반복해서 언급한다. 그는 "미군은 종이호랑이라 몇 방 때리자 도주했다."고 주장했다. 빈 라덴은 '미군'에 대해서

---

50 이슬람 법학자가 이슬람 법률에 준해서 종교적인 문제나 개인의 인간권, 도덕적인 문제 등 다양한 주제에 대한 의견과 판단을 내리는 것을 의미한다.

는 심하게 틀렸지만, 민주당 정치인들에 대해서는 슬프게도 옳았다. 미국이 '종이호랑이'라는 그의 믿음은 9/11 테러까지 미국을 반복적으로 공격할 수 있는 용기를 주었다.

클린턴은 나중에 "모가디슈 전투는 나를 괴롭혔다. 케네디 대통령이 피그스 만 이후 어떤 기분인지 알게 됐다."라고 말했다. 이번만큼은 클린턴의 말을 믿을 수 있을 것 같다. 나약한 민주당 전임자들이 그랬던 것처럼, 그는 위대하고 자랑스러운 국가에 굴욕과 수치심을 안겨 주는 것이 어떤 기분인지 정확히 알고 있었다.

케네디 자신을 포함한 민주당원들은 "자유의 생존과 성공을 보장하기 위해 어떤 대가건, 어떤 짐이건, 어떤 고난이건, 우방을 지원하고, 적과 싸우겠다."는 35대 대통령의 유명한 선언을 조롱한다. 대신 민주당은 미국을 방어하기 위해 최소한의 대가로, 최소한의 부담으로, 제한된 어려움만 겪을 것임을 여러 번 증명해 왔다. 그들은 정치적 목표를 달성하기 위해 어떤 우방도 배신하고 어떤 적도 회유한다. 민주당은 때때로 강경한 척 행동할지 모르지만 실제로는 결코 강경하지 않을 것이다. 민주당은 습관적으로 미국을 먼저 비난하고 미국의 힘을 부끄러워한다. 그들은 우리의 이익을 종속시키고, 우리의 주권을 외주화하며, 우리 군의 발목을 잡는 것을 희망한다. 민주당은 잘 해봤자 역부족이고, 최악의 경우 폐허 속에서도 놀랍게도 편안함을 느낀다.

버락 오바마와 조 바이든만큼 이 변함없는 진실을 적나라하게 보여 주는 사람도 없다.

Chapter 6

★ ★ ★

오바마의 사과

2008년 선거 운동 기간 동안 버락 오바마는 베를린을 방문하며 미국을 이끌고자 하는 사람치고는 이상하게도 자신을 '세계 시민'이라고 선언한다. 대통령이 된 후 오바마는 '사과 투어(Apology Tour)'로 알려진 여정을 다시 시작한다. 정말 '멋진' 여정이었다.

전 세계를 순회하는 세계 시민 대통령은 미국의 죄를 고백하고 용서를 구하며 속죄를 약속했다. 런던에서 오바마는 2008년 금융 위기의 책임을 미국 탓으로 돌리면서 "당시 나는 대통령도 아니었다."고 발뺌한다. 프랑스에서는 유럽인에 대한 미국의 '무시하고 심지어 조롱하는' 태도에 대해 사과했다. 많은 미국인들이 소중하게 여기는 미국적 예외주의[51](Exceptionalism) 개념을 경시했다. "영국인이 영국의 예외주의를 믿고 그리스인이 그리스의 예외주의를 믿는 것처럼 저도 미국의 예외주의를 믿습니다."라고 말한다. 싫으면 그냥 "부정한다."고 말하는 편이 좋았을 거다. 튀르키예에서 오바마는 "미국은 여전히 우리 역사에서 가장 어두운 시기를 겪고 있다…. 우리나라는 여전히 노예 제도와 사회 분리, 아메리카 원주민 처우라는 과거의 유산으로 어려움을 겪고 있다."라고 한탄한다.

카이로에서 오바마 대통령의 '새로운 시작' 연설은 자기혐오, 사과, 도덕적 동등성, 역사적 무지가 뒤죽박죽 섞인, 세계 시민으로서는 어울릴지 모르지만, 미국 대통령으로서는 말도 안 되는 언어로 그 절정 아니 바닥을 친다. 오바마는 '미국과 전 세계 무슬림 사이의 긴장'을 미국인을 학살했고 여전히 그러고 있는 무슬림 테러리스트가 아니라 '식민주의'와 '냉전'의 탓으로 돌렸다. 그는 9/11 사태가 '공포와 분노'를 불러일으켜 "우리의 이상에 반하는 행동을 하도록 만들었다."고 유감을 표한다. 오바마는 한때 미국이 이란의 쿠데타를 주도했다는 말도 안 되는 전제하에 미국에 대한 이란의 수십 년간 침략의 죄악을 최소화한다. 그는 중동 대부분 지역에서 종교의 자유와 여성의 권리가 보장되지 않는다고 부드럽게 질책하면서, 미국 내 낙태에 대한 납세자 자금 지원 제한이 종교적 소수자와 여성의 권리를 전면적으로 부정하는 것과 다르지 않은 것처럼 우리도 여전히 부족하다고 주장한다.

무엇보다도 오바마는 미국의 힘, 우월성, 리더십에 대한 개념 자체를

---

51 미국이 역사적 독창성, 국제 사회에서의 역할과 영향력, 정치적 이념과 가치와 문화에 있어서 예외적으로 독특하다는 이념이나 신념을 의미한다.

부정한다. "한 국가나 집단을 다른 국가나 집단보다 우위에 두는 세계 질서는 필연적으로 실패할 수밖에 없습니다."

나는 아프가니스탄의 지휘소에서 머리가 복잡해졌다. 새로 부임한 군 통수권자의 행동과 레토릭에 여러 번 얼굴을 찡그렸다. 하지만 그는 미국이 특별하지도 않고 여러 나라 중 한 나라에 불과한, 에이브러햄 링컨의 표현을 빌리자면 '지구상의 마지막 희망'이 아닌 국가 간 동등한 질서를 열망하고 있었다. 다른 병사들도 식당에서 식사를 하며 실망하고 있었다. 이것은 우리가 원했던 '새로운 시작'이 아니었기 때문이다.

버락 오바마는 우드로 윌슨 이후 대통령 중 가장 이데올로기에 투철한 사람이다. 그는 평생을 '일단 미국 탓' 정치에 매진했다. 그의 친구이자 초기 정치적 후원자 중에는 2장에서 만난 웨더맨 빌 에어스(Weathermen Bill Ayers)와 버나딘 도른(Bernardine Dohrn)이 있다. 오바마는 자신의 목사이자 결혼식 주례로 9/11 사태를 '인과응보(미국 속담 America's Chickens are Coming Home to Roost)'라고 빈정대며 "신의 축복이 아니라 빌어먹을 미국!"이라고 외쳤던 악명 높은 제레미아 라이트(Jeremiah Wright)를 불렀다. 2008년 아이오와 의원 총회(Caucus) 전 마지막 날, 오바마는 전 부통령 헨리 월러스(Henry Wallace)의 고향으로 가서 1944년 프랭클린 루스벨트가 그를 후보에서 떨어뜨릴 정도로 좌파에 가깝고 공산주의에 유화적인 진보의 아이콘인 월러스를 열렬히 추켜세웠다.

오바마를 순진한 허풍쟁이로 얕잡아 보면 절대 안 된다. 그는 처음부터 '일단 미국 탓' 정책을 반영하는 이념적 계획을 가지고 있었다. 주요 외교 정책 캠페인 연설에서 '전쟁에 반대한다면서 애초에 우리를 전쟁에 끌어들인 습관은 비난하지 않는 기존의 사고방식'을 비난한다. 그가 말한 습관이란 미국 특유의 힘, 특이성, 자신감 등이다. 그는 이 나쁜 '습관'을 단번에 극복할 계획을 세웠다. 대통령 재임 기간 동안 잘못된 계산과 정치적 현실에 굴복하기도 했지만, 8년 동안 꾸준히 미국의 힘과 리더십을 약화시키기 위해 노력했다.

오바마의 재임은 우리가 지금까지 보아온 좌파의 충동과 접근 방식, 즉 세계에서 미국의 특별한 역할 부정, 미국의 중요한 이익 무시, 적에 대한 동정, 주권 포기, 군의 공동화, 본능적 수동성(Passivity)과 미봉책이라는 논리적 결론이었다. 결과는 좋지 않았다. 이란과 쿠바의 악랄한 반미 정권은 보상을 받고 대담해진다. 오바마가 우호적인 정권을 무너뜨리고 적대적인 정권이 번성하는 동안 중동은 불길에 휩싸였다. 한편 미국이 잠자는 동안 중국과 러시아는 진격의 발판을 마련했다.

그러나 오해는 금물이다. 미국과 전 세계 동맹국들은 버락 오바마 외교 정책이 실패한 것으로 보고 있지만, 오바마는 미국의 뿔을 뽑고 '미국 우선이라는 세계 질서'를 끝낸 엄청난 성공으로 치부하고 있다.

오바마, 이데올로기 신봉자

오바마의 이데올로기적 접근의 가장 분명한 두 가지 사례는 쿠바와 이란이다. 두 정권 모두 미국에 뼛속까지 적대적이지만 오바마는 미국이 수십 년 동안 잘못을 저질렀다고 믿고 그들과의 새로운 외교적 개방을 통해 그 죄를 속죄하고자 한다. 그는 쿠바와 이란과 수년간 비밀리에 협상을 벌인 끝에 두 국가와 충격적일 정도로 일방적인 협상을 타결한다. 나는 왜 오바마가 더 강경한 협상을 추진하지 않는지, 왜 나와 같은 의회 비판자들을 협상에서 지렛대로 활용하지 않는지에 대한 질문을 자주 받는다. 대답은 간단하다. 더 유리한 협상이 목적이 아니라 쿠바와 이란에 대한 미국의 죄악을 씻고 미래를 위해 적들에게 힘을 실어 주고 싶기 때문이다.

쿠바

쿠바는 1959년 피델 카스트로가 정권을 장악한 이래 미국의 이익을 위협하고 라틴 아메리카를 불안정하게 만들었다. 그만큼 오랫동안 쿠바의 공산주의 혁명은 미국의 좌파들을 흥분시켰다. 1995년 하버드 캠퍼스에 도착했을 때 나는 베레모를 쓰고 지저분한 남자의 얼굴이 그려진 티셔츠를 입은 몇몇 학생들을 봤다. 아칸소주 농장에서 공산주의자 스타일은 큰 문제가 아니었기 때문에 별다른 생각을 하지 않았다. 하지만 곧 그가 잔인한 마르크스주의 혁명가이자 카스트로의 오른팔인 체 게바라(Che Guevara)라는 사실을 알게 되었다. 나는 이 인격 숭배에 혐오감을 느꼈다. 어떤 좌파 학생들도 히틀러, 스탈린, 폴 포트의 이미지가 새겨진 티셔츠를 입지 않는다. 하지만 게바라 티셔츠는 미국이 양당 대통령 아래서 55년 동안 비난했던 카스트로 정권의 극좌파에 대한 지속적인 매력을 말해 준다. 그리고 오바마가 등장했다.

5장에서 본 것처럼 카스트로는 처음부터 미국을 적대시했다. 카스트로는 모스크바로부터 군사·경제·정치적 지원을 받는 대가로 라틴 아메리카와 아프리카 전역에 공산주의 혁명을 조장하는 충격 부대(Shock Troops)를 제공하고, 섬나라 쿠바를 소련의 무기 창고로 만들었다. 그리고 오늘날 아바나의 공산주의 정권은 여전히 세계에서 가장 잔인한 경찰국가로 언론과 집회의 자유를 부정하고 정치범들을 고문하고 처형하거나 투옥한다.

미국은 반세기 넘게 이 섬에 대한 교역 금지 조치로 대응해 왔다. 금수 조치는 비판자들이 주장하는 것처럼 냉전의 유물이 아니다. 금수 조치를 규율하는 많은 법률은 냉전 종식 이후에 발효되었다. 금수 조치는 정권 교체나 정치적 자유화 등 여러 가지 명분을 내세우지만, 카스트로 정권에 대한 압력을 유지하고 더 큰 문제로 확산을 막는 데 효과가 있었다는 데는 의문의 여지가 없다. 비판에도 불구하고 오바마는 첫 임기 동안 대부분 금수 조치를 유지했는데, 이는 아마도 쿠바계 미국인이 대규모로 살고 있는 플로리다주에서 재선에 질 것을 우려한 때문이다.

오바마 2기 임기 초반에 카스트로 정권은 위기에 처했다. 1991년 소련의 후원자를 잃은 카스트로 정권은 1999년 사회주의자 우고 차베스(Hugo Chávez)가 석유 부국인 베네수엘라에서 정권을 잡고 카스트로를 지지하기 시작할 때까지 권력을 유지하기 위해 고군분투했다. 그러나 2013년 초 차베스가 사망하고 베네수엘라는 혼란에 빠지며 2014년 말에는 유가가 폭락했다. 오바마의 대응은 당연히 카스트로 정권에 살길을 열어 주는 것이었다.

오바마는 50년간의 초당파적 쿠바 정책을 뒤집기 위한 비밀 협상을 시작했다. 국무부 외교관이 아닌 백악관에서 가장 가까운 정치 보좌관 중 한 명에게 이 임무를 맡겼는데, 오바마가 이 협상에 얼마나 개인적·이념적 프리미엄을 덧씌웠는지 잘 드러내는 대목이다. 18개월 동안 오바마의 비선 조직 아마추어 팀은 카스트로의 트레이드마크인 미국에 대한 폭언을 참아 내고, 우리가 저지른 죄에 대해 사과하고, 카스트로 정권이 마침내 항복을 받아들일 때까지 양보했다. 그러나 오바마 자신도 라울 카스트로와 45분 동안의 통화에서 소리 한번 지를 수 없었다. 50여 년 만에 처음으로 쿠바 독재자와 실질적인 협상을 이끌어 내려면 이 정도는 참으며 고분고분해야 했을지 모른다.

2014년 12월, 오바마는 쿠바에 대한 미국의 초당적 합의를 거부함으로써 전 세계에 충격을 주었다. 그는 쿠바와의 '복잡한 역사'와 양국 사이에 '이념적·경제적 장벽이 굳어진 것'을 후회하며 마치 이 장벽이 어쩌다 발생하였고 양국에 모두 책임이 있는 양 말한다. 도덕적 동등성 혹은 양비론이다. 이어서 '낡은 접근 방식'이라 조롱하며 "쿠바에 대한 경제 제재에 어느 나라도 동참하지 않는다."며 그것이 미 국익만을 위한 것처럼 둘러댔다.

더 나쁜 것은 오바마의 협상이 너무 일방적이라, 3장에서 본 파나마 운하 조약처럼, 미국이 쿠바에 패전했다는 인식조차 든다는 것이다. 카스트로 정권은 부당한 끼워넣기식 포로 교환을 제외하고는 전혀 양보하지 않았다. 오바마는 우리의 쿠바 정책에 지쳐 포기한 것이다. 그는 외교 관계를 복원하고 아바나에 대사관을 개설하고, 쿠바를 테러 지원국 명단에서 삭제하고, 쿠바와의 무역·상업·여행의 길을 더 많이 열겠다고 약속한다. 오바마는 대가로 쿠바로부터 정치 개혁, 쿠바 국민의 권리 존중, 라틴 아메리카 전역의 정치 전복 활동 중단 중 어느 하나도 얻지 못했다. 사실 그가 의회에 요구한 것은 금수 조치 폐지뿐이었다.

오바마는 대통령 임기 마지막 2년 동안 쿠바에 대한 사과를 계속한다. 그는 2015년 파나마에서 라울 카스트로를 만나 "냉전은 오래전에 끝났다. 그 논쟁은 내가 태어나기 전 일이다."라고 말하며 마치 쿠바가 냉전 이후 행동이 바뀌거나 오바마가 태어났을 때 역사가 새롭게 시작된 것처럼 언급한다. 1년 후, 오바마는 캘빈 쿨리지(Calvin Coolidge) 이후 쿠바를 방문한 최초의 대통령이 된다. 그는 "아메리카 대륙에 남은 냉전의 마지막 잔재를 묻기 위해 이곳에 왔다."고 선언했다. 그러나 냉전의 공산주의 열기는 카스트로 정권 내부에 여전히 살아 있고, 카스트로 정권은 베네수엘라에 대한 치명적인 지원만 늘렸다. 오바마는 "쿠바 국민에게 우정의 손길을 내밀고 싶다."고 했지만, 그 사이에도 카스트로 정권은 강경한 국민 탄압만 지속했다.

오바마는 라울과 함께 야구 경기를 보며 웃고 있는 모습을 역사에 남기고 싶었던 거다. 하지만 나는 더 잘 어울리는 두 가지 이미지를 기억한다. 하나는 오바마가 아바나의 '혁명 광장(Revolutionary Square)'에서 열린 기념식에 참석했을 때 하버드에서 본 티셔츠에 찍힌 체 게바라의 거대한 벽화 배경이다. 두 번째는 라울 카스트로가 우정의 표시로 오바마의 팔을 들어 올릴 때 오바마가 팔을 꺾으며 소극적으로 거부했던 장면이다. 카스트로는 오바마의 손목을 낚아채며 미국에 굴욕적인 장면을 연출했다.

이 란

쿠바 핵 협상에 비해 오바마와 이란의 핵 협상은 최악이었다. 1979년 이란에서 이슬람 혁명이 성공한 이후 이란은 미국인들을 위협하고, 납치하고, 고문하고, 살해하고, 테러를 자행해 왔다. 수십 년 동안 시아파[52] 고위 성직자와 추종자들은 "미국을 죽여라."를 외쳤다. 어느 순간에도 좌파 자유주의자는 그들을 믿어야 했다. 오바마도 믿었지만, 그건 관심 밖이었다. 그는 이란에 대한 미국의 공격을 정당화하기 위해 이란과 대타협을 이루기를 원했다. 협상이 이란에 핵폭탄의 길을 열어 주고, 수십억 달러의 현금을 주고, 테러리스트의 침략을 부추기더라도, 그것은 오바마의 이념적 목표를 달성하고 중동의 세력 균형을 이란에 유리하게 재조정하기에 당연히 들여야 할 비용일 뿐이었다.

이란은 오바마가 취임할 때 가장 시급한 외교 정책 과제였다. 2002년부터 이란의 비밀 핵 프로그램에 대한 구체적인 정황이 드러나기 시작했다. 부시 행정부는 제재 및 기타 조치로 이란을 압박하기 위해 강력한

52　이라크, 이란, 바레인, 아제르바이잔 등에서 주로 발견되는 시아파는 수니파와 함께 이슬람의 대표적인 분파이다. 그들은 이슬람 세계에서 종교뿐 아니라 정치적인 영향력을 행사한다.

국제 연합을 구성하지만 시아파들은 물러서지 않았다. 그 사이 이란은 이라크에서 미군을 죽이고 있었다. 결국 이란은 이라크에서 600명 이상의 미국인을 살해한다. 이란이 사용한 무기 중 하나는 폭발형 관통탄(Explosively Formed Penetrator, EFP)으로, 거의 모든 미군 차량의 장갑을 뚫을 수 있는 위험한 노변 폭탄이다. 소대장이었던 나는 2006년에 두 명의 신병에게 지금까지 우리를 보호해 준 장갑을 믿으라고 강변했다. 젊은 병사 중 한 명이 "하지만 EFP는 어쩌죠?"라고 묻는다. 나는 잠시 그들의 불안한 표정을 살폈다. "오늘이 그날이 아니길 바라자." 그게 내가 할 수 있는 대답의 전부였다.

하지만 오바마는 이란을 도전으로 보지 않고, 오히려 미국의 과거 죄를 속죄할 기회로 여겼다. 그는 1953년 모하마드 모사데그(Mohammad Mossadegh) 이란 총리의 정부 붕괴를 항상 미국 탓이라고 비난했다. 오바마는 우리가 이란 민주주의의 시작 단계에서 악의적으로 목을 졸랐다고 확신하는 듯하다. 그는 2006년 선거 공약집에서도, 카이로 연설에서도 그렇게 쓰고 말했다. 2013년 핵 외교가 공개되자 유엔에서도 이 말을 반복했다. 최근 회고록에서 그는 이 에피소드를 냉전 기간 동안 미국의 반공 정책을 비난하는 데 사용한다. 오바마는 미국이 이란에 잘못을 저질렀다는 깊은 신념을 가지고 있다.

문제는 그것이 완전히 틀렸다는 것이다. 모사데그는 민주주의자가 아니었고 미국은 대부분 영국과 이란 사이에서 정직한 브로커 역할을 하려고 노력했다. 인기 없는 모사데그가 정적들을 탄압하고 공산주의자들이 힘을 얻자 아이젠하워 행정부는 실제로 이란 국왕 샤(Shah)에게 모사데그를 제거하라고 권유했고, 샤는 그럴 법적 권리를 갖고 있었다. 모사데그는 퇴진을 거부했고, 이란 군부와 성직자들은 모사데그에 대항했다. 오히려 모사데그가 권좌에 집착하여 쿠데타를 일으켰고, 그의 제거는 CIA가 아니라 무슬림 추종자 물라[53](Mullahs)에게 책임이 있다. 오바마와 진보 좌파가 주장하는 미국이 사주한 '쿠데타'라는 조작은 미국을 비난하기 위해 만든 좌파의 못된 동화에 불과하다. 게다가 좌파들은 그 후 25년 동안 친미적인 샤를 지원한 미국을 비난한다.

이란에 대한 '일단 미국 탓' 시각은 선거 운동 기간과 취임 초기의 오바마 대통령의 행보를 설명한다. 2008년 선거 유세 기간 동안 그는 전제 조건 없이 시아파 지도자를 만나겠다고 제안한다. 이에 대한 보답으로 이란의 극단주의자 대통령 마흐무드 아마디네자드(Mahmoud Ahmadinejad)는 1979년 혁명 이후 당선자에게 보내는 최초의 축하 편지를 오바마에게 보낸다. 시아파 지도자는 자기 눈높이 상대를 한눈에 알아본 것 같다. 오바마가 취임한 후 상황은 더욱 악화되었다. 시아파들에게 미국의 우정에 대한 '손 내밀기'에 대한 보답으로 "주먹을 풀라."고 요청했다. 그는 이란의 최고 지도자에게 보낸 비밀 서한에서 이러한 협력 정신을 되풀이했고, 이란 최고 지도자는 1953년 '쿠데타'와 샤에 대한 맹렬한 비난으로 답장을 보냈다. 그와 오바마는 삐뚤어진 역사책의 같은 페이지를 읽고 있는 것이 분명하다.

그러나 오바마는 이에 굴하지 않고 테헤란과 화해를 계속했다. 2009년

---

53 종교 교육을 받고 이슬람 법률 및 신학에 대한 지식을 갖춘 지도자로, 교회나 모스크에서 이슬람교도들을 지도하고, 종교적인 문제를 판단하며, 종교 교리를 가르치는 역할을 한다.

6월, 조작된 대통령 선거는 이란에서 혁명 이후 최대 규모의 시위 운동을 촉발시켰다. 살인 정권을 적대시하는 것이 두려웠던 오바마는 중요한 초기에 시위대에 대한 지원을 거부하고 침묵을 지켰다. 무적의 적 정권을 약화시키려는 우리의 중대한 이해관계가 이란 국민의 열망과 일치하는 순간에 '세계 시민'을 자처한 대통령께서는 아무것도 하지 않았다.

3개월 후, 우리 정보기관은 이란의 또 다른 비밀 지하 핵 시설을 발견한다. 시아파들은 이 시설을 인정하며 오바마의 최근 외교적 간청에 동의하는 듯하다가 다음 날 입장을 번복하며 오바마를 굴욕한다. 밥 게이츠 국방부 장관은 나중에 "9개월 동안 '손을 내밀었지만' 아무런 진전이 없었다."고 비꼬았다.

이 시점에서 오바마는 유럽 동맹국들과 일부 민주당 의원들을 포함한 의회 의원들이 이란에 대한 더 강력한, 그러나 일정 수준까지만, 제재를 요구했다. 그는 유엔에서 초안이 작성되거나 행정 명령으로 부과된 제재를 물타기 했다. 오바마 행정부는 의회에서 새로운 제재법을 약화 혹은 저지하기 위해 막후에서 습관적으로 노력했다. 의회가 거부권을 행사할 수 없는 압도적인 다수로 반대했을 때만 포기했다. 그럴 때면, 강력한 제재가 본인의 공로인 것처럼 행세했다.

그러면서, 오바마는 이란과 비밀 협상을 진행했다. 2011년 당시 상원 의원이자 나중에 오바마 국무 장관이었던 존 케리는 오바마의 허락을 받고 오만(Oman)을 방문하여 술탄을 만나고 오만이 비밀 회담을 주최할 가능성을 타진했다. 또한 오만의 술탄을 통해 이란의 핵 프로그램에 대한 미국의 반대가 완화될 수 있음을 암시하는 메시지를 이란 측에 전달했다. 오바마 대통령은 직접 술탄에게 두 번이나 전화를 걸었다. 물론 이러한 제의는 시아파에게 제재는 제재일 뿐이고 오바마가 쿠바에 그랬던 것처럼 궁극적으로 그들에게 구명줄을 던진다는 암시였다.

오만 채널은 이란에 대한 오바마의 이념적 야망의 결정체였다. 2012년 여름, 당시 국무부 수석 보좌관이자 나중에 조 바이든의 국가 안보 보좌관이었던 제이크 설리번(Jake Sullivan)이 주도한 직접 회담이 시작된다. 오바마 재선 직후 더 많은 회담이 이어졌고, 2013년 6월 '온건파'로 알려진 하산 로하니(Hassan Rouhani)가 이란 대통령 선거에서 승리한 이후에는 더욱 가속화되었다. 오바마의 핵 협상에 대한 '공식적인' 이야기에서 로하니의 승리는 전환점이었다. 그러나 이란의 대통령은 허수아비에 불과하며 시아파 최고 지도자(Supreme Leader)가 정권의 실세였다. 오바마는 이 현실을 잘 알고 있었다. 하지만 나는 그들이 로하니의 당선을 인용하는 것은 정말 중요한 선거 때문이라고 생각한다. 바로 오바마의 재선이다. 쿠바 상황처럼, 무사히 재선되면 정치적 제약 없이 오바마는 원대한 계획을 추진할 수 있었다. 실제로 설리번이 오만에서 비밀 회동을 가지기 불과 몇 달 전, 오바마는 러시아 대통령 드미트리 메드베데프(Dmitry Medvedev)에게 대선 이후 '더 많은 유연성을 가질 것'이라고 말하는 장면이 마이크에 포착되었다. 설리번이 이란 측에도 비슷한 메시지를 전달했는지 궁금하지 않을 수 없다.

어쨌든 2013년에 협상이 가열되고 오바마 팀은 많은 세부 사항을 타결하지만 의회, 이스라엘, 아랍 동맹국, 심지어 유럽 협상 파트너조차 여전히 어둠 속에 숨겨진 사실들을 모르고 있었다. 2013년 9월 유엔에서 존 케리는 이란 혁명 이후 이란 외무 장관을 만난 최초의 국무 장관이 되었고, 오바마는 이란 대통령과 전화 통화를 한 최초의 대통령이 되었다. 그러고 나서야 오바마는 비밀 회담을 공개했다. 두 달 만에 핵 협상을 늦추고 강화하려는 프랑스의 노력에도 불구하고 잠정 핵 협상이 타결되었다. 아! 불쌍한 프랑스. 대부분의 미국 대통령은 프랑스보다 약해 보이는 것을 두려워하지만 오바마 입장에서는 모든 것이 계획대로 진행되고 있었다. 중간 합의는 이란에 안도감을 주었고, 케리가 오만에서 제안한 대로 미국의 오랜 입장과 기존의 유엔 결의안과는 달리 이란의 우라늄 농축 권리를 인정했다.

2015년 7월에 타결된 이란과의 최종 핵 합의는 더욱 악화되었다. 오바마 대통령은 '핵 프로그램 종결'을 약속했지만, 이란의 우라늄 농축 및 기타 핵 활동에 대한 일시적인 제한과 비용만 부과한 채 이란을 핵폭탄 개발의 길로 내몰았다. 이 합의는 이란의 탄도 미사일 프로그램을 다루지 않았고 탱크와 같은 재래식 무기에 대한 금수 조치도 해제했다. 이란은 이 협상을 통해 수십억 달러에 달하는 제재 완화를 받고, 이를 이라크, 시리아, 레바논, 예멘의 테러리스트와 프락시[54](proxy: 대리인)를 지원하는 데 사용했다. 오바마 대통령 임기 마지막 해에 이란은 자신들의 행동을 수정하기는커녕 더 힘을 얻고 대담해지며 미국인 인질 4명을 석방하는 대가로 4억 달러의 현금을 요구하고, 미국 선원들을 부당하게 억류하기도 했다. 민주당 대통령들이 늘 그랬듯이, 적에게 모든 것을 줬지만

---

54 이란 정부나 이란을 지지하는 지역적 또는 국제적 단체로 이란의 정치적·군사적·경제적 이익을 위해 활동한다. 헤즈볼라와 팔레스타인 이슬람주의 전선 등이 대표적이다.

우리는 본질적으로 아무것도 얻지 못했다.

오바마 대통령은 이번 사태에 놀라거나 실망했을까? 천만의 말씀이다. 어차피 그는 이란의 침략에 맞서는 데 큰 관심을 보이지 않았기 때문이다. 그의 유일한 우선순위는 화해를 통해 이란에 대한 미국의 죄를 속죄하고 미국의 전통적 동맹국인 이스라엘과 아랍 국가들에 대항하여 이란에 힘을 실어 주어 중동에서 미국의 후퇴를 이끌 수 있을 것이라고 생각했다.

밥 게이츠는 "2009년이 되자 이란은 일종의 국가 안보 블랙홀이 되어 다른 모든 이슈를 끌어당기는 중력을 발휘했다."라고 상황을 잘 설명해 주고 있다. 시아파가 시위대를 학살하는 동안 오바마는 왜 소극적으로 방관했을까? CIA 국장, 국무 장관, 국방 장관, 합참 의장 등이 지지한 시리아 반군 무장 계획을 거부한 이유는 무엇일까? 시리아의 화학 무기 사용에 대한 자신의 '레드 라인'을 집행하지 않은 이유는 무엇일까? 왜 이스라엘, 아랍 동맹국, 유로존 협상 파트너들을 소외시킬까? 중국과 러시아를 12가지 다른 방식으로 달래는 이유는 무엇일까? 매번 그 해답의 큰 부분은 이란이다.

아랍의 봄, 미국의 겨울

2011년 초, 대규모 시위가 튀니지 정부를 무너뜨렸고, 북아프리카와 중동 전역에서 유사한 시위를 촉발했다. 이른바 '아랍의 봄'은 억압적인 정부에 대한 정당한 불만의 표출이고, 일부 국가에서는 오랜 기간 미뤄졌던 구조적 개혁을 이끌어 냈다. 안타깝게도 또 다른 일반적인 결과는 혼란, 무질서, 폭력으로 이슬람 극단주의자들을 부추기고 미국의 이익을 위협하는 것이었다. 특히 가장 크고 치명적인 봉기가 발생한 세 나라에서 오바마의 반응은 매우 부적절했다. 이집트, 리비아 그리고 시리아.

그러나 그의 '일단 미국 탓' 본능은 오히려 더 깊은 일관성을 드러낸다. 이집트와 리비아의 친미 정부를 무너뜨리며, 시리아의 반미 친이란 정권을 옹호한다. 그 결과 중동은 폭력으로 분출했고, 오늘날까지 이 지역에서 미국의 국익에 해를 끼치고 있다.

이집트

2011년까지 호스니 무바라크(Hosni Mubarak) 장군은 거의 30년 동안 이집트의 군사 정권을 이끌었다. 무바라크는 미국의 핵심 동맹국이자 이 지역의 평화와 안정을 위한 이스라엘의 파트너였다. 무바라크가 권위주의적이고 억압적이었던 것은 의심할 여지가 없지만, 그는 미국의 이익을 대부분 지지하고 아랍 세계에서 가장 큰 국가이자 문화의 중심지인 이집트를 이끌었다. 4명의 전임 대통령들이 무바라크 혹은 그의 전임자들과 협력해 왔다. 게다가 이집트 군부는 알카에다의 이데올로기적 전신인 무슬림형제단[55](Muslim Brotherhood)에 대한 유일한 통치 대안일 가능성이 높았다.

하지만 오바마는 수십 년 동안 이어져 온 파트너십을 단 며칠 만에 깨 뜨렸다. 그는 무바라크에게 다른 아랍 국가에서 성공한 접근 방식인 정 치 및 경제 개혁을 통해 시위대의 우려를 해결할 기회를 주지 않았다. 대신 특사를 파견하여 무바라크에게 질서 있는 권력 이양을 계획하라 고 지시했다. 대규모 시위와 미국의 지지 상실에 직면한 무바라크는 헌 법을 개정하고 몇 달 후 임기가 만료되면 퇴진하고 야당과 대화를 시작 하겠다고 발표했다. 그러나 오바마는 "역사의 올바른 편에 서라."는 젊 은 윌슨주의(Wilsonian) 보좌관들의 끊임없는 잔소리를 들으며 목표를 수 정했다. 게이츠의 말처럼, '원로 국가 안보 보좌관들의 만장일치 조언'을 무시하고 오바마는 무바라크에게 전화를 걸어 '지금 당장' 사임하라고 했고 이를 공개적으로 발표했다. 무바라크는 처음에는 저항했지만 며칠 후 그가 떠날 때까지 시위 세력은 더욱 커졌다. 군부는 그해 말 선거가 치러질 때까지 임시 정부를 수립했다. 오바마는 연설에서 "역사의 수레 바퀴가 눈부신 속도로 돌아갔다."고 축하했다.

하지만 게이츠와 다른 많은 사람들이 예측했듯이 이집트 사태는 통제 불능의 상황으로 치달았고 미국에 유리한 상황은 아니었다. 불안에 떠 는 중동 지역의 동맹국들은 미국이 다음에는 자신들을 버리지 않을까 걱정했다. 유일한 조직 정당인 무슬림형제단은 의회 선거에서 거의 절 반의 의석을 차지했다. 또 다른 이슬람 정당은 4분의 1석을 차지했다. 무슬림형제단은 대통령 후보를 내지 않겠다는 약속을 어기고 2012년

---

55 1928년 이집트에서 창설된 이슬람 정치 및 사회 운동으로, 이슬람교도들을 단결시키고 이 슬람 법률과 신앙을 복원하여 정치적·사회적 영향력을 확대하는 목표를 갖고 있다. 정치 적 파벌을 형성하고 있는 그들의 활동은 논란이 많다.

에 모하메드 모르시(Mohamed Morsi)를 대통령으로 선출했다. 반미 광신자인 것 이외에 무바라크와 다를 바 없는 사람이었다. 그는 유대인을 '흡혈귀', '원숭이와 돼지의 후예'라고 부르고 이스라엘에 격렬하게 반대하며, 샤리아[56](Sharia) 법을 지지했다. 형제단에서 기대할 수 있는 모두였다. 모르시는 반대파를 탄압하고 형제단의 권력 장악을 공고히 했다. 그러는 사이 이집트 경제는 심각하게 잘못 관리되기 시작했다. 2013년 혼란이 깊어지자 이집트 군부가 개입하여 모르시를 권좌에서 끌어내렸다.

'역사의 수레바퀴'는 오바마가 '역사'에 대한 진보적 열광과 친미 정부를 서둘러 팽개쳐 버린 덕분에 실제로 미국에 불리하게 빠르게 돌아갔다. 불과 1년도 지나지 않아 이집트에 군사 통치가 다시 시작된 거다. 이제 군사 정권은 이집트 국민과 아랍 세계의 파트너처럼 미국을 불신하게 되었다.

리비아

오바마의 다음 목표는 리비아였다. 무바라크가 사임한 지 며칠 후, 튀니지와 이집트와 달리 리비아에는 반정부 시위가 격렬하고 곧바로 폭력 사태로 변했다. 리비아의 독재자 무아마르 알 카다피(Muammar al-Qaddafi)는 이웃 국가들의 전철을 밟고 싶지 않았다. 하지만 불행히도 그

---

56 이슬람 신앙과 문화에 근거하여 발전한 법률 체계로 신앙, 사회, 경제, 정치 등 다양한 영역에 대한 규범을 제시한다. 인권과 성평등, 종교적 자유 등과 관련된 논쟁의 대상이 되기도 한다.

렇게 됐다. 오바마는 리비아에 군사적으로 개입하는데, 나중에 자신의 대통령 임기 중 최악의 실수 중 하나라고 인정할 정도로 잘못된 결정이었다.

무바라크와 달리 카다피는 항상 미국의 파트너는 아니었다. 카다피가 통치한 40년 동안 리비아는 불량 국가이자 미국의 맹렬한 적이었고 테러리즘의 후원자였다. 로널드 레이건 대통령은 1986년 리비아가 유럽에서 미군 병사들을 공격한 보복으로 리비아를 폭격했다.

하지만 카다피는 이미 우리가 아프가니스탄과 이라크를 침공한 직후부터 겁에 질렸다. 2003년 카다피는 대량 살상 무기를 포기했다. 그는 우리의 대테러 노력에도 협조했다. 대가로 부시 행정부는 제재를 해제하고 리비아를 테러 지원국 명단에서 삭제하며 외교 관계를 회복했다. 카다피는 여전히 괴팍한 독재자지만, 사실상 미국의 파트너이자 불량 국가가 어떻게 냉정하게 변화하는지를 보여 주는 좋은 본보기였다.

리비아에 대한 군사 개입은 실수였다. 미국은 리비아에 국가 안보상 중요한 이해관계가 없었다. 아마도 카다피와의 해빙을 유지하여 다른 불량 국가들이 카다피의 길을 따르도록 유도하는 것이 우리가 할 일이었다. 리비아에 대한 공격은 정반대의 신호를 보냈다. 그 신호로 리비아는 미국을 결코 믿을 수 없게 되었다. 사실 이 신호는 2년 후 이란 핵 협상으로 더욱 악화되었다. 반성하지 않는 적대 정권은 보상을 받는 반면, 반성하고 협력하는 정권은 공격받는 극심한 대조를 보였다. 당시 군도 두 차례의 전쟁을 치르면서 심한 스트레스를 받고 있었기 때문에 세 번째 전쟁은 거의 필요하지 않았다. 게다가 리비아의 복잡한 부족 정치를 고려할 때 군사 개입의 여파는 예측할 수 없었다.

하지만 오바마의 백악관에서는 윌슨식 전쟁 열기가 고조되고 있었다. 당시 백악관 참모이자 나중에 오바마의 유엔 대사가 된 사만다 파워(Samantha Power)는 미국이 다른 민족을 전쟁과 억압으로부터 보호하기 위해 개입할 의무가 있다는 '보호 책임론[57]'에 대해 열변을 토했다. 이 환상적인 이론을 문자 그대로 받아들이면 미군은 위구르족에 대한 대량 학살을 저지르고 있는 중국을 포함하여 언제든지 수십 개 국가에서 다른 사람들의 이익을 위해서 전쟁을 수행해야 할 의무가 생긴다.

무력 사용에 대한 혐오에서 오랜만에 벗어난 오바마는 윌슨주의 측근들에 둘러싸여 친숙한 자유주의적 경향을 보인다. 그는 아랍 연맹과 유엔이 군사 행동을 승인할 때까지 기다리지만 결국 미의회의 승인을 얻지 못한다. 이는 미국의 주권을 무시하는 전형적인 행동이다. 그리고 말만 강경한 척하는 다른 민주당 의원처럼 그의 마음은 전쟁에 있지 않았다. 미군은 초기에 리비아의 방공망을 제압하고 민간인 공격을 준비하던 지상군 일부를 타격하지만 오바마는 곧 철수했다. 2주도 채 지나지 않아 그는 지휘권을 유럽으로 넘기고 무대 뒤로 물러났다. 익명의 한 보좌관은 "꽁무니에서 리드하기"라고 신랄하게 비판했다. 미국 보병 학교의 리더십의 모토와 방식은 단순 명료하다. "나를 따르라!"

---

57 주8 참조

예상대로 군사 작전은 오래 지속되었고 임무는 민간인 보호에서 정권 교체로 바뀌었다. 카다피가 생포되어 사살되자 오바마는 로즈 가든 연설에서 축하 인사를 전했고, 힐러리 클린턴은 "우리가 왔고, 보았고, 죽었다!"라고 외쳤다. 나는 카다피의 죽음을 생각하며 잠을 거의 이루지 못했다. 카다피는 도랑에서 끌려 나와 잔인하게 구타당하며 자비를 구걸하다가 머리에 총을 맞고 죽었다. 전 세계로 확산되고 있는 이 끔찍한 영상을 본 불량 정권은 어떤 생각을 했을까? 미국에는 한 치의 양보도 하지 말아야 한다는 교훈을 얻었을 거다.

"리비아는 엉망이다." 몇 년이 지난 지금도 여전히 과소평가된 오바마 대통령의 말이다. 오바마는 리비아를 실패한 국가로 만들었고 우리는 여전히 그 후유증을 안고 살아가고 있다. 지하디스트[58]들(Jihadists)이 리비아로 몰려들고 무기가 쏟아져 나왔다. 카다피가 사망한 지 거의 1년이 지난 후 테러리스트들은 벵가지(Benghazi)에서 공격을 감행해 우리 대사를 포함한 미국인 4명을 살해했다. 리비아의 무정부 상태는 아프리카 전역에서 유럽으로 대규모 이주민의 물결을 일으키고, 난민 위기로 유럽 국가들을 불안정하게 만들었다. 리비아의 일부 지역에서는 노예 무역이 부활하기도 했다. 엉망 정도가 아니라 진짜 '난장판'이다.

---

58 이슬람 극단주의자 중의 하나로 신앙의 이름으로 폭력적인 행동을 정당화하는 집단이다. 이들의 활동은 많은 국가에서 안보 위협으로 인식되고 있다.

시리아

오바마의 CIA 국장을 역임한 데이비드 페트레이어스(David Petraeus) 장군의 말처럼 리비아발 위험은 시리아라는 '지정학적 체르노빌'에 비하면 미미한 수준이다. 오바마는 이집트와 리비아에 신속하게 개입한 반면 시리아에 대해서는 방관자적 태도를 유지했다. 좌파와 우파의 많은 비평가들은 오바마가 수동적이고 우유부단하며 심지어 무모하다고 비난한다. 반대로 나는 오바마가 이란을 달래고 안심시키려는 한 가지 목표를 염두에 두고 시리아에 대해 단호하게 기권했다고 믿는다.

리비아와 달리 시리아에는 분명하고 중요한 이해관계가 있다. 바샤르 알 아사드(Bashar al-Assad) 정권은 미국의 적이자 이란의 동맹국이기 때문이다. 아사드는 많은 미국인의 피를 손에 묻힌 레바논 기반 테러 단체인 헤즈볼라[59](Hezbollah)를 지원했고, 시리아를 통해 이란의 지원을 헤즈볼라에도 전달했다. 시리아는 러시아의 고객 국가이기도 하다. 러시아가 시리아에 대한 통제권을 잃었다면 이 적들에게 전략적으로 큰 타격이 되었을 것이다. 마찬가지로 시리아를 포위하고 있던 동맹국들은 아사드의 패배로 상당한 이득을 얻었을 것이다. 그들은 나토 동맹국인 튀르키예, 이 지역의 가장 인근 동맹국인 이스라엘, 주요 군사 동맹국이자 이스라엘의 평화 파트너인 요르단, 시리아가 수년간 불안정하게 만들었던 취약한 동맹국인 이라크 등이다. 사우디아라비아와 아랍에미리트도

---

[59] 1980년대 초 레바논 이슬람 시아파의 대변자로서, 이슬람의 정치 · 사회 · 군사적 이익을 보호하는 것을 목표로 설립된 단체이다. 레바논 정규군보다 강력한 무력을 소유한 것으로 알려져 있다.

이란을 약화시키기 원하며 시리아의 반정부 세력을 지원했다. 반면에 리비아는 전략적 요충지였다.

게다가 시리아 반군은 아랍의 봄 봉기 중 가장 조직적이고 유능한 세력이었다. 아사드 정권의 탄압이 시작된 지 4개월 만에 수많은 시리아군 장교와 병사들이 탈영했다. 이 초기에도 이슬람 극단주의자들은 시리아 야권에서 중요한 발판을 마련하지 못했는데, 이는 대규모 수니파 인구 중 소수 알라위파[60](Alawite) 무슬림 통치자인 아사드가 전쟁 전에 자국 내 수니파 극단주의자들을 용납하지 않았기 때문이기도 하다.

미국의 분명한 이해관계와 대리전 양상에도 불구하고 오바마는 행동을 취하지 않았다. 봉기가 시작된 지 며칠 만에 무바라크와 카다피의 퇴진을 요구한 오바마는 대조적으로 아사드에게는 6개월을 기다려서야 같은 요구를 했다. 페트레이어스가 시리아 야당을 은밀히 무장시키고 지원하겠다는 계획을 발표하기까지 또 1년이 더 걸렸다. 힐러리 클린턴 국무 장관, 리언 패네타(Leon Panetta) 국방 장관, 마틴 뎀프시 합참 의장, 짐 클래퍼(Jim Clapper) 국가 정보 국장은 만장일치로 이 계획을 지지했다. 그러나 오바마는 이를 거부했고, 나중에 반대 세력을 '시위하다 어쩌다 모인 농부, 목수, 엔지니어'라고 조롱했다.

이 순간은 전쟁의 중요한 전환점이었다. 리비아에서처럼 지상군을 투

---

60 이슬람의 하위 분파 중 하나로 지지자들은 레바논과 시리아에 주로 거주하고 있다. 레바논의 헤즈볼라와 같은 무장 그룹과도 연계되어 있으며 중동 지역에서 국가 및 지역 정치에 큰 영향력을 행사하고 있다.

입해 직접 개입할 일은 아니지만, 아사드가 패해야 우리의 이익에 유리한 결과를 이끌어 낼 수 있다는 것은 분명했다. 무바라크와 카다피에게 무슨 일이 일어났는지를 본 아사드는 이란과 러시아조차 지원을 감당할 수 없는 전투 손실을 입기 전까지는 물러서지 않을 것이다. 오바마는 야당이 급진 과격화되기 전인 2012년 여름에 페트레이어스 계획[61]을 승인해야 했다. 결국 그는 전쟁 후반에 의회와 지역 동맹국들의 압력으로 유사 계획을 승인했다. 그러나 이미 성공 가능성이 낮을 때였다. 오바마가 잘했으려면 실수하기 전인 전쟁 초기부터 시리아 야당을 무장시키고 지원해야 했었다.

페트레이어스 계획을 거부할 즈음 오바마는 시리아 사태를 더욱 악화시킬 기반을 다지고 있었다. 행동에 나서야 한다는 목소리가 커지자 오바마는 "우리의 레드 라인은 화학 무기가 대량으로 이동하거나 활용되는 것을 목격할 때."라고 말했다. 1년 후, 아사드가 대규모 화학 공격으로 여성과 어린이를 포함한 천 명 이상의 시리아인을 살해할 때가 바로 그 상황이었다. 제한적 공습으로 시리아의 악화되는 전략적 상황을 바꾸지 못하더라도 오바마는 그때 공격해야 했다. 하지만 또 아니었다. 오바마는 수십 년 동안 전임 대통령들이 일방적으로 수행해 왔고, 그리고 자신도 리비아에서 했던, 같은 식의 엉성한 공습을 승인해 달라며 의회에 호소했다.

---

61 2007년 페트레이어스 장군이 제안한 미국의 이라크 전략을 재평가하고, 미국의 전략적 목표를 재정의하기 위한 계획이다. 핵심 요소로 지역 안정화, 현지인들과의 협력, 정부 재건 개혁 그리고 대화를 통한 갈등 해소 등이 있다.

오바마가 표결을 위해 휴회 중이던 의회를 소집했을 때 나는 아칸소 집에 있었다. 예상치 못하게 워싱턴으로 복귀하며 나는 오바마가 이미 공격을 했어야 한다고 굳게 믿었다. 애초에 어떻게 선을 그었든 간에, 어떤 대통령이든 한번 설정한 레드 라인은 반드시 집행해야 한다. 그래서 나는 동료 의원인 마이크 폼페오(Mike Pompeo)와 함께 공격의 당위성을 설명하는 사설을 썼다. 하지만 우리 모두는 오바마의 마음은 딴 곳에 있다는 것을 쉬이 알 수 있었다. 블라디미르 푸틴 러시아 대통령도 아사드의 화학 무기를 제거하겠다는 기발한 제안을 내놓았다. 오바마 대통령은 이 제안을 덥석 받아들였고 의회 표결은 취소됐다.

레드 라인 참사는 시리아와 그 주변 모두에 미국의 이익을 영구적으로 손상시켰다. 오바마가 머뭇거리자, 아사드와 이란의 잔혹성은 보란 듯이 극대화되었다. 전쟁 초기에 예상했던 대로 수니파 주민에 대한 잔혹 행위는 야당 지하디스트에게 힘을 실어 주었다. 아사드의 잔혹 행위가 없었다면 ISIS의 부상은 상상하기 어려웠을 것이다. 레드 라인 실패 이후 4개월 만에 ISIS는 시리아 도시 라카(Raqqa)를 수도로 선포하고 이라크 팔루자(Fallujah)를 점령했다. 이어서 시리아와 이라크에 최고 무슬림 영토 칼리프[62](Caliphate)를 수립하기 위한 행보를 이어 가고 있었다. 오바마는 이라크에 군대를 다시 보내고 시리아에도 군대를 보내야 했지만, 아사드나 이란의 프락시들과 싸우기 위해 파병한 것은 아니었다. 2015년 아사드 정권이 흔들리자 미국은 아사드와 이란을 도와 ISIS와

---

62 이슬람 세계에서 국가와 종교적인 권위와 정치적 지도력을 결합한 형태의 정부 체제를 의미한다. 현재 이슬람 세계에서 공식적인 칼리프가 존재하지 않지만, 일부 이슬람 극단주의 단체는 자신들이 이슬람 국가의 복원자로서의 역할을 수행하는 것으로 선언하고 있다.

싸웠다. 한편 러시아는 시리아에 군대를 급파하여 우방과 적 모두에게 푸틴의 러시아는 오바마의 미국과 달리 신뢰할 수 있는 안보 파트너라는 점을 강조했다. 시리아에서는 50만 명에 달하는 사망자와 600만 명에 가까운 난민이 발생했으며 요르단, 튀르키예, 그리고 많은 유럽 국가들이 불안정해졌다.

레드 라인 참사가 미국에 대한 신뢰를 얼마나 심하게 훼손하는지 아무리 강조해도 지나치지 않다. 오바마 행정부 말기에 나는 워싱턴이나 해외에서 이스라엘과 거의 모든 아랍 국가의 고위 지도자들을 만났다. 그들의 머릿속에는 여전히 오바마의 무능이 자리 잡고 있었다. 그들은 왜 오바마가 자신의 레드 라인을 집행하지 않느냐고 물었다.

시리아 때는 의회를 소집해 놓고 리비아 때는 왜 그러지 않았나? 왜 이집트와 리비아의 우호적인 정부를 전복시키면서 아사드 정권을 유지하는 데 도움을 주었나? 오바마의 당혹스러운 선택에 대한 유일한 설명은 이란이다.

나는 그들이 옳았다고 믿는다. 아사드가 이란의 동맹국이라는 명백한 사실 외에도, 페트레이어스 계획과 레드 라인 실패가 오바마의 이란과의 비밀 외교와 일치한다는 사실을 이제 우리는 알고 있다. 제이크 설리번과 존 케리가 이란을 설득해 협상을 이끌어 내는 동안 오바마는 이란의 가장 중요한 파트너에 대해 계속 손을 놓고 있었다. 그 와중에 오바마는 ISIS에 대한 군사 행동을 시작했을 때 이란의 최고 지도자에게 또 다른 비밀 서한을 보내 시리아 작전이 아사드를 표적으로 삼지 않을 것이라고 안심시켰다.

간단히 말해, '지정학적 체르노빌'인 시리아는 오바마의 '일단 미국 탓' 이데올로기와 이란에 대한 미국의 죄를 속죄하고 중동에서 이란에 힘을 실어 주기 위한 그의 끈질긴 협상 추진으로 거슬러 올라간다. 오바마 구상은 시리아 내전으로 인해 중단되지 않았다. 우유부단하거나 망설이지도 않았다. 오히려 오바마는 처음부터 계획이 있었고 단호하게 그 계획을 고수했다.

오바마의 강경한 척 행동

이라크가 오바마를 대통령으로 만들었다고 해도 과언이 아니다. 그는 2002년 주 상원 의원 시절부터 이라크 전쟁을 '멍청한 전쟁'이라고 부르며 처음부터 반대했다. 초기 반대를 통해 2008년 민주당 대선 후보 경선에서 핵심 쟁점인 이라크 문제에 대해 힐러리 클린턴과 뚜렷한 대조를 이루었다. 그렇지 않았다면 오바마는 이기지 못했을 것이고, 실제로는 아예 출마하지 않을 수도 있었다. 그러나 민주당 후보들이 대개 그렇듯이 오바마도 약점이 있었다. 오바마는 아프가니스탄을 '제대로 된 전쟁'으로 치켜세우며 조지 W. 부시를 "초점이 흐려지고 있다."고 비판했다. 5장에서 본 것처럼 민주당은 약점을 감추기 위해 강경한 척 태도를 자주 취하는데, 아프가니스탄에 대한 오바마의 공격적인 선거 레토릭은 대부분 이라크에서 철군 계획을 감추기 위한 연막작전이었다. 그는 취임하자 아프가니스탄 전쟁에 대해서도 부정적인 입장을 보이기 시작했다. 이 두 전쟁에 대한 그의 정치화된 접근 방식은 민주당이 강경한 척 행동할 때 어떤 일이 벌어지는지 보여 주는 전형적인 예이다. 미봉책, 성급한 후퇴, 그에 따른 위험 증가이다.

이라크

오바마가 취임했을 때 이라크 전쟁은 본질적으로 승리한 전쟁이었다. 다른 전시 지도자들과 마찬가지로 부시도 이라크 전쟁에서 한때 실수를 저지르고 잘못된 방향으로 끌고 갔다. 나는 2006년 바그다드에서 근무할 때 커지고 있는 반군을 물리칠 병력이 충분하지 않다는 것을 직접 목격했다. 포기하고 도망가지 않은 부시는 결국 보상받는다. 그는 30,000 명의 병력을 이라크에 추가 파병 하여 페트레이어스의 지휘 아래 대반군 작전을 수행했다. 그 결과 미군은 반란군을 격퇴하고 정치적 타협을 위한 여건을 조성했다. 성공이 너무 완벽했기 때문에 가을 선거 캠페인에서 전쟁은 이슈도 되지 않았다.

처음에 오바마는 부시와 우리 군이 건네준 승리를 현명하게 받아들였다. 그는 '전쟁 종식'을 공약으로 내걸지만, 16개월 안에 '전투 병력'만 철수한다는 모호한 약속을 한다. 우리 군 지휘관들은 23개월에 걸친 철군을 선호했지만 오바마와 게이츠는 19개월로 타협했다. 오바마는 또한 이라크군을 훈련하고 자문하기 위해 약 50,000명의 병력을 이라크에 계속 주둔시키는 데 동의했다. 이 병력은 부시 행정부 마지막 날에 협상된 주둔군 지위(Status-of-Forces) 협정이 만료되는 2011년까지 머물 예정이었다. 일부 좌파들은 오바마가 16개월 시한이라는 선거 공약을 어기고 오랜 기간 너무 많은 병력을 유지한다고 불평했지만, 오바마는 정치적으로 어려움을 겪지 않았다. 오히려 이라크가 긍정적인 궤도로 나아가고 있었고, 급변하는 상황에서 자의적인 정치적 공약보다 국가 안보를 우선시하는 것처럼 보이려는 이득을 얻었다.

그러나 오바마의 경직된 이념적 접근 방식은 2011년에 다시 도져 버렸다. 게이츠와 군, 그리고 그가 직접 지명한 대사 모두 2011년 이후에도 약 10,000명의 병력을 이라크에 잔류시킬 수 있는 새로운 주둔군 지위 협정을 체결할 것을 권고했다. 중요한 것은 이라크 정치인들도 공개적으로 말하지 않았지만 미군이 계속 주둔하기를 원했다는 점이다. 미군의 지위에 대한 이러한 정치적 입장은 전쟁 내내 계속되었다. 정치인들이 결과는 원해도, 책임을 지고 싶지 않은 것은 의회와 거의 모든 입법부에서 흔히 볼 수 있는 일이다. 부시 행정부는 항상 이런 식의 긴장을 직접 해결해 왔다. 그러나 오바마는 이라크에서 벗어나기만을 원했고 그의 행정부는 새로운 합의에 필요한 강력한 외교를 수행하지 않았다.

불행히도 우리는 2011년에 이라크에서 '철수'한 것이 아니라 높은 비용으로 현명치 못한 '휴식기'를 보냈을 뿐이다. 2006년 말 이라크 파병에서 돌아오자 5년 안에 여전히 이라크에 가겠느냐는 질문을 자주 받았다. 나는 "그렇다."고 잘라 말했다. 단지 우리가 다시 돌아가 싸워야 하는지는 의문이었다. 그때까지만 해도, 갑작스러운 철수는 재앙으로 이어질 수 있다고 알고 있었다. 덕분에 재앙을 피할 수 있었다. 하지만 그때 내가 예측했던 역학 관계는 오바마가 군대를 철수한 후이다. 우리의 외교적 노력을 강화할 소규모 군대조차 없는 상황에서 이라크 정부는 종파주의[63](Sectarian)로 회귀했고, 이란의 간섭은 더욱 심해지고, 시리아 내전의 여파는 이라크로 넘어갔다. 미군이 이라크를 떠난 지 겨우 2년 만에 ISIS는 팔루자와 라마디(Ramadi)를 점령했다. 오바마는 놀랍게도 ISIS를 "JV 팀(Junior Varsity 대표 2진)"이라고 조롱했다. 6개월 만에 ISIS는 모술을 점령하고 이라크 정부를 전복하겠다고 위협했다. 놀란 오바마는 군대를 급파하고 꾸준히 병력을 추가하여 퇴임 당시 이라크에는 5,000명이 넘는 병력이 주둔하고 있었다.

만약 이러면 어땠을지 궁금하다. 2011년에 이라크에 수천 명의 소규모 잔여 병력을 주둔시켰다면 오바마 대통령 임기가 끝날 무렵에는 5,000명보다 소수의 미군이 이라크에 남아 있었을지 모른다. 더 중요한 것은 ISIS에 의한 테러 공격, 이라크와 시리아에서 대학살, 미국의 국익과 명성에 대한 훼손을 피했을 거라는 점이다.

아프가니스탄

이라크처럼 아프가니스탄에서 '스마트 전쟁'도 마찬가지다. 선거 기간 동안 오바마의 강경한 레토릭은 1960년 쿠바를 빼앗긴 드와이트 아이젠하워와 리처드 닉슨에 대한 존 케네디의 비판과 비슷했다. 5장에서 본

---

63 이라크 내 이슬람교의 주요 두 분파인 수니파와 시아파 간의 갈등과 긴장으로 정의된다. 전후 안정을 찾아 가는 것으로 보였던 2011년 미군이 철군하자 시아와 수니 간 대립이 고조되며 정치적 불안이 증폭되었다.

바와 같이 케네디는 취임 후 흔들렸고, 그 결과 피그스 만 사건은 실패로 끝났다. 오바마도 비슷한 우유부단함과 의구심에 시달렸다. 게이츠는 "아프가니스탄에서 근본적인 문제는 그의 정치적·철학적 선호가… 전쟁을 지지한 자신의 공개적 레토릭과 상충된다는 점"이라며 "특히 대선 캠페인 기간에 더욱 그러했다."고 적었다. 다시 말해, 민주당원이 강경한 척 행동한 전형적인 예이다.

이념과 안보 사이의 긴장은 오바마의 전쟁 접근 방식에 영향을 미쳤다. 선거 운동 기간 동안 더 많은 병력을 파병하겠다고 약속한 오바마는 부시 대통령이 승인했지만 오바마에 대한 예우 차원에서 연기한 21,000명의 추가 파병 요청을 두 달 동안이나 묵살했다. 당시 나는 아프가니스탄 동부에서 근무하고 있었는데, 우리 군과 아프가니스탄 국민 모두 마비 상태를 느끼고 있었다. 나는 새 대통령이 언제 공약을 이행할지 묻는 아프간 사람들과 여러 차례 대화를 나눴다. "너희는 힘이 있지만, 우리는 인내심이 있지.(You have the watches, but we have the time.)"라는 아프가니스탄 속담을 여러 번 들었다. 슬프게도 이 속담은 사실이었다.

다른 사례도 있다. 오바마는 대규모 병력 요청에 대해 망설이는 동안, 이미 주둔 중인 군 보호를 위해 약 5,000명의 추가 병력을 요청하는 임시 요청도 거부했다. 이 지원 병력은 폭탄 및 의무 후송과 같은 기술로 최전방 병력을 지원하고 돌보는 데 매우 중요했다. 그러나 오바마는 이 요청을 국내 정치의 관점에서만 바라봤고, 그러자 게이츠는 깊은 충격으로 "그 어느 때보다 나는 옷 벗을 날이 가까워졌다."고 회고했다.

결국 오바마는 새로운 전략에 전념하는 데 10개월이 걸렸고, 그 후에도 반쪽짜리 전략에 불과했다. 오바마의 새 사령관 스탠리 맥크리스탈(Stanley McChrystal) 장군은 이라크 전쟁에서 가장 역동적인 장군 중 한 명으로, 이라크에 도착하자마자 전장 상황을 검토하는 작업에 착수했다. 그는 오바마가 여전히 공개적으로 '불가피한 전쟁'이라고 부르는 전쟁에서 승리하기 위해 40,000명의 병력 증파를 권고했다. 그러나 조 바이든의 꼬드김에 분노한 대통령은 이 요청에 폭발한다. 그는 군이 자신을 가두려고 한다고 비난했다. 실제로 이즈음에 4장에서 본 오바마와 바이든의 군에 대한 불신의 장면이 연출된다. 결국 오바마는 일부 정치적 이익을 위해 파병 요청을 30,000명으로 임의로 삭감한다. 오바마는 국방부 장관에게 "아프가니스탄 정책에 대해 군을 문제 삼으면 내 여론 조사 지지도가 더 높아질 것"이라고 인정했다. 더 나쁜 것은 오바마가 공개적으로 파병 기간을 18개월로 제한하여 2012년 대선 전에 편리하게 군을 철수할 수 있다는 점이었다.

탈레반은 실제로 인내의 시간이 있었다. 철군 시한을 미리 발표함으로써 오바마는 자신의 전략을 약화시켰다. 아프간 정부와 국민은 지지를 철회했고 탈레반은 우리가 나가길 기다렸다. 우리 군대는 용감하게 싸우고, 많은 희생을 치르며, 상당한 진지를 점령하고, 탈레반을 격퇴시켰다. 하지만 우리의 성공은 오래가지 못했고 오바마가 서둘러 철군을 단행하면서 우리는 손실을 보게 된다.

오바마는 탈레반과 강경하게 맞서고 싶지 않았고 강경한 척만 원했다. 그 결과 아프간 정부는 곧 수세로 돌아섰다. 오바마는 지속 가능한 승리를 거둘 수 있는 마지막 기회를 사실상 낭비한 셈이다. 그리고 자신보다 아프가니스탄에 대해 더욱 일관되게 틀린 유일한 행정부 '조 바이든'의 손에 미국의 굴욕적인 무대를 펼쳐 넘겨준다.

19세기 속 21세기 남자

철저한 진보주의자였던 오바마는 '역사'가 러시아, 중국과 같은 대국 정치를 초월한다고 믿는다. 그는 블라디미르 푸틴이나 시진핑 같은 공격적인 민족주의 지도자들이 왜 핵무기나 영토 확장 같은 시대착오적인 문제에 집착하는지 이해할 수 없다. 오바마에게 그런 것들은 시대에 뒤떨어진, 심지어 법에 어긋나는 국가 우선 사항이다. '역사의 원호(Arc of History)'는 이러한 문제를 넘어 기후 변화와 같은 세계주의적 우선 사항으로 이동한다. 오바마의 국무 장관 존 케리는 러시아의 우크라이나 침공에 대해 "21세기에는 다른 나라를 침공하는 19세기식 행동을 할 수 없다."고 말한다. 대표적인 오바마식 좌파 사고방식이다. 푸틴의 생각은 다름이 분명하다. 오바마는 혼란스럽고 위험천만한 19세기의 세계에 갇혀 있는 21세기의 계몽을 받은 사람임이 분명하다.

러시아

오바마는 러시아와의 긴장된 관계를 이어받았는데, 이를 당연히 미국 탓으로 돌리거나 적어도 조지 W. 부시 때문이라 비난한다. 실제로 부시는 푸틴과 광범위한 개인 외교를 추진했지만 푸틴은 항상 러시아 제국의 재건을 우선으로 했다. 푸틴은 1990년대 러시아의 경제 붕괴, 1990년대와 2000년대 나토의 확장, 2000년대 중반 그루지야(Georgia), 우크라이나, 키르기스스탄에서 일어난 민중 봉기를 권력 강화와 반대파 탄압, 이웃 국가 위협의 구실로 삼았다. 2007년 푸틴은 서방 정상들이 모인 자리에서 악명 높은 연설을 통해 새로운 공격적이고 대결적인 접근 방식을 선언했다. 그리고 2008년 러시아는 그루지야에서 동결된 분쟁에 다시 불을 붙이며 본인의 말과 행동이 다르지 않음을 확인한다.

그러나 오바마는 이 모든 것을 무시하고 러시아와의 '리셋'을 선언한다. 이는 푸틴에게 일방적인 양보를 하겠다는 뜻으로 들렸다. 오바마는 힐러리 클린턴 국무 장관이 러시아 외무 장관 세르게이 라브로프(Sergei Lavrov)를 만나는 자리에서 '리셋'이라는 단어가 적힌 빨간 버튼 상자를 선물로 전달했다. 클린턴 장관은 미국과 러시아가 '리셋'하자는 의미라고 설명했다. 라브로프 장관은 감사하다고 하면서 '리셋' 옆에 적힌 러시아어 번역은 '과다 비용 청구(over-charge)'라고 말해 웃음을 자아냈다. 그러나 러시아 사람들에게 그 의미만큼은 전달되었을 거다. 러시아는 오바마로부터 거듭된 양보를 챙기면서도 대가는 아무것도 지불하지 않았다. 오바마는 러시아가 반대했던 폴란드와 체코의 미사일 방어 시스템을 중단했는데, 이는 부분적으로는 이란과의 협력을 얻기 위함이다. 그는 또한 새로운 군비 통제 협정을 체결하여 우리가 핵전력을 제한하는 동안에도 러시아는 핵전력을 확장할 수 있도록 허용했다. 그 조약은 오바마 행정부가 러시아가 다른 군비 통제 조약을 속이고 있다는 사실을 알면서도 손쉽게 비밀로 유지한 상태에서 이루어졌다. 2011년에 오바마는 러시아의 세계 무역 기구 가입도 도왔다. 선의의 행동에 대한 대가로 우리는 거의 아무것도 얻지 못했다.

푸틴은 4년간 총리를 지냈지만 사실상 최고 지도자였기에 2012년에 대통령직을 되찾고, 기억상실증에 걸린 듯한 오바마의 주변을 맴돌았다. 오바마가 시리아를 방관하는 동안 푸틴은 아사드 정권에 무기를 지원했고 유엔에서 러시아의 거부권으로 아사드 정권을 보호했다. 레드라인이 실패로 돌아가는 동안 오바마는 실제로 정상 회담에서 푸틴을 찾아 아사드의 화학 무기를 제거하여 군사 공격을 피할 수 있도록 도움을 요청했다. 푸틴은 기꺼이 오바마에게 굴욕을 안겨준 것 이외에, 향후 시리아에서 화학 공격을 감행하도록 협정도 위반했다.

무엇보다도 두 가지 사건은 오바마의 철학적 정치 철학을 잘 보여 준다. 첫째, 푸틴은 2014년에 크림반도(Crimea)를 침공하여 합병한 후 우크라이나 동부에서 분리주의 반란[64]을 일으킨다. 오바마는 가장 가벼운 제재로 대응했고 우크라이나가 무기, 특히 자벨린(Javelin) 대전차 미사일을 지원해 달라고 요청했지만 치명적인 군사 지원은 거부했다. 대신 오바마는 담요와 즉석 식량을 보냈다. 그러자, 우크라이나 대통령은 "담요로는 전쟁에서 이길 수 없다."고 의회 연설에서 말할 정도로 실망한다.

---

64 2014년 우크라이나의 크리미아반도와 동부 지역에서 러시아의 지원하에 분리주의자들이 우크라이나 정부에 반대하여 일으킨 반란이다. 우크라이나의 전반적인 정치적 불안정 상황에서 비롯되었으며 이 반란으로 러시아와의 관계는 긴장과 전쟁으로, 또한 국제적인 갈등을 초래했다.

이듬해 내가 드니프로(Dnipro)를 방문했을 때 "상원 의원님, 러시아 탱크 전부를 파괴할 필요는 없습니다. 한 대만 파괴하면 충분하니 도와주십시오."라고 말한 우크라이나 군인도 마찬가지다. 우리가 더 강력한 제재와 치명적인 지원을 승인하기 위해 투표할 때도 오바마는 "모스크바로부터 더 강력한 대응을 초래할 수 있다."는 이유로 거부했다. 아직 타결되지 않은 이란 핵 협상에 대한 오바마의 외골수적인 추진에 방해가 될 수 있다는 이유도 있었다. 마지막으로 한 가지 모욕감을 더하자면, 오바마는 조 바이든에게 우크라이나 정책을 맡겼는데, 문제 해결은커녕 아들 헌터 바이든이 우크라이나 에너지 회사로부터 돈 벌 기회만 주었다.

둘째, 2015년 아사드 정권이 흔들리자 푸틴은 자신의 고객을 구하기 위해 시리아에 군대를 급파했다. 오바마는 푸틴이 '수렁에 빠질 것'이라고 예측하는 것 외에는 다시 한번 아무것도 하지 않았다. 오히려 푸틴은 적당히, 그러나 적절한 시기에 군사 개입을 통해 아사드 정권을 안정시켰다. 그 대가로 푸틴은 시리아의 군사 기지를 수십 년 동안 임대하고 무기 산업의 새로운 고객을 확보하고, 40년 만에 처음으로 중동 전역에서 러시아의 영향력을 새롭게 넓혔다. 오바마는 푸틴의 개입이 "현명하고 전략적인 행동이 아니며 초강대국의 체스판 경쟁도 아니다."라고 비아냥거렸다. 그러나 결과와 반응은 바로 외통장군, 그가 푸틴이라는 것을 증명할 뿐이었다.

그러나 오바마는 푸틴의 군사적 모험주의가 '강함이 아니라 약함에서 나온 것'이라고 주장한다. 그런 생각은 외교 문제나 세계 권력의 본질을 근본적으로 오해하고 있는 거다. 진정한 힘은 폭력을 행사하지 않고도 원하는 것을 얻을 수 있다는 것을 의미한다. 그게 실제로 권력의 한 척도이다. 그러나 실패했을 때 국가 목표를 달성하기 위해 '폭력을 행사'하려는 의지 또한 진정한 권력의 척도이다. 이스라엘과 아랍에미리트 같은 우방국 지도자들이 푸틴을 만나기 위해 모스크바로 발길을 돌리는 것이 푸틴의 힘이 커지고 있다는 증거이다.

그렇다면 오바마가 그의 손을 들어준 것일 수도 있다. 앞서 살펴본 것처럼 오바마는 미국이 힘과 글로벌 리더십이라는 나쁜 '습관'을 깨기를 원했다. 우리의 무력 사용이나 적에 맞선 우방을 단순 무장시키는 것을 거부한 그의 확고한 태도로 본인의 목표에 한걸음 다가간다. 게다가 오바마는 푸틴 같은 19세기의 유물이 이해하지 못하는 '진짜 힘'에 대한 자신만의 개념을 가지고 있다. 오바마는 우크라이나와 시리아에 대한 푸틴의 군사 개입에 대해 "그렇다고 그가 갑자기 프로가 되지는 않습니다."라면서 이어, "아무도 그가 회의석상에서 의제 형성을 돕는 것을 본 적이 없습니다. G20 회의에서 러시아가 의제를 설정한 경우도 없습니다." 정말 오바마답다. 세계 시민에게는 정말 중요한 것이 쓸모없는 세계주의자들의 말잔치에서 누가 의제를 입안하는지인가?

2012년 재선 캠페인에서 오바마는 러시아가 미국의 지정학적 최대 적이라는 생각에 대해 "1980년대가 전화해서 그때 외교 정책으로 돌아가자고 하네요."라고 비웃은 것으로 유명하다. 오바마가 그 전화에 응답하지 않은 것은 매우 유감이다. 왜냐하면 레이건의 러시아에 대한 단호한 정책이 바로 미국이 필요로 했던 것이기 때문이다.

중국

처음부터 오바마는 공산주의 중국을 적이나 라이벌이 아닌 '파트너'로 여기며, 임기 초 중국 지도자들을 워싱턴으로 맞이할 때도 그렇게 말했다. 그는 '중국이 강하고 번영하며 성공적인 국가 공동체의 일원이 되는' 미래를 꿈꿨다. 오바마는 또한 "우리가 직면한 가장 시급한 위험은 더 이상 강대국 간의 경쟁에서 비롯된 것이 아니다."라고 손님들을 안심시켰다.

중국 공산주의자들은 아마도 자신들의 행운을 믿을 수 없었을 것이다. 수천 년 동안 중국은 스스로를 천하를 다스릴 권한을 가진 중원, 즉 세계의 한가운데에 있는 국가로 여긴다. 중국은 이러한 고상한 자화상과는 거리가 멀지만, 지도자들은 오랫동안 중국의 재도약을 계획해 왔다. 수십 년 동안 그들은 덩샤오핑의 격언인 "도광양회, 즉 힘을 숨기고 때를 기다린다."는 말을 실천했다. 2009년까지 중국은 20년간 미국의 노동자, 기업, 발명가들을 도둑질 먹잇감으로 삼아 강대국으로 성장했다. 그러나 오바마는 중국의 성공을 축하하고 강대국 경쟁을 19세기 구식 정치로 폄하했다. 참석한 중국 공산당원들은 미소를 지으며 고개를 끄덕였다. 오바마 임기 8년은 중국에 아주 좋은 시간이 될 것이라고 확신했다.

오바마는 선거 운동 기간 동안 중국에 대해 강경한 발언을 하기도 했지만, 빌 클린턴 전 대통령처럼 실현하지 못했다. 그는 중국의 환율 조작, 불공정 무역 관행, 인권 침해에 대해 비판했다. 하지만 선거 백서의 제목 자체가 그가 어떻게 대통령직을 수행할지 여실히 보여 준다. 오바마는 '중국과의 대결'이 아니라 '중국과의 관계'를 약속했다. 그리고 그렇게 되었다. 취임 첫 달에 그는 재무부가 중국이 실제로 통화를 조작하고 있다는 사실을 밝힘에도 불구하고 중국을 환율 조작국으로 지정하지 않아 미국 제조업체에 타격을 입혔다. 국무 장관 취임 두 번째 달에 힐러리 클린턴은 "중국이 무슨 말을 할지 거의 다 알고 있다."며 중국의 잔인한 자국민 탄압을 눈감았고, 게다가 그런 '사소한 문제'가 '전 세계 기후변화 위기'에 방해가 되는 것을 원하지 않았다. 동시에 오바마는 첫 의회 연설에서 중국을 단 한 번만 언급하는데, 바로 중국의 에너지 효율을 칭찬하기 위해서였다.

중국 지도자들은 거의 화답하지 않았다. 오바마의 실망스러운 첫 중국 방문에서 중국 지도자들은 오바마를 비하하고 무시했다. 반체제 인사들을 체포하고 그의 타운 홀 방송 요청을 거부했다. 힐러리 클린턴이 회상하듯이, '도광양회'는 '성과 발표회(Show and Tell)'로 바뀌었고, 이러한 태도는 오바마의 첫 임기 내내 계속되었다. 중국의 급속한 군사력 증강이 진행되고 중국 해군은 해상에서 우리 선박을 괴롭히기 시작했다. 중국은 또한 기후 변화에서 핵 비확산, 대북한 전략에 이르기까지 오바마 행정부가 공언한 목표를 좌절시켰다.

오바마 2기 임기가 시작되면서 시진핑이 취임하자 상황은 더욱 악화되었다. 오바마는 조 바이든에게 관계 관리를 맡겼다. 워싱턴에서는 종종 "인사가 곧 정책"이라는 말이 있다. 이 말이 사실이라면 오바마가 바이든을 임명한 것은 최악의 대중국 정책일지 모른다. 시 주석이 미국을 방문했을 때 바이든은 레드 카펫을 깔고 "부상하는 중국은 긍정적인 발전이라고 믿는다."고 선언했다. 시 주석은 자연스럽게 동의의 박수를 보냈다. 시 주석은 큰 계획을 가지고 있었지만, 바이든이 중국에서 얻은 가장 중요한 것은 아들을 위한 사업 기회였다. 헌터 바이든은 이미 중국 과두 정치인[65]들(Oligarchs)과 관계를 맺어 백악관 회담을 성사시키는 데 도움을 주었다. 이제 바이든은 어두운 뒷거래를 위해 아들 헌터를 부통령용 '에어포스 투(Air Force Two)'에 태워 베이징으로 데려갈 수 있게 됐다. 미국은 시진핑에게 제대로 된 협상가를 마주 앉힐 자격이 있다. 중국의 영향력에 휘둘리는 헌터로는 곤란하다. 지금도 변한 건 없다.

시진핑은 매번 오바마와 바이든을 능가했다. 중국의 대규모 군사력 증강은 가속화되었다. 2013년 시 주석은 동중국해 상공에 대한 중국의 영유권 장악을 선언하는데, 이는 우리의 조약 동맹국인 일본에 대한 직접적인 위협이자 모욕이었다. 중국은 또한 남중국해에 섬을 건설하기 시작했다. 시 주석은 오바마에게 이 섬들을 군사화하지 않겠다고 약속했다. 당연히 거짓말이다. 오늘날 이 주둔지에는 활주로, 항공기, 함정, 레이더, 대공포, 군수품 비축 기지, 중국 군대가 있다. 시진핑은 2013년 이러한 군사적 움직임과 1조 달러 규모의 글로벌 인프라 네트워크인 '일대일로[66](Belt and Road)' 이니셔티브를 결합하여 전략적으로 중요한 국가

---

65 특정 국가에서 경제적인 권력과 정치적인 영향력을 독점하는 소수의 계층을 가리키는 용어이다. 중국 공산당과 중국 인민 해방군이 해당된다.

66 2013년에 발표한 대규모 국제 경제 프로젝트로 과거의 유럽과 아시아를 연결하는 고대 무역 노선인 실크 로드를 재현하고 확장하여, 중국과 세계 각국 간의 경제적 상호 연결성을 증진하고자 한다. 실크 로드 경제 벨트(일대)와 해상 실크 로드(일로)의 두 요소로 구성되어 있다.

들을 중국의 거미줄에 묶어 두었다. 그리고 타격은 계속 이어졌다. 2015년에는 중국 군함이 미국 영해에 진입했다. 백악관 정상 회담에서 시 주석은 오바마 대통령에게 미국의 지적 재산에 대한 사이버 절도를 중단하겠다고 약속했다. 거듭된 거짓말이다. 중국은 계속해서 미국 기업과 정부 기관을 사이버 공격의 타깃으로 삼았다. 이듬해 중국은 '아프리카의 뿔(Horn of Africa: 이디오피아, 지부티, 소말리아 3국)'에 위치한 지리적으로 중요한 국가인 지부티에 미국 기지에서 불과 몇 마일 떨어진 곳에 첫 해외 기지를 건설하기 시작했다.

중국의 모든 도발, 모든 모욕, 모든 거짓말에 대해 오바마와 바이든은 서로 눈길을 마주치지 않는다. 아마도 오바마는 이란 핵 합의나 파리 기후 협정에 대한 중국의 협력이 절실했을 것이고, 바이든은 아들의 사업 거래를 가능하게 하기 위해 다른 길을 찾았을 것이다. 어쩌면 오바마는 시 주석과 같이 여전히 구식 권력 정치를 믿고 실천하는, 독단적이고 민족주의적인 독재자의 사고방식을 진정으로 이해하지 못할 수도 있다. 아니면 오바마가 미국의 리더십 책임 중 일부를 중국에 넘겨줄 기회를 포착했을 수도 있다.

어떤 경우이든 오바마는 중국을 위협으로 보지 않았다. 임기 마지막 해에도 그는 여전히 중국이 '평화적으로 부상하고 있다'고 믿고 중국이 '국제 질서 유지의 부담과 책임을 우리와 함께 나눌 것'을 기대했다. 마오쩌둥 이후 가장 강력한 중국 지도자가 되려는 시진핑은 이 말을 읽으며 웃었을 것이다. 시진핑은 중국의 부상이 계속되기를 바랐지만 미국과는 어떤 것도 공유할 계획이 없었기 때문이다. 오히려 그는 중국을 중화 왕국으로 복귀시키려 한다.

세계 시민, 오바마가 이끈 지 몇 년이 지난 후 미국은 전 세계에서 후퇴하고 있다. 미국의 전략적 위치가 개선되거나 동맹국들이 우리를 더 존중하고 높이 평가하거나 적들이 우리를 더 두려워했던 곳은 어디 한곳도 생각나지 않는다. 테러리스트에 대한 공격을 위해 빠르게 발전하는 드론 기술의 혜택을 받은 대테러의 '가능한' 분야를 제외하면 오바마는 모든 면에서 미국을 약화시켰다.(위원회에서도 오바마는 법적 규제와 관료주의를 무기로 드론을 통한 대테러 노력을 방해했기 때문에 '가능'이라고만 말한다. 대외비라 자세한 언급은 아직 할 수 없다.)

오바마는 미국이라는 '한 국가를 우선시하는 세계 질서'의 쇠퇴를 반가이 받아들인다. 자신의 이념적 계획의 성공만을 보았기 때문에 후회는 거의 하지 않는다. 자랑스럽게도 오바마는 미국의 '적' – 미국이 잘못을 저지른 나라 – 들은 보상을 받게 하고, '동맹국' – 미국을 전쟁으로 끌어들일 가능성이 있는 나라 – 들은 그들 자리에 주저앉혔다. 미국의 오지만디아스(Ozymandias)처럼, 그는 자랑스러운 애국 시민들이 그가 만든 업적인 폐허를 바라보며 절망하기를 원한다.

그가 했어야 할 일은 미국 역사상 가장 이데올로기적인 '일단 미국 탓' 외교 정책에 대해 미국인들에게 사과하는 것이다. 내가 보기에 오바마의 '사과 투어'는 8년이나 너무 일찍 시작되었다. 그러나 오바마의 외교 정책이 나빴던 만큼, 4년 후 상황은 어떻게든 더 나빠질 것이다.

Chapter 7

★ ★ ★

바이든의 실수

미국과 타이완의 관계는 우리의 안보와 번영에 매우 중요하지만, 중국은 타이완을 중국의 일부로 간주하기 때문에 이 관계는 섬세한 처리가 필요하다. 국무부 웹사이트만 봐도 알 수 있다. "미국은 대만 관계법, 미중 공동 성명 3개, 6대 원칙(Six Assurances)에 따라 오랫동안 하나의 중국 정책을 고수하고 있다." 간단히 말해, 대만과의 우호 관계는 인정하지만 대만에 대한 중국의 영유권 주장은 해결하지 않겠다는 뜻이다. 이러한 난해한 뉘앙스는 우리가 대만에서 중국으로 국교를 전환한 1979년으로 거슬러 올라간다. 미국은 더 이상 대만과 공식적인 외교 관계를 맺고 있지 않지만, 국무부의 표현대로 '대만 해협의 평화와 안정을 유지하는 데 지속적인 관심을 가지고 있으며 양안 간 이견의 평화적 해결을 장려'하고 있다. 이와 관련된 또 다른 미묘한 정책은 '전략적 모호성

(Strategic Ambiguity)'으로, 미국은 '중국의 공격으로부터 대만'을 보호하기 위해 군사적으로 개입할지 여부와 방법에 대해 명시적으로 사전에 약속하지 않았다.

대부분의 미국인들은 이러한 모호한 외교적 관행에 대해 들어본 적이 없다. 솔직히 많은 하원 의원과 상원 의원들도 마찬가지다. 그러나 미 대통령에게 세계에서 가장 뜨거운 인화점에 불을 붙이지 않기 위해 복잡한 관계의 이해를 기대하는 것은 당연하다.

새 대통령이 대만을 방어할 것이냐는 질문을 받고 "네, 방어하겠습니다."라고 답한다면 그는 미묘하고 미묘한 정책을 뒤집는 거다. 그 대통령은 '미군의 전 군사력을 총동원해서'라는 뜻이냐는 질문에 그는 "무슨 일이 있어도."라고 주장했다. 몇 시간 후, 참모들에게 자신의 실수에 대한 설명을 들은 후 대통령은 가슴 답답한 그의 주장에서 한걸음 물러났다.

나중에 한 노련한 상원 의원이 강연한 것처럼 그는 자신의 말을 취소할 수 없었다. 상원 의원은 대통령이 '놀랄 만한 새로운 약속'을 한 셈인데, 이런 180도 말 바꾸기 태도는 위험한 '모호한 전략적 모호성 정책(Ambiguous Strategic Ambiguity)'을 새로 만들 뿐이라고 비판했다. 이 의원은 이어서, "대통령의 세부 사항에 대한 부주의는 동맹국에 대한 미국의 신뢰를 손상시키고 환태평양 전역에 혼란을 야기합니다."라고 꾸짖으며 "말이 중요합니다."라고 마무리한다.

위의 대통령은 조지 W. 부시이고 상원 의원은 조 바이든이다.

바이든 대통령이 바보가 아니라면 대통령 재임 9개월 동안 한 번, 두 번도 아니고 세 번이나 부시를 비판한 것과 똑같은 일을 할 수는 없다. 2021년 8월 아프가니스탄 철군 참사 당시 바이든은 아프가니스탄을 조약에 따라 방어해야 하는 나토 동맹국과 비교하며 "일본, 한국도 마찬가지고, 대만도 마찬가지."라고 덧붙였다. 그러나 우리는 일본과 한국과 달리 대만과 상호 방위 조약을 맺지 않았다. 몇 시간 만에 익명의 보좌관은 "대만에 대한 우리의 정책은 변하지 않았다."고 말했다.

두 달 후, 그는 타운 홀에서 대만을 방어할 것이냐는 질문에 두 번이나 "그렇다."고 답하며 "그렇게 할 의지가 있다."고 덧붙였다. 이번에도 익명의 보좌관은 대통령의 말을 재빨리 부인했다. "대통령이 우리 정책의 변화를 발표한 것은 아닙니다."

2022년 5월, 바이든은 미국이 "대만을 방어하기 위해 군사적으로 개입할 것이냐?"는 질문에 "그렇다."라며, "우리가 한 약속이기 때문."이라고 답했다. 일본에서 한 실수라 특히 민감했는데, 급파된 '말 주워 담기 구조팀'이 다시 부언한다. "대통령이 말했듯이 우리의 정책은 변하지 않았습니다." 아마도 그가 정반대의 말을 했기 때문에 자신도 다음 날 "정책은 전혀 변하지 않았다."고 강조해야 했다.

공교롭게도 바이든은 한 번, 아니 세 번이나 정답에 우연히 발부리가 걸렸다. 전략적 모호성 정책은 중국이 대만을 침공하기에 너무 약했던 시대로 거슬러 올라가지만, 그 시대는 이미 끝났다. 상황이 바뀌면 정책도 바뀌어야 한다. 그러나 바이든의 '모호한 전략적 모호성'은 중국을 억지력 없이 자극하는 두 가지 최악의 정책인 셈이다. 바이든의 혼란스럽고 일관성 없는 레토릭은 다시 한번 미국을 희생시킨다.

누구도 조 바이든이 엄격하고 훈련된 체계적인 사상가라고 생각하지 않는다. 바이든의 친구와 지지자들, 심지어 자신조차도 그를 손끝 감각과 본능에 따라 행동하는 구식 정치인인 '조 삼촌' 또는 '스크랜턴'[67](Scranton) 조라고 친근하게 부른다. 바이든과 그의 옹호자들은 정교하게 연마된 생존 본능 탓에 미국 정치의 중심부에 계속 살아남아 있다.

바이든은 이념적 중도주의자(Centrist)가 아니다. 그러나 50년 동안 대선 예비 선거를 주시하면서 바이든은 민주당의 중심이라고 인식될 만한 곳에만 얼씬거렸으니 그런 면에서는 중심주의자이다. 지속적으로 변하고 예측 불가능한 그의 정치적 입지는 진보적 외교 정책의 신뢰할 수 있는 풍향계인 셈이다. 그는 보통 당시 유행하던 '나쁜' 진보적 경향과 충동을 따른다. 진보주의자들은 신뢰도가 낮고 오류의 확률이 높은데, 그러니 바이든도 마찬가지다. 오바마 행정부에서 바이든과 긴밀히 협업했던 밥 게이츠 전 국방부 장관은 "지난 40년 동안 거의 모든 주요 외교 정책과 국가 안보 문제에서 바이든은 틀렸다."는 유명한 글을 남긴다.

그때부터 10년이 더 흘렀으니 이제는 50년이다. 그러나 지금 이후에 바이든의 잘못된 판단은 훨씬 더 위험하다. 상원 의원이나 부통령의 오류와 대통령의 오류는 완전히 다른 문제이다. 아프가니스탄과 우크라이

---

67 펜실베이니아주의 바이든 대통령 고향

나만 봐도 알 수 있다.

비둘기, 매, 그리고 타조

강경하고 공격적인 외교 정책 견해를 가진 정치인을 '매파'라고 부르고 소심하거나 주저하는 견해를 가진 정치인을 '비둘기파'라고 부르는 것을 들어 보셨을 거다. 세 번째 조류 유형은 집단적 위협을 무시하기 위해 모래 속에 머리를 박고 있는 '타조파'이다. 대부분의 정치인은 세 가지 부류 중 하나에 속한다. 하지만 조 바이든은 이도 저도 아니다.

아무리 수준 낮은 정치인이라 해도, 조 바이든처럼 극적으로 그리고 자주 입장을 바꾼 예는 드물다. 1972년 상원 의원에 당선된 그는 '베트남 전쟁에 반대하는 스물아홉 살 청년'이라는 자신의 표현대로 냉전 시기인 지난 20년간 비둘기파 견해를 표명했다. 그러나 페르시아만 전쟁 이후 이라크 전쟁을 거치면서 그는 복수의 윌슨주의 매파로 재탄생한다. 그러나 이라크에서 좌절을 겪은 후 그는 다시 비둘기파의 과거로 돌아간다. 그 과정에서 그는 타조가 되는데, 특히 러시아와 중국의 위협에 대해서는 말 한마디 없이 모래 속에 머리를 집어넣어 버린다. 바이든의 불규칙하고 일관되지 않은 견해는 일관되고 통합된 세계관과 일치시키기 어렵다. 오바마 행정부의 한 고위 관리는 아프가니스탄 사태에 대한 토론에서 "바이든이 역사의 뒤안길로 사라졌다고 말할 수 있으면 좋겠다. 하지만 바이든은 그런 사람이 아니다. 그에겐 본능적 직감이 있다."고 두둔한다. 안타깝게도 그의 본능은 미국의 국익이 아니라 민주당의 정치 경향과 일치할 뿐이다.

베트남 전쟁에 반대하는 캠페인을 벌였던 젊은 바이든은 '일단 미국 탓' 사고방식에 젖어 있었다. 1975년 4월 북베트남군이 사이공으로 진격하자 바이든은 남베트남에 대한 막바지 원조를 제공하고 미군의 시민 대피를 승인하는 법안에 반대표를 던진다. 이건 46년 후인 2021년 아프가니스탄에서 갑작스러운 미국인 철수라는 바이든의 섬뜩한 오판의 미리보기 상황이다. 바이든은 "대규모 미군 병력이 필요한 상황이 발생하기 전에 남베트남에서 모든 미국인을 신속하고 무사히 대피시켜야 할 때가 왔다."고 결론지었다(대피 시점이 이미 늦었을 상황이었다). 바이든은 대피가 필요하다는 것을 이해했지만 안전한 대피를 수행하는 데 필요한 군사적 조치에 반대했다. 상원은 법안을 통과시켰지만 하원에서는 실패했고 며칠 후 사이공은 함락되었다. 미국 헬리콥터가 출격해 미 대사관을 겨우 대피시켰다. 사이공의 옥상에서 벌어진 절망적인 장면은 아프가니스탄 카불을 제외하곤 미국의 가장 굴욕적인 대피 소동이었다.

같은 달 바이든은 또한 국방 지출에 대한 평생의 적대감을 보여 준다. 그는 포드 행정부 국방 예산의 10% 이상을 삭감할 것을 제안하는데, 이는 어떤 상황에서도 위험하지만 특히 외교 정책이 위기 상황인 동안에는 더욱 그렇다. 이 수정안은 월터 몬데일(Walter Mondale) 같은 진보적 성향의 의원들조차 반대하면서 쉽게 부결되었다. 몬데일은 "의회는 베트남 전쟁에 반대하기로 결정했을 뿐, 고립주의자가 되기 위해 투표한 것은 아닙니다."라고 변명한다. 그러나 바이든은 국방비 지출이 사회적 지출보다 우선하면 곤란하며, 적의 모든 예상 행동에 근거해서 국방 예산을 책정해서도 안 된다고 불평한다. 그러나 그게 국방 예산 편성의 본질이다.

냉전의 나머지 기간 동안 바이든은 전통적인 비둘기파 입장을 취한다. 그는 국방비 증액, 신형 미사일, 첨단 무기 도입에 반대하며 우리가 소련에 우위를 점할까 우려했다. 같은 결함투성이 논리로 미사일 방어 시스템에도 반대했다. 그는 또한 같은 해 러시아의 아프가니스탄 침공으로 정치적 수명이 끝난, 그러나 바이든이 수년 동안 소생시키려고 노력했던 1979년 '전략 무기 제한 회담(Strategic Arms Limitation Talks)'과 같은 심각한 결함이 있는 무기 통제 협정을 옹호했다. 바이든은 1980년대 유럽에 중거리 미사일 배치를 반대하고 핵 동결을 요구하지만, 이는 러시아의 현장 우위만 고착시킬 뿐이었다. 그는 니카라과의 소모자(Somoza) 정부를 혐오했고, 레이건이 마르크스주의 반군에 맞서 친미 성향의 엘살바도르 정부를 지원한 것에 반대했던 것처럼 1980년대에 콘트라 반군에 대한 레이건의 자금 지원에 반대했다. 바이든은 매번 '일단 미국 탓' 정책의 민주당 주류에 휩쓸렸다.

페르시아만 전쟁에 대한 바이든의 반대표는 비둘기로서 첫 비행의 마무리였다. 지금은 거의 잊혔지만, 쿠웨이트에서 사담 후세인 축출을 위한 군사 개입을 승인하는 투표의 결과는 거의 모든 공화당원에 소수의 민주당원 표를 합한 '52 대 47'로 박빙이었다. 바이든은 "미국의 어떤 중대한 이익이 젊은 미국인들을 아라비아반도의 모래사장에서 죽음으로 내모는 것을 정당화할 수 있는가?"라고 물었다. 바이든의 질문을 보면 무슨 이야기를 하려는지 알 수 있다. 쿠웨이트는 실제로 아라비아반도에 있지 않기 때문에 바이든은 사담 후세인이 거기서 멈추지 않고 더 많은 주변 국가를 침공한다고 전제한 것 같다. 후세인은 당시 우리의 경제가 심각하게 의존했던 이 지역의 석유 공급에 대한 위협이었다. 그래서 전쟁의 핵심이었다. 그러나 바이든은 무관심한 듯 "미국을 분열시키고 약화시킬 급격한 전쟁"이라고 비난했다. 아니나 다를까 바이든은 틀렸다. 6주간의 혹독한 공습 끝에 미군은 4일 만에 당시 세계에서 네 번째로 큰 군대를 격파했다.

전쟁이 끝난 후 바이든은 매의 날카로운 발톱을 보이려 자신의 부드러운 흰색 비둘기 허물을 벗는다. 아마도 그는 자신의 방식이 잘못되었다는 것을 깨달았을 것이다. 빌 클린턴이 적어도 전쟁을 지지한다고 주장하고 투표한 몇 안 되는 민주당 상원 의원 중 한 명인 앨 고어를 러닝메이트로 선택했다는 사실을 인식했을 가능성이 더 크다. 어쨌든 바이든은 향후 10년 동안 호전적인 개입주의적(Interventionist) 견해를 견지한다.

바이든은 이라크에 대한 자신의 오판을 과도하게 보상하는 것으로 변신을 시작한다. 자신의 실수를 인정했지만 그것만으로는 충분하지 않았다. 그는 사담 후세인을 권좌에서 완전히 제거하지 않은 조지 H. W. 부시 대통령을 '근본적인 실수'라고 비판했다. 바이든은 또한 이라크에 대량 살상 무기 프로그램이 있다고 단언하며, 한 상원 청문회에서 사찰과 제재로는 막을 수 없고 오직 '사담 후세인 제거'만이 대안이라고 말한다. 이 말은 이후 2008년과 2020년 민주당 대선 예비 선거에서 그를 끈질기게 괴롭히게 된다.

다음으로 바이든은 1990년대 발칸(Balkan) 전쟁에 대해 특히 호전적이었다. 보스니아 내전에 개입하려는 미국의 중요한 이해관계를 분명히 밝히지도 않은 채, 자신이 '보스니아에 공습을 요청한 최초의 사람'이라고 자랑한다. 또 세르비아의 수도 베오그라드(Belgrade)를 '폭격하자고 제안'했고 세르비아와 보스니아 사이의 '모든 다리를 폭파하자고 제안'했다고 떠벌린다. 그는 '부시 행정부에 의해 시작되어 클린턴 행정부에 의해 약간의 조정 후 계속된 구 유고슬라비아의 파산 정책'을 비난했다. 클린턴이 '절망과 비겁의 정책'을 펼쳤다고 덧붙인다. 그의 눈에 더 나쁜 것은 유럽 동맹국이었다. '도덕적 강간(Moral Rape)'이라는 비난까지 했으니.

마지막으로 가장 악명 높게도, 바이든은 2003년 이라크 전쟁을 지지했다. 전쟁이 정치적으로 불편해질 때에서야 지지를 철회했다. 지금은 거의 잊혔지만, 투표는 '77 대 23'으로 박빙 승부가 아니었다. 바이든 외에도 전쟁에 찬성한 민주당 상원 의원은 힐러리 클린턴, 톰 대슐(Tom Daschle), 존 케리, 해리 리드(Harry Reid), 척 슈머(Chuck Schumer)가 있다. 전쟁이 시작된 지 4개월이 지난 후에도 바이든은 자신의 투표를 고수한다. '나는 오늘도 그렇게 투표할 것'이라고 선언하면서 '사담 후세인을 상대로 행동하지 않았더라면 훨씬 더 큰 대가를 치렀을 것'이라고 덧붙인다. 1년 후, 그는 전쟁 자체가 '현명하지 못했다'고 해도 자신의 '투표는 정당했다'고 주장한다. 그러나 대통령 선거 출마를 다시 준비하면서 바이든은 마침내 자신의 투표가 '실수'라고 인정하고 이를 철회했다. 그리고 남은 경력 동안 전쟁에 대한 초기 지지를 거짓으로 부인한다.

바이든은 민주당을 따라 비둘기파적인 '일단 미국 탓'의 뿌리로 돌아갔다. 그는 이라크 파병이 엄청난 성공임에도 '비극적인 실수'라고 부르며 이라크 파병에 반대했다. 부통령으로서 그는 아프가니스탄에서도 비슷한 파병에 강력히 반대했는데, 4장에서 본 바와 같이, 오바마는 이 결정으로 인해 밥 게이츠 국방부 장관이 묘사한 것처럼 '중국식 물고문(이마에 물방울 떨구는)'을 받게 된다. 그는 오바마의 고위 팀 중 유일하게 오사마 빈 라덴 생포 사살 작전에 반대했다. 바이든은 또한 오바마 전쟁 내각의 고위 참모들과 달리 2012년 시리아 반군 전사들을 무장시키려는 페트레이어스 계획도 지지하지 않았다. 엄밀히 말하자면, 바이든은 이집트의 호스니 무바라크 축출과 리비아의 군사 개입에도 반대했다. 멈춘 시계도 하루에 두 번은 맞는 법이다.

비둘기든 매파든 상관하고 싶지 않지만, 수년 동안 바이든은 특히 러시아와 중국의 위협에 대해 타조처럼 머리를 모래 속에 콕 집어넣고 있다. 바이든은 특히 지정학적 경쟁과 적대 관계를 인정하는 데 알레르기가 있는데, 하물며 실제 냉전 시기에도 '냉전'이란 말을 금기시했다. 1983년 그는 냉전 상태는 아니지만 레이건의 정책으로 인해 "2년 전보다 냉전이 훨씬 더 가까워졌다."고 주장했다. 2012년 미트 롬니(Mitt Romney)가 러시아를 주요 '지정학적 적'으로 언급했을 때 바이든은 그의 '냉전적 사고방식'이라며 조롱했다.

중국에도 마찬가지다. 2019년 중국 공산당을 "나쁜 사람들이 아니다."라고 옹호했다. 수십 년에 걸친 중국의 범죄와 침략에도 불구하고 바이든은 놀랍게도 "그들은 우리와 경쟁 상대가 아니다."라고 선언한다. 바이든의 타조식 관행은 대통령이 된 후에도 계속된다. 유엔 첫 연설에서 "우리는 새로운 냉전을 추구하지 않는다."고 주장한다. 그렇다! 미국은 러시아나 중국과 냉전을 추구하지도 않았고 한 적도 없다. 그러나 중국은 수십 년 동안 우리와 냉전을 벌여 왔고 우리의 선택은 냉전을 추구할지 여부가 아니다. 오직 승리할지의 여부이다. 바이든은 너무 소심해서 연설에서 중국이라는 말을 언급할 엄두조차 내지 못한다. 항상 중국을 경쟁자나 위협으로 보는 데 어려움을 겪어 왔다. 그는 초선 상원 의원 시절 1979년 중국 방문을 회상하면서 2011년에 자신의 오랜 견해를 요약한다. "저는 그때도 지금도 중국의 부상은 중국뿐만 아니라 미국에도 긍정적이고 긍정적 발전이라 믿습니다."

모래 속에 머리 박은 타조와 다름없다.

바이든의 타조 성향은 아프가니스탄의 처절한 철수에서 볼 수 있듯이 러시아와 중국에만 국한되지 않는다.

아프가니스탄 참사

바이든은 10년 넘게 아프가니스탄에 대한 원한을 품고 있었다. 2009년 군이 병력 증파를 권고했을 때 그는 그 제안을 조롱하고 고위 군 지도자들의 동기에 의문을 제기하며 철수를 염두에 두고 임무를 축소할 것을 촉구한다. 4장에서 보듯이, 바이든은 오바마 앞에서 장성들을 비난하며 그들 사이 관계를 이간질시켰다. 그러나 오바마는 그가 머쓱해질 정도로 조언을 거부했다. 2021년에 대통령이 된 바이든은 자신이 옳았다는 것을 모두에게 보여줄 계획이었다. 특징적이고 치명적인 '최고의 자신감'과 '최악의 무능'의 조합으로 그는 철수 위협에 대해 머리를 모래에 푹 집어넣고 현대 미국 역사상 최악의 전략적 실패 중 하나의 무대를 설정한다.

바이든이 물려받은 탈레반과의 합의는 적어도 미군의 최종 철수를 위해 탈레반에 조건을 부과했지만 완전한 실패는 아니었다. 그러나 탈레반은 트럼프 행정부 마지막 달이나, 바이든의 첫 달에도 조건을 충족하지 못했다. 오히려 탈레반은 전국적인 도발을 계획했다. 나는 정보 위원회와 군사 위원회 양쪽 모두에서 바이든이 도발의 경고를 보고받았다는 것을 알고 있다. 초기 평가에서는 아프간 정부가 1년 이상 스스로를 방어할 수 있을 것으로 예측했지만, 브리핑을 받을 때마다 그 기간은 점점 줄어들고 있었다. 카불이 함락된 후 바이든은 이 정보를 받지 못했다고 거짓말을 했다.

그리고 바이든은 모래 속에 머리를 박고 계속 침묵했다. 그는 경고 신호를 무시하고 무모하게 철수 계획을 강행했다. 탈레반에게 아무것도 요구하지 않고, 약 2,000명의 병력을 현지에 유지하라는 고위 군 지도자들의 조언도 거부했다. 그는 나중에 이 조언도 받지 않았다고 거짓말을 한다. 그러나 아프가니스탄 주둔 4성 사령관, 중동 지역 사령관, 합참의장, 국방부 장관 모두 의회 위원회 앞에서 바이든의 말이 거짓이라고 증언했다. 기괴하게도 그는 9/11과 그 이후의 전쟁에서 사망한 사람들을 추모하고 기리기 위해 9/11 20주년에 철수할 것이라고 발표했다. 설상가상으로, 이 새로운 철수 예정 날짜는 탈레반의 위협이 최고조에 달하는 여름 전투 시즌 한가운데였다.

여름 동안 상황이 악화됨에도 바이든은 완고하게 움직이지 않았다. 대신 카불 외곽에서 약 50마일 떨어진 대규모 단지인 바그람(Bagram) 공군 기지에 대한 통제권을 넘겨주기 전 철수를 잠시 중단했다. 바그람은 카불 공항에 비해 훨씬 좋은 철수 기지지만, 바이든은 두 공항을 모두 지킬 수 있는 수준의 미군 병력을 확보하지 못했다. 군이 기지의 안전 확보를 위해 일시적으로 5,000명의 병력을 배치해야 한다고 평가했을 때 바이든은 거부했다. 슬픈 아이러니이지만, 그 5,000명이라면 8월에 카불 공항의 안전을 지킬 수 있었다.

바이든은 위험이 닥쳤을 때 미국 국민에게 또 거짓말을 했다. 카불이 무너지기 불과 5주 전, 아프가니스탄과 1975년 사이공 함락의 유사점에 대해 물었을 때 그는 "전혀, 전혀."라고 비웃었다. 바이든은 "대사관 지붕에서 사람들이 들어 올려지는 것을 보는 상황은 없을 것(베트남 철수 상황을 이렇게 표현)."이라고 덧붙였다. 그 순간 그는 그렇게 될 줄 알고 있었다. 그는 아프간 공군의 비행을 유지하던 민간 정비사들의 철수를 명령했다. 공중 지원이 없어지니, 아프간 군대는 무기력했다.

무엇보다도 바이든은, 우리 군을 도왔던 아프간인은 말할 것도 없고, 미국 시민과 영주권자조차 대피시킬 계획이 거의 없었다. 국무부는 민간인 대피에 대한 책임이 있지만 탈레반이 진격해 오자 머뭇거렸다. 카불이 무너지자 모든 미국인들은 카불 공항에 알아서 이동해야 했고, 미군은 작은 공항에서 심각한 위험에 노출되었다. 바이든 행정부는 심지어 시 외곽 보안 경계를 탈레반에 의존했다.

비극적으로 또 어쩌면 필연적으로, 자살 폭탄 테러범이 탈레반 전선을 통과하며 미군 최정예 젊은 병사 13명이 사망했다. 조 바이든의 교만과 무능 때문에 미국은 2차 대전 이후 아프가니스탄에서 가장 치욕적인 날을 보냈다. 설상가상으로, 미국 국민과 미국 파트너를 적진에 팽개쳐 버리면서, 미국에 입국 권리조차 없는 수천 명의 아프간인을 대피시켰다. 그들 중 일부는 테러리스트와 관련이 있는 것으로 입증되었다.

그러나 바이든은 이 작전 전체를 '특별한 성공'이라고 선언한다.

나는 '완벽한 참사'라 부른다. 바이든의 치욕스러운 아프가니스탄 철군 실행은 우리가 잃은 사람들과 그들의 가족, 그리고 우리가 남겨둔 사람들에게 인간적인 비극이다. 하지만 그보다 더 큰 문제는 엄청난 전략적 패배였다. 카불이 함락되자 중국의 한 선전 매체는 미국을 조롱하며, 우리의 적들이 바이든의 약점 속에서 새로운 기회를 포착하는 한편, 동맹국들은 미국의 결의에 의문을 제기하는 '아프간 효과(Afghan Effect)'가 나타날 것이라고 예측했다. 당연히 블라디미르 푸틴이 눈을 부릅뜨고 지켜보고 있었다.

오바마 행정부 초기에 바이든은 아프간에서 "우리는 베트남에서 했던 것처럼 해야 한다."고 주장했다. 본인이 한 말을 지킨 셈이지만 아프가니스탄은 더 심각했다. 베트남에서는 사이공이 공산주의 적의 지원을 받는 정규군에게 함락되기 몇 년 전에 전투 병력이 철수했다. 하지만 아프가니스탄에서는 우리 군대가 중세 야만인 무리의 공격을 받아 철수해야 했다. '아프간 효과'는 현실이며 적어도 바이든이 대통령으로 있는 한 수년 동안 우리를 괴롭힐 것이다. 마지막 미군이 아프가니스탄을 떠난 직후 러시아 군대가 우크라이나 주변에 몰려들기 시작했다.

우크라이나 전쟁

아프가니스탄에서 보여준 바이든의 무력함은 블라디미르 푸틴이 우크라이나를 침공해도 무사할 거라고 믿게 만들었다. 바이든은 취임 순간부터 푸틴에게 약점을 드러냈고, 나치 독일과 소련 러시아가 폴란드를 침공한 이후 유럽에서 최악의 전쟁을 초래했다.

바이든은 진즉 위험을 깨달아야 했다. 푸틴은 특히 우크라이나를 통해 러시아 제국을 재건하려는 열망을 숨긴 적이 없다. 푸틴은 냉전 이후 지미 카터의 국가 안보 보좌관이었던 즈비그니에 브르제진스키(Zbigniew Brzezinski)의 견해에 전적으로 동의한다. "우크라이나가 없는 러시아는 더 이상 제국이 아니지만 우크라이나가 복속되고 종속되면 러시아는 자동적으로 제국이 됩니다." 푸틴은 이 신념에 한 번도 흔들린 적이 없다. 2008년 조지 W. 부시가 우크라이나의 나토 가입을 제안했을 때 푸틴은 부시에게 "우크라이나는 국가도 아니다!"라고 분통을 터뜨렸다. 2021년 7월 푸틴은 러시아와 우크라이나의 '역사적 일체성(Historical Unity)'에 관한 장문의 에세이를 발표하며 "우리의 역사적 영토 위에 살고 있는 우리와 가까운 사람들이 러시아에 대항하는 것을 결코 허용하지 않을 것"이라며, "그러한 시도를 하는 이들은 자신의 나라가 파괴되는 것을 보게 될 것이다."라고 경고한다. 바이든은 2014년 러시아가 우크라이나를 침공한 후 푸틴의 야망을 이해하는 듯했다. 믿을 만하게도, 바이든은 실제로 당시 우크라이나를 무장시키기 원했지만 오바마가 거부했다. 그리고 2020년 선거 캠페인 기간 내내 바이든은 푸틴에 대해 강경 발언을 이어 나갔다.

하지만 강경 발언은 거기까지였다. 도널드 트럼프에 대응한 정치적 점수를 얻기 위한 수단에 불과했다. 그는 처음부터 푸틴을 달랬다. 취임 첫 주에 바이든은 '뉴스타트 조약'(New START Treaty)' 연장에 동의했다. 오바마가 협상한 이 최악의 일방적인 군비 통제 협정은 러시아 전술적 핵무기의 우위는 묵인하는 한편, 전략적 핵무기 확장을 허용하는 내용이다. 푸틴은 수년 동안 최우선 과제로 이 조약의 연장을 원했다. 트럼프 행정부는 양보나 수정 없이 조약 연장을 거부했다. 하지만 바이든은 아무런 대가도 받지 않고 굴복했다. 이 양보는 푸틴을 만족시키기는커녕 식욕만 자극했다.

바이든은 또 노르드 스트림[68](Nord Stream) 2 파이프라인에 대한 제재를 면제하며 푸틴의 두 번째 우선순위를 충족시켰다. 발트해 아래를 통과하는 이 파이프라인을 통해 러시아는 동유럽 나토 회원국이나 우크라이나를 경유하지 않고도 독일에 가스를 공급할 수 있었다.

68　러시아와 독일을 연결하는 기존 가스 파이프라인을 연장하는 프로젝트이다. 독일은 이를
　　　통해 러시아로부터 공급되는 천연가스의 확보가 용이해지지만, 대부분의 동유럽 국가들은
　　　러시아의 에너지 의존도가 증가하는 것을 우려하고 있다.

유화 정책은 계속되었다. 2021년 4월, 푸틴은 수만 명의 군인, 탱크, 군수품을 우크라이나 국경에 배치했다. 이 도발에 대응하여 바이든은 서둘러 제네바에서 그럴듯하게 보이는 첫 번째 대통령 정상 회담을 제안한다. 푸틴은 초대를 수락하며 자신의 글로벌 위상을 뽐냈다. 푸틴은 대부분의 병력을 철수했지만 장비와 인프라의 대부분은 국경에 그대로 남겨 두었다.

한 달 후, 러시아에 기반을 둔 해커들이 콜로니얼(Colonial) 파이프라인[69]을 공격하여 수천만 미국인의 연료 공급을 위협했다. 바이든은 러시아를 비난하지만 비둘기파적인 태도로 돌아서며 아무런 조치도 취하지 않았다. 사실, 그는 악명 높은 러시아 해커를 연방 교도소에서 석방한 직후 일언 설명 없이 러시아로 돌려보냈다. 바이든은 이러한 양보에 대해 아무런 대가를 받지 못했다.

다음이 아프가니스탄이다. 푸틴은 사건에 압도당하고 현실을 부정하는 나약한 미국 대통령 바이든을 낱낱이 보았다. 미국이 카불에서 굴욕을 당한 지 불과 몇 주 후, 러시아 군대는 비정상적으로 대규모인 연례 군사 훈련을 숨기며 우크라이나 국경으로 돌아왔고 그 후로 한 발짝도 떠나지 않았다. 바이든 행정부는 처음부터 러시아 군대의 움직임을 잘 알고 있었을 거다. 왜냐하면 나도 초가을에 행정부 관리들로부터 여러

---

69 미국의 동부 지역에서 남부 지역까지 석유 및 천연가스 운송을 담당하는 파이프라인으로 2021년 러시아 기반의 사이버 해킹 그룹인 다크사이드에 의해 대규모 사이버 공격을 당해 동부 지역의 에너지 가격 상승과 공급 부족으로 이어져 소비자들과 기업들에게 상당한 악영향을 미쳤다.

차례 브리핑을 받았으니까. 나는 이 첩보를 모니터링하는 동시에 경종을 울릴 수 있는 뉴스 보도나 소셜 미디어 동영상도 검색했다. 바이든 행정부는 10월 말이 돼서야 이 이야기를 유출했고, 나는 이미 몇 주 전에 초안을 작성했던 '러시아는 바이든의 외교 정책 시험대'라는 제목의 《월스트리트 저널》 오피니언 기사를 게재했다. 나는 푸틴을 저지하기 위한 즉각적인 조치를 촉구했다. 우크라이나에 무기를 지원하고, 노르드 스트림 2를 제재하고, 유럽 동맹국들이 추가 제재에 동참할 것을 요구했다. 바이든은 결국 이 모든 조치를 취했다. 문제는 이미 늦은 몇 달 뒤에 했다는 것이다.

나약한 수동적 태도는 침공 자체까지 포함해 몇 달 동안 계속된다. 12월에 바이든은 우크라이나에 미군을 파병하는 것을 명시적으로 배제했다. 나는 우크라이나가 스스로를 방어하도록 도와야지 우리 군의 참전은 안 된다며 이 결정에 동의했다. 그러나 바이든은 이를 공개적으로 발표함으로써 푸틴의 전쟁 계획을 단순화했다. 한편 로널드 레이건의 경우를 보면 러시아 점령군에 맞서 아프가니스탄을 지원할 때, 군 파병을 심각하게 고려하지도 공개적으로 파병을 배제하지도 않았다. 실제로 그는 아프간에서의 미군의 노력에 대해 거의 언급하지 않았다.

행동은 말보다 더 크게 들리는 법이다. 바이든의 불필요한 발표는 하지 않을 모든 것을 애써 알리는 어리석은 짓일 뿐, 의지의 경쟁에서 결코 도움이 되지 않았다.

1월에 바이든은 러시아의 우크라이나에 대한 '사소한 침공[70](Minor

Incursion)'이 무슨 큰일도 아니라며 집단적인 무감각으로 이어질 것이라고 추측했다. 나는 상원 의원 책상에 앉아 바이든의 기자 회견을 등 뒤로 듣고 있다가 그만 온몸이 얼어붙었다. 그 말은 1950년 딘 애치슨(Dean Acheson) 국무 장관이 동아시아의 '방어 경계선(Defensive Perimeter)'에서 한국을 제외시킨 악명 높은 연설을 기억하며 불과 몇 달 후 북한이 남한을 침공한 것을 상기시켰다. 푸틴은 그 정도까지 오래 걸리지 않을 거라고 나는 생각했다.

비공식적으로 바이든과 그의 행정부는 비둘기파적 태도를 이어 갔다. 상원에서는 일부 민주당 의원들이 공화당 의원들과 협력하여 강력한 '침공 전 제재(Pre-invasion Sanctions)' 법안 초안을 작성하고 있었다. 바이든 행정부는 이에 반해 격렬한 로비를 벌여 그 기회를 짓밟아 없애 버렸다. 나는 행정부 고위 관리들이 연이어 "푸틴이 침공 결정을 내렸다는 첩보가 없다."고 공손하게 주장하는 브리핑을 셀 수 없을 정도로 많이 들었다. 나를 미쳤다고 했지만, 200,000명의 병력을 소련이 우크라이나 국경에 배치하는 것은 침공의 결정적인 증거처럼 보였다. 특히 부상당한 병사들을 치료할 혈액을 공급하는 의무 부대가 포함되어 있었다. 육군에서 훈련을 계획할 때 혈액을 준비하지 않는다.

양보와 부정, 희망적인 생각은 모두 소용이 없었다. 푸틴은 내가 몇 달 동안 예측했던 대로 우크라이나의 급소를 찾아갔다. 그때도 바이든은

---

70   바이든은 이 표현을 미국의 군사적인 개입을 완화하고, 외교적인 해결책을 모색하려는 의지라고 설명했다. 그러나 우크라이나와 유럽의 일부 정부들은 미국이 러시아의 침공에 대해 너무 가볍게 대응한다고 비판했다. 우크라이나는 아직도 전쟁 중이다.

망설였다. 푸틴은 며칠 안에 키예프를 점령하고 볼로디미르 젤렌스키 대통령이 항복하거나 도망갈 거라고 분명히 믿었다. 실제로 바이든 행정부는 젤렌스키를 대피시키겠다고 제안했지만 단호히 거절당했다. "싸움이 터졌습니다. 필요한 건 탄약이지 도망갈 차량이 아닙니다."라며.

솔직히 말해서, 일부 바이든 행정부 관리들과 유럽 지도자들은 2014년 침공처럼 러시아가 순식간에 승리하고 몇 가지 형식적인 제재 후에 곧 일상으로 돌아가기를 바랄 거라고 나는 생각했다. 젤렌스키와 영웅적인 우크라이나 군대는 서방이 행동에 나서도록 부끄럽게 만들었다.

그럼에도 바이든은 전쟁 초기에 여러 번 모호한 태도를 취한다. 상원 브리핑에서 어떤 무기는 방어적이라 우크라이나에 전달하기에 적합하지만 다른 무기는 공격적이고 확전적이라 위험하다는 변명을 시도 때도 없이 들었다. 또 한번 미쳤다고 해도 좋지만, 나는 러시아가 우크라이나를 침공한 이상 자국 영토를 방어하는 모든 무기는 본질적으로 방어적인 거라고 강조했다. 이러한 법률적 판단은 앤토니 블링컨 국무 장관이 폴란드가 우크라이나에 MiG 전투기를 제공하도록 '승인'했을 때 공개적인 밑바탕이 되었지만, 바이든은 며칠 만에 결정을 기이하게도 뒤집어 버렸다. 그는 또한 처음에 우크라이나에 실행 가능한 첩보를 제공하지 않다가 의회의 지적과 우크라이나의 국지전 승리를 보며 많은 창피를 당한 후에야 그리했다.

경제 측면에서도 마찬가지다. 러시아에 대한 첫 번째 제재는 한심할 정도로 나약했다. 우크라이나가 러시아의 초기 공격을 격퇴한 후에야 행정부가 심각해졌다. 그때도 바이든은 의회와 유럽에 끌려다니는 경향이 있었다. 그는 의회에서 벼랑 끝까지 버티다 러시아산 석유 수입을 금지했다. 마찬가지로 의회가 이미 러시아의 최혜국 무역 지위의 박탈 조치를 취한 후에야 박탈을 촉구했다.

그런 다음 바이든은 헛발질하며 강경한 척 나팔을 분다. 민주당 방식대로 말뿐이다. 전쟁이 시작된 지 3주 만에 푸틴을 '전범'이라고 맹비난한다. 러시아가 우크라이나에서 전쟁 범죄를 저지른 것은 의심의 여지가 없지만, 그런 심각한 문제에 대해 준비 없이 목소리를 내는 것은 조금 어색했다. 마차가 말을 끄는 양상과 다름없다. 승전이 우선이지 전범의 책임 여부는 다음 일이기 때문이다. 푸틴을 비난하면서 동시에, 바이든은 우크라이나에 보낼 전투기, 장갑차, 방사포, 로켓 발사대, 대함 미사일을 부정하고 있었다. 전쟁은 헤이그 사법 재판소에 소송 제기가 아니라, 무기로 승리한다.

바이든은 며칠 후 바르샤바에서 러시아의 정권 교체를 촉구하며 상황을 더욱 악화시킨다. 즉흥적으로 연설 말미에 "맙소사, 이분이 권력을 잡고 있으면 안 됩니다."라고 소리친다. 준비 안 된 이 발언이 문제였다. 푸틴은 오랫동안 미국이 자신을 권좌에서 끌어내리려 한다고 주장해 왔는데, 이제 바이든의 부적절한 말 폭탄을 그 증거로 지적할 수 있게 됐다. 게다가 바이든은 위험하게도 전쟁의 판돈을 키웠다. 정권 교체와 전쟁 범죄 재판이 패배한 푸틴을 기다리고 있다면, 그는 전쟁에서 잃을 것이 아무것도 없는 게 되는 셈이다. 세계 최대의 핵무기 단추를 늘 갖고 다니는 사람에게 할 이야기는 아니다.

레이건은 여기서도 좋은 대조를 이룬다. 레이건은 전 세계를 무대로 러시아와 공격적으로 맞서 성공적으로 승리했다. 실제로 바이든과 같은 민주당원들은 레이건이 핵전쟁의 위험을 높이고 있다고 히스테릭하게 비난한다. 그러나 레이건은 레오니트 브레주네프(Leonid Brezhnev)나 미하일 고르바초프의 축출을 요구한 적이 없다. 강인함과 결단력은 성급한 행동과는 다르다. 그러나 조 바이든이 강경한 척 행동하면 되는 일이 하나도 없다.

전쟁 내내 바이든은 비둘기, 매파, 타조와 같은 본능을 차례로 보여 준다. 어떤 때는 한 번에 다 보여 준다. 푸틴이나 바이든이 예상한 대로 상황이 전개되지는 않았다. 하지만 윈스턴 처칠의 말을 빌리자면 이 비극적인 전쟁의 단초는 바이든의 나약함이 푸틴에게 '무력행사 유혹'의 빌미를 제공했기 때문이다. 미국이 전범 재판에서 이기든 지든 중요하지 않다. 단, 러시아는 결코 그런 무력 유혹에 넘어가서는 안 되는 일이었다.

요즘 조 바이든을 무능하고 혼란스럽다고 일축하는 것은 흔한 일이다. 하지만 그게 전부가 아니다. 바이든은 그의 경력 전반에 걸쳐 당시의 진보적인 통념을 반영하고 행동해 왔다. 그는 자주 지구상의 문제를 미국 탓으로 돌리며 미국이 세계로부터 후퇴하고 적을 수용해야 한다고 주장한다. 미국의 힘을 사용할 때라도, 우리의 핵심 이익의 방어가 아니라 추상적 좌파 이상을 위해 어색한 방식으로 진행한다.

오락가락 일관성 결여에도 불구하고, 그의 과거는 미국의 힘에 대한 진보적인 혐오감을 일관되게 보여 준다. 다행히도 그가 상원 의원과 부통령일 때 국가 안보와 관련된 중요한 논쟁에서 패배한 적이 많다.

하지만 이제는 대통령이다. 중국은 부상하고, 러시아는 진군 중이다. 이란, 쿠바, 베네수엘라는 또 다른 통 큰 양보를 자신 있게 기다리고 있다. 적들과의 격차는 좁혀지고 '무력의 유혹'은 가중되고 있다.

미국은 더 이상 약해질 수 없다. 다시 강해져야 한다. 2부에서 그 방법을 설명한다.

ONLY
THE
STRONG

PART

2

앞으로 나아갈 길

Chapter 8

★ ★ ★

미국의 전략 복구

1988년 로널드 레이건 대통령은 이란 이슬람 공화국(Islamic Republic of Iran)에 페르시아만에서 상업 운송을 방해하거나 미 해군 함정을 위협하지 말라고 경고한다. 그러나 시아파들은 어리석게도 레이건의 결의를 시험했다. 제1차 세계대전 이후 최대 규모의 해전에서 미군이 이란 해군의 절반을 파괴하는 데는 단 9시간으로 충분했다.

그 배경에는 장기간 지속된 이란-이라크 전쟁이 있었다. 두 정권은 모두 사악했기에 미국은 전쟁에 끼어들고 싶지 않았다. 헨리 키신저는 "양쪽 모두 패배시킬 수 없는 것이 유감"이라고 말했다. 틀린 말이 아니었다. 우리에게는 양국 모두 이해관계가 걸려 있었기 때문이다. 미국은 이란 시아파가 이라크 시아파의 지배하에 있는 이라크 남부를 반미 제국으로 확장하는 것을 원치 않았다. 소련 러시아가 이 지역에서 영향력을 회복하는 것도 원치 않았다. 가장 중요한 이유는 당시 미국이 지금보다 훨씬 더 페르시아만 석유에 의존하고 있기 때문이었다. 걸프만을 횡단하는 대형 유조선에 대한 위협은 미국 내 유가 상승과 직결되는 문제였다.

1987년, 이란의 상업용 유조선에 대한 공격이 크게 증가하자 쿠웨이트는 강대국들에 도움을 요청했다. 레이건 대통령은 쿠웨이트 유조선에 미국 성조기를 달아 선적을 바꾼 채 미 해군 군함이 걸프만에서 호위할 수 있도록 러시아를 설득했다.

이란 시아파들은 여전히 상황을 파악하지 못했다. 10월, 이란의 미사일이 성조기를 단 유조선을 공격했다. 다음 날 레이건 대통령은 심상치 않은 경고를 내렸다. "걸프 해역에서 평화롭게 활동하는 미 해군이나 성조기를 단 상선에 대한 위협에 대해 상응하게 대응할 것이다." 이틀 후, 해군은 유조선 공격에 사용된 이란 석유 굴착용 플랫폼을 파괴함으로써 '상응하게' 보복했다. 레이건은 미국이 "지금 이란과 전쟁 중이냐?"는 질문에 "그건 사실에 부합하지 않습니다. 이란은 미국과 전쟁할 정도로 멍청하지 않습니다."라고 답했다.

실제로 이란은 다른 나라 유조선에 대한 공격과 페르시아만에 무모한 기뢰[71] 설치는 계속했지만 성조기를 단 유조선에 대한 공격은 중단했다. 계속된 이란의 불장난은 1988년 4월 14일 기어코 심각한 화상으로 이

[71] 선박 파괴용으로 수중에 설치하는 폭탄

어졌다. 사무엘 B. 로버츠호(USS Samuel B. Roberts)는 이란의 기뢰에 부딪혀 선체에 큰 구멍이 뚫려 배가 거의 침몰할 뻔하고 10명의 선원이 부상을 입었다. 이란이 미 함정을 직접 공격해 우리 선원들에게 피해를 입힌 것이다. 미국의 신뢰와 명예가 위태로운 상황이었다.

레이건은 망설이지 않았다. 나흘 후 해군은 해병대와 공군의 지원을 받아 구축함 9척을 보낸다. 첫 번째 목표는 이란 공격의 계획과 실행에 사용된 두 개의 '석유 플랫폼'이다. 미 사령관이 한 플랫폼의 승무원들에게 통명스럽게 경고한다. "5분 안에 플랫폼을 떠나라. 08시에 파괴할 것이다." 실제로 정시에 첫 번째 플랫폼에 이어 두 번째도 정확히 파괴했다. 대부분의 이란 해군이 우리 군과 교전하기 위해 달려 나갔지만 결국 모두 침몰당하고 말았다. 미국은 그날 이란 함정 5척을 침몰시키고 1척을 심하게 손상시켰다. 마지막 1척도 침몰시킬까를 묻는 질문에 합참 의장은 "오늘 충분히 피를 본 것 같다."고 대답했다. 이란은 시아파의 굴욕적인 패배를 상징하는 화염에 휩싸인 배를 항구로 예인해야 했다.

레이건은 절제된 태도로 40년 만에 최대 규모의 해전에 대해 의회에 브리핑하고 "우리는 자위적 조치를 완료했으며 사안이 종결된 것으로 간주한다."고 결론지었다. 이란은 이의를 제기할 입장이 아니었기 때문에 다른 미국 함정을 공격하지 않았다. 그로부터 불과 4개월 후, 8년에 걸친 전쟁은 종결되었다.

힘을 통한 평화는 '끝없는 전쟁'으로 이어지지 않고 승리로 마무리되었다.

지금까지 우리는 지난 세기 동안 좌파가 미국의 권력을 어떻게 망가뜨리는지 보았다. 그들은 미국의 건국, 심지어 미국 자체를 부정한다. 미국의 권력에 대한 확신과 자신감이 결여된 상태로 우리 행동의 자유를 제약하고 제한한다. 그 결과 미국은 약화되고 굴욕당하며, 적에게는 유화적이고, 우방에는 신뢰를 의심받는 나라가 되었다. 물론 이것이 좌파의 목표이다.

그러나 미국의 힘과 명예에 대한 오래되고 자랑스러운 전통이 있다. 이 전통은 미국의 전략 목표가 미국 국민의 안전, 자유, 번영이라고 말한다. 그 목표를 달성하는 방법은 시대에 따라 다를 수 있지만, 미국이 우선시되어야 한다는 데는 변함이 없다. 조지 워싱턴, 토머스 제퍼슨, 존 퀸시 애덤스(John Quincy Adams)와 같은 미국의 건국 세대와 정치가들은 이 전통에 따라 행동했으며, 로널드 레이건도 이란 해군의 절반을 파괴하는 식으로 대통령 재임 기간 내내 전통을 이어 갔다. 당연히 우리도 할 수 있다.

건국자들의 지혜 회복하기

많은 미국인들이 우리의 외교 정책이 목적 없이 표류하고 있다고 생각하지만, 실제로는 더 심각한 상황이다. 좌파 자유주의자들은 건국 원칙에서 표류한 것이 아니라 의도적으로 외면한 것이다. 우연이 아니라 계획되었다는 말이다. 미국 건국자들을 회상하면 오늘날 세계에서 미국의 전략과 외교 정책에 대한 지혜를 끄집어낼 수 있다.

앞서 본 바와 같이 우드로 윌슨과 진보파는 외교 정책을 포함하여 건국자들의 뜻을 거부했다. 윌슨은 미국인들이 국가와 국익을 우선시하는 생각을 '가족 중심의 편협성과 편견'이라고 한탄한다. 또 미국인의 죽음에 대한 복수나 영토와 산업의 보호가 아니라 '약소국의 권리와 자유'와 같은 추상적인 목표를 위해 윌슨이 제1차 세계대전에 참전한 것도 기억해야 한다. 빌 클린턴이 소말리아에 대해 어리석은 국가 건설을 시도한 것이나, 버락 오바마가 '보호할 책임'이라는 경솔한 기치 아래 리비아에 무모하게 개입한 결정은 오늘날 진보주의자들 사이에 윌슨주의적 행보가 여전히 살아 숨 쉬고 있음을 보여 준다.

'일단 미국 탓' 민주당은 우리의 건국 원칙을 부정하는 데 그치지 않고 미국 자체를 악랄하고 폭력적으로 거부했다. 존 케리는 자신의 정치적 야망에 쓸모가 없어질 때까지 동료 참전 용사들을 증거도 없이 전쟁 범죄자로 매도했다. 조지 맥거번은 '폭격보다 구걸(Begging is Better than Bombing)' 정신으로 전쟁 포로를 기꺼이 버렸다. 지미 카터는 중남미와 중동의 오랜 동맹국을 반미 열광주의자들에게 던져 버렸다. 오바마는 미국의 예외주의를 부정하고 미국 국민의 편협함과 편견에 대해 전 세계에 사과했다. 이러한 견해는 '1619 프로젝트[72]'에서 하원 내의 사회주의 분대[73](Socialist Squad), 미국의 인종 차별에 대한 바이든 행정부의 반복적 고백에 이르기까지 오늘날 좌파에 면면히 흐르고 있다.

---

72 2019년 《뉴욕 타임스》의 미국 노예 제도 흑역사 고발 기획이다. 1619는 아프리카에서 노예로 흑인들이 처음으로 미국 버지니아주에 상륙한 해이다. 흑인 노예들과 그들의 후손들이 직면한 민족주의, 불평등, 정의에 대한 이야기를 다룬다. 아직도 미국 내에서 긍정과 부정의 시각이 상존한다.

조 바이든은 지난 장의 우크라이나에서 보듯이 같은 주제에 대해 두 가지 좌파적 사고를 동시에 반영시킨다. 러시아와 우크라이나의 전쟁 초기에 그는 '러시아에게 침략 전쟁 책임을 묻는 것처럼 도발적이고 싶지 않아서' 일상적인 미사일 실험도 취소했다. 그러나 푸틴은 핵 위협도 하고, 동시에 핵 실험도 진행함으로써 바이든의 예우를 무시했다. 마찬 가지로 미국 외교관들이 키예프 주재 미국 대사관으로 돌아갈 때 해병 대는 키예프에 복귀시키지 않았다. 모스크바 주재 대사관에도 해병대가 있음에도 불구하고, 우크라이나에 군대를 두지 않겠다는 자신의 서약을 위반한다고 우려한 것 같았다. 동시에 바이든은 푸틴의 축출을 성급하 게 요구했는데, 이는 위험하고 현명하지 못한 폭탄선언이었다.

그의 왜곡된 견해는 건국자들의 사고방식과는 거리가 멀다. 1장에서 살펴본 바와 같이, 건국자들은 미국을 우선시했다. 타락하고 위험한 세 상에서 누구도 미국을 지켜 주지 않는다는 것을 그들은 알고 있었다. 그 때나 지금이나 옳은 판단이다. 이 격언은 모든 국가에 해당되지만 특히 미국에는 더욱 그렇다. 미국은 독립 선언문에 명시된 대로 '안전과 행복' 을 위해, 그리고 헌법 전문에 명시된 대로 '우리 자신과 후손에게 자유의 축복을 확보'하기 위해 헌신하는 정부를 가진 자유 국가이다. 이는 정부 의 목표이자, 곧 외교 정책의 목표이다.

73　미국 하원 내의 사회주의 견해를 지지하는 의원들을 가리키는 용어로, 뉴욕 출신 알렉산 드리아 오카시오-코르테즈(Alexandria Ocasio-Cortez)와 미시간 출신 라시다 틀라이브 (Rashida Tlaib), 미네소타 출신 일한 오마르(Ilhan Omar), 조지아 출신 코리 부시(Cori Bush) 를 포함한 민주당 진보 세력을 의미한다. 이들은 보편적 건강 보험, 대학 등록금의 전액 면 제, 부의 재분배, 기후 변화 대응, 경제의 불평등 해소 등 급진적인 주장을 편다.

외교 정책과 관련하여 '자유의 축복'이란 무엇일까? 일반적이거나 모호하게 들릴 수도 있다. 하지만 미국 건국자들의 예와 몇 가지 상식을 통해 대부분의 미국인들이 정부에 당연히 기대하고 보호받기를 바라는 안전, 자유, 번영의 의미라고 생각한다. 안전은 건국자들의 가장 중요한 관심사이자 책임이었다. 그들은 취약하고 위험에 처한 미국이라는 신생 국가를 보호해야 했다. 영국과 스페인 같은 구세계 제국들은 우리의 주권 국경을 침범하고, 우리의 무역을 위협하고, 우리 선원들을 강제로 징병했다. 또한 아메리칸 인디언과 서부 개척지 국경을 유지하며, 영토 확보를 위한 전쟁을 했다. 우리는 라이벌 국가뿐만 아니라 무법 해적과도 바다를 공유했다. 이러한 상황에서 발을 잘못 디뎠다가 미국의 실험은 시작도 하기 전에 끝났을지도 모른다.

안전은 정부의 첫 번째 목적이지만, 에이브러햄 링컨의 말을 빌리자면 '자유로 잉태된' 미국에 최고의 목적은 아니다. 자유 정부와 자유 사회의 목적은 국민의 자유이다. 우리 국민은 가장 기본적으로 자유롭게 살기를 바란다. 실질적인 의미의 자유란 정부의 간섭 없이 신을 숭배하고, 자녀를 양육하고, 생계를 유지하고, 자신의 생각을 말할 수 있는 자유이다. 자유를 지키는 가장 확실한 방법은 자치(Self-Government)이고, 자유를 잃는 가장 확실한 방법은 패전과 외세에 지배당함이다.

무엇보다 미국 건국자들은 독립 전쟁에서 자유를 위해 싸웠다. 리바이 프레스턴(Levi Preston)은 렉싱턴과 콩코드(Lexington and Concord) 전투 시절 젊은 군인이었다. 70년 후, 한 젊은 역사가가 프레스턴에게 영국의 '차법[74](Tea Act: 인도산 차 가격 안정법)과 인지법[75](Stamp Act: 미국 식민지 내 문서인지세 부과법) 때문에 억압을 느꼈는지, 아니면 존 로크(John Locke)의 저서에서 영감을 얻었는지'를 물었다. 프레스턴은 인지를 써본 적도, 차를 마신 적도, 로크의 저서를 읽은 적도 없다고 대답했다. 어리둥절한 역사가가 재차 대답을 요구하자 격분한 프레스턴은 "젊은이, 영국에 대항한다는 건 우리가 항상 스스로를 다스려 왔고 앞으로도 그럴 것이라는 뜻이에요. 그들이 우리에게 이래라저래라 한다는 것이 아니죠." 이는 자유가 외교 정책의 핵심임을 간결하게 표현한 말이다.

마지막으로, 건국자들은 신대륙의 모든 풍요로움과 잠재력을 활용하여 번영을 위한 조건을 마련하고자 했다. 농부들은 농작물을 재배할 비옥한 땅이, 제조업체들은 공장과 공장을 운영할 숙련된 노동자와 투자가가, 상인들은 상품을 판매할 시장이 필요했다. 그러나 광범위한 번영은 미국인들에게 생활 수준이 높아지는 것 이상을 의미했다. 초창기 미국은 영국, 프랑스 및 기타 외국 세력으로부터 면직물부터 총기까지 모든 것을 수입에 의존했다. 이러한 의존은 우리를 강압과 착취에 노출시켰다. 건국자들은 정치적 · 경제적 독립을 달성하기 위해 자국 산업을 육성하고 보호하기 위해 꾸준히 노력했다.

74 1773년 제정된 차법은 당시 북아메리카의 13개 식민지에 대해 동인도 회사가 정상적인 관세 없이 차를 파는 것을 인정한 법으로, 유럽 시장에서 경쟁력을 상실한 동인도 회사를 구제하기 위함이었다. 미국인들은 영국 정부의 세금 정책과 경제적인 통제에 대한 항의를 제기하며 같은 해 보스턴 차 파티(Boston Tea Party) 운동으로 확산시켰다. 이 사건은 미국의 독립운동의 단초가 되었다.

75 1765년 영국 정부가 미국 내 공식적인 모든 문서에 인장을 찍도록 요구한 법률로 세금을 징수하기 위함이었다. 영국이 프랑스와의 7년 전쟁(1756~1763)을 위해 지출한 막대한 비용을 상환하기 위해 수입을 늘리고자 한 조치 중 하나이다. 큰 항의와 저항을 일으키며 미국의 독립운동을 촉발하는 데 중요한 요인이 되었다.

어떤 사람들에게는 안전, 자유, 번영의 외교 정책이 구체적인 사례에 대한 지침으로 여전히 너무 모호하게 보일 수 있지만, 우리 건국자들은 외교 정책이 무엇보다도 상황에 대한 신중한 판단과 추론의 영역이라는 것을 이해했다. 경직된 교리와 이데올로기는 세계와 맞서 싸울 때 좋은 지침이 절대로 될 수 없다. 수백 가지의 다양한 현실적 고려 사항이 나타나기 때문이다. 모든 사항을 검토하는 것은 어렵고 힘들지만 꼭 지켜야 한다. "어떤 행동 방침이 우리의 안전, 자유, 번영을 가장 잘 보장하는가?"라는 기본 질문에는 변함이 있을 수 없다.

바바리(Barbary: 현재 모로코와 리비아 지역) 해적 사례는 외교 정책에서 궁극적인 목표가 동일하더라도 상황이 얼마나 중요한지를 보여 준다. 수세기 동안 바바리 해적들은 동부 대서양과 지중해에서 상업용 선박을 위협했다. 해적들은 나포한 선박과 선원들의 몸값을 요구했다. 혁명 이후 영국 해군의 보호를 받지 못하게 되자 미국 선박은 쉬운 표적이 되었다. 연방 조약에 따라 당시 프랑스 주재 미국 대사였던 토머스 제퍼슨은 바바리 국가와의 전쟁을 권고했다. 그는 몸값을 지불하면 더 많은 공격을 부추길 뿐이라고 우려했다. 당시 영국 주재 미국 대사였던 존 애덤스는 제퍼슨의 의견에 동조하지만, 미 해군이 너무 약하고 정부가 부채에 시달리고 있어 전쟁을 감당할 수 없다고 결론지었다. 그리고 마지못해 몸값 지불을 권유했다. 연방 헌법하의 의회는 너무 분열되고 파산 직전이라 전쟁도 몸값 지불도 모두 불가능했지만, 헌법이 채택되고 조지 워싱턴이 대통령이 되자 애덤스의 의견에 따라 매년 몸값을 지불하기 시작했다. 이 정책은 애덤스가 2대 대통령으로 취임하고 재임하는 동안 계속되었다.

제퍼슨이 대통령이 되었다. 그의 견해는 변하지 않았지만 상황은 변했다. 헌법이 제정된 첫 10년 동안 우리 해군력은 꾸준히 성장했다. 해적의 요구도 늘어났지만 제퍼슨은 이를 거부했다. 대신 해군과 해병대를 배치하여 해적과 싸우고 시민들을 석방시키고 미국의 명예를 되찾았다. 해병대는 그렇게 해냈고, 오늘날에도 '해병대 찬가[76](Marines' Hymn)'는 '트리폴리(Tripoli) 해안'에서의 무용담을 기리고 있다.

제퍼슨의 임기가 끝날 무렵 상황은 다시 바뀌었다. 1812년 전쟁으로 이어진 영국과의 긴장 고조로 미 해군이 이 지역을 떠난 후 해적들은 다시 공격을 재개했다. 제퍼슨과 제임스 매디슨(James Madison: 4대 대통령)은 전쟁이 끝날 때까지 해적의 공격을 견뎌야 했다. 그 시점에서 매디슨은 다시 해군을 파견하여 마침내 해적 위협을 완전히 종식시킨다.

30년 동안 바바리 해적이나 미국의 핵심 정치가 그룹은 변하지 않았지만, 우리의 군사력과 지정학적 조건은 변했다. 시대와 상황이 변함에 따라 우리의 지도자들은 방향을 미세 조정 했지만, 목표점은 항상 같았다.

그것은 바로 안전, 자유, 번영이었다.

워싱턴의 고별 연설에도 미국 건국자들의 외교 정책의 원칙적 요소가 잘 드러나 있다. 이 위대한 정치가는 '영구적인' 동맹에 대해 우려하며

---

76 미국 해병대의 공식 행진곡이자 대표적인 노래로 미국 해병대의 영광과 전투의 역사를 기리며 자부심과 힘을 나타낸다. 노래는 '몬테즈마의 전당(1847년 멕시코에 승리)에서 트리폴리 해안까지 우리는 미국의 권리와 자유를 위해 싸웠고'로 시작된다.

다른 국가들과 '가능한 한 적게라도 정치적 관계를 맺을 것'을 권고했다. 이러한 정책은 역사가 짧고 힘이 약하며 외부 공격에 취약한 미국, 프랑스 혁명으로 소용돌이 속에 빠진 유럽, 여전히 원시적인 군사 및 통신 기술 등 1796년 당시의 상황을 볼 때 매우 적합했다. 그는 언젠가 미국이 힘을 얻고 일어서서 스스로를 주장하게 될 미래를 예견했다.

"나에게 주요한 동기 중 하나는 우리 나라에 시간을 벌어 주려는 노력이었습니다. 아직 미숙한 제도를 정착하고 성숙시키고, 인간적으로 말하자면, 스스로의 운명을 지배하기 위해 필요한 힘과 일관성을 중단 없이 진행하는 것이었습니다."

다시 말해, 워싱턴은 상황 변화에 따라 우리의 정책이 바뀔 수 있고, 또 바뀌어야 한다는 것을 이해했다. 좋은 예는 25년 후 존 퀸시 애덤스와 먼로 독트린(Monroe Doctrine)에서 찾아볼 수 있다. 1796년 이후 상황은 많이 변했다. 미국은 1차 대전 이후 1812년 영국과 영토 및 외교 분쟁을 해결한다. 1821년 스페인으로부터 플로리다를 획득한다. 반동적인 유럽 군주국들은 북반구에 새로 독립한 국가들을 재식민지화하겠다고 위협하고 있었다. 당시 제임스 먼로 대통령의 국무 장관이었던 애덤스는 신대륙을 재식민지화하려는 시도를 적대 행위로 간주한다는 원칙을 내세워 위협을 저지하고자 노력했다. 워싱턴 시대에는 그러한 정책을 추진할 힘이 부족했고, 어차피 그럴 필요도 없었다. 그러나 먼로 대통령 시절, 미국은 주변국의 새로운 위협에 대응하는 새로운 정책을 발표할 충분한 힘과 안정을 가지고 있었다.

건국자들은 현명하고 능숙하게, 신생 미국을 수많은 위험 속에도 안전하게 인도했다. 그들은 '자유의 축복'이 얼마나 소중하고 진귀한지 이해한 만큼, 우리의 안전과 자유, 번영을 지키기 위한 방법과 정책을 채택했다. 그들의 원칙과 관행은 오늘날에도 여전히 우리의 길잡이다. 예를 들어, 무아마르 카다피를 축출하기 위해 오바마가 군사적으로 개입한 것은 위의 원칙을 발전시키는 데 아무런 도움이 되지 않기 때문에 실수였다는 것이다. 제퍼슨이 시작한 트리폴리 전쟁과는 근본적으로 다르다.

건국자들의 지혜가 오늘날에도 여전히 우리를 인도할 수 있을까? 로널드 레이건의 국가관을 생각해 보자.

표면적으로 레이건의 외교 정책은 워싱턴과 애덤스와 현저히 다르게 보인다. 워싱턴은 '영구 동맹'에 대해 경고했다. 레이건은 스페인을 나토에 추가하고 유라시아 전역의 동맹과 파트너십을 강화했다. 애덤스는 싸울 괴물을 찾아 해외로 나가는 것을 경계했다. 레이건은 아프가니스탄, 그레나다, 리비아, 이란, 중앙아메리카 등지에서 괴물을 찾아 공격했다. 발길이 닿는 곳마다 그는 우리의 적과 맞서고 도전했다.

엄밀한 의미에서 보면, 레이건은 워싱턴과 애덤스와 같은 외교 정책을 펼쳤다. 당연히 옳은 일이다. 그는 전 세계를 예의 주시하며 미국에 자유의 축복을 보장하기 위해 행동했다. 우리는 전통적인 구세계 강대국이자 무신론적 세계주의 이데올로기를 이식받은 소비에트 러시아와 맞닥뜨렸다. 군사 및 통신 기술이 하도 발전해서 전쟁이 시작되면 우리가 힘을 모으고 동맹국을 결집하는 것은 이미 무의미하다. 사실, 전 세계

에 도달할 수 있는 무기의 등장으로 전쟁이 시작되는지조차 알지 못할
수도 있다.

이런 상황에서 레이건은 워싱턴과 애덤스 대통령도 했을 일을 한다.
레이건은 1970년대 충격적으로 밑바닥 수준의 군사력을 재건했다. 레
이건은 우리 영토가 아닌 적의 영토에서 적과 맞서기 위한 전 세계 자유
의 전초 기지와 거점을 강화했다. 그는 자유의 세력을 지원하여 세계 어
느 곳이건 자유를 약화시키는 소련을 압박했다. 레이건은 미국의 우방
과 적을 혼동하지 않고, 오바마처럼 둘 사이에 도덕적 동등성과 양비론
을 논한 적도 없다.

그는 수단과 목적을 혼동하지 않았다. 그는 무엇보다도 우리의 안전과
자유, 번영을 지키기 위해 행동했다. 예를 들어, 솔리대리티[77](Solidarity: 폴
란드 자유 노조) 운동과 콘트라(Contras)를 지지한 것은 그들이 아니라 우리
를 위해서였다. 물론 그는 반공 영웅들을 존경했고 폴란드와 니카라과가
자유 속에서 살기를 원했지만, 그의 주된 동기는 항상 미국의 자유였다.
그는 동맹, 협상, 조약과 같은 도구와 방법을 그 자체로 목적이 아니라 우
리의 목적을 달성하기 위한 수단으로 여겼다.

레이건은 건국자들의 지혜를 회복했고 지금도 그렇게 할 수 있다. 그

---

77   솔리대리티(Solidarity)는 1980년 폴란드의 공장 노동자들이 폴란드 인민 민주주의 단일당
인 폴란드 노동당에 대한 반발로 시작되었다. 이 운동은 폴란드에서의 민주화 운동을 주도
하고, 소련에 대항해 자유를 쟁취하는 데에 중요한 역할을 하였으며, 이후에 소련의 붕괴와
동유럽의 변화로 이어지는 계기가 되었다.

들의 지혜는 미국인들의 상식 속에 살아 숨 쉬고 있다. 우크라이나 전쟁 초기에 열린 군사 위원회 청문회에서 한 민주당 상원 의원은 미국인들이 에티오피아 내전보다 러시아의 우크라이나 침공에 더 집중한다고 한탄한다. 인종주의가 그 이유라는 말이다. 나는 그에게 진정한 차이는 침략과 내전이라고 강조했다. 1990년대 초 미국 국민이 구 유고슬라비아 내전보다 이라크의 쿠웨이트 침공에 더 많은 관심을 가졌던 것과 비슷했다. 대부분의 미국인들은 침략자가 러시아와 같은 오랜 적대국일 경우 내전보다 지구 반대편에서 벌어지는 적나라한 침략 전쟁이 미국의 이익을 더 위협한다고 직관적으로 믿고 있는 것 같다. 미국 국민들의 믿음이 옳다. 내전도 동의하지 않지만 침략은 받아들이지 못한다는 것이다. 직관적으로도 그렇고 1930년대의 역사적 교훈을 통해서도 그렇다. 이러한 실용적인 지혜는 미국 건국자들과 레이건의 철학을 담고 있다.

세상은 건국 시대와 달리 많이 변했지만, 레이건 대통령 시절부터 미국 외교 정책의 중심 목적은 변하지 않았다. 냉철하고 명료한 사고를 통해 우리는, 워싱턴이 고별 연설에서 언급한 것처럼, '정의와 우리 국익에 따라 평화와 전쟁 중 하나를 선택할 수 있을 때', 강자의 위치로 돌아갈 수 있다.

미국의 이익

'자유의 축복'에서 우리의 중요한 국익으로 논의를 확장할 때는 구체적으로 정의하는 것이 바람직하다. 결국 미국의 이익을 어떻게 정의하느냐에 따라 미국이 다른 국가와 언제, 어디서, 누구와 전쟁하게 될지 좌우된다. 이것은 치명적으로 심각한 문제다. 우리 자신과 다른 국가 모두를 위해 명확하고 구체적이어야 한다.

하지만 진보 좌파는 그 반대다. 진보적 선동가들은 오바마가 리비아에 군사적으로 개입하도록 설득했을 때처럼 우리 국익에 반하는 정당한 이유 없이 다른 나라의 '국익'에 호소한다. 윌슨이나 그의 후계자들에게 "우리에게 이득이 무엇이냐?"는 합리적인 질문을 던지면 그들은 "아무것도 없다!"고 대답할 거다. 그들은 그것이 맞다고 생각한다. '일단 미국 탓'을 주장하는 민주당원들은 우리의 '이익'을 너무 좁게 정의한다. 모욕이나 학대가 없는데도 우리가 침묵으로 고통받아서는 안 된다고 생각한다. 좌파들은 외교 정책에서 '항복'이라 쓰고 '국익'이라 읽는다.

그렇다면 우리의 중요한 국익이 무엇인지 살펴본다. 우리의 이익은 추상적이거나 자의적이거나 지어낸 것이 아니다. 미국의 국익은 미국의 지리, 경제, 국민과 그들의 특별한 삶의 방식 등 실제적이고 가시적이며 구체적인 상황에 기반을 두고 있다. 미국은 북반구 서쪽에 위치한 거대한 상업 공화국이다. 미국의 번영은 해상과 항공을 통한 상품 운송 능력에 크게 의존하고 있다. 우리 국민은 비즈니스 목적뿐 아니라 선교사, 자선 활동가, 학생으로서 전 세계를 여행하고 생활한다.

이러한 현실은 좌파 이데올로기주의자가 아니라면 누구도 이의를 제기할 수 없는 미국의 이익에 대한 몇 가지 명백한 결론을 제시한다. 예를 들어, 미국의 지리적 특성으로 인해 라틴 아메리카와 카리브해에 특히 큰 관심을 가지게 되는데, 그곳의 문제가 곧바로 미국에 영향을 미치기 때문이다. 예일대 교수인 니콜라스 스파이크만(Nicholas Spykman)과 같은 지정학적 사상가들은 "국가의 공간적 위치는 영구적이기 때문에 외교 정책에서 가장 중요한 요소"라고 강조한다. 또 미국은 파나마 운하나 말라카 해협과 같은 전략적 요충지와 상업의 자유를 위해 바다의 자유에 큰 관심을 가지고 있다. 아프리카 대륙에 있는 미국의 유일한 군사 기지가 작은 디이부티(Djibouti) 공화국에 있는 이유는 왜일까? 홍해(따라서 지중해)와 인도양을 연결하는 좁은 밥 엘 만데브(Bab el Mandeb) 해협에 자리 잡고 있기 때문이다. 이와는 대조적으로, 내륙이나 외딴 지역에 대해서는 필수적인 가치나 심각한 위험을 초래하지 않는 한 관심이 적다.

이러한 사례를 바탕으로 우리의 관심사를 좀 더 면밀히 살펴보자.

미국 영토

말할 필요도 없이 당연한 말이지만, 우리의 첫 번째이자 가장 중요한 관심사는 미국 영토에 대한 공격을 막는 것이다. 그러나 자유주의자들은 현실을 너무 무시한다. 1812년부터 3년간 계속된 영미 갈등 전쟁 당시 영국이 미국 수도를 불태운 사건부터 진주만 공습에서 9/11 사태에 이르기까지 미국의 가장 암울했던 순간은 외국의 공격으로 인해 발생했다. 지금도 우리 기억 속에 생생히 남아 있다. 지리적으로 축복받은 미국은 특히 구세계 국가들이 겪었던 공격에 비하면 외세 공격이 비교적 드물다. 하지만 미국도 공격으로부터 더 이상 자유로울 수는 없다. 핵으로 무장한 대륙 간 탄도 미사일(Intercontinental Ballistic Missiles)의 출현으로 1세기 전보다 더 취약해졌다. 중국, 러시아, 심지어 북한도 핵무기로 미국을 공격할 수 있다. 이란과 같은 불량 국가들이 핵무기를 획득하도록 허용한다면 위협은 더욱 커질 것이다. 이들 국가들은 화학 및 생물학 무기로 우리를 위협할 수 있다. 한 예로, 우한(Wuhan) 코로나바이러스 팬데믹으로 인한 피해는 무력 공격이 초래할 수 있는 피해보다 못하지 않다. 이란은 테러리스트가 하듯이 미국 땅에서 납치 및 살인 음모를 꾸미고 있다. 다시 말해, 우리의 적들은 바다 건너 경고 없이 우리에게 해를 끼칠 수 있는 방법을 알고 있다.

미국 본토에 대한 가장 즉각적인 위협은 남쪽 국경의 눈에 잘 띄지 않는 침략이다. 국경이 없는 나라는 국가가 아니다. 바이든과 급진 좌파 덕분에 우리의 남쪽 국경은 본질적으로 개방되어 있다. 바이든의 취임 첫해에 국경 순찰대(Border Patrol)는 남부 국경에서 놀랍게도 200만 명 이상의 불법 이민자를 제지했다. 이들 중 상당수는 우리의 안전을 위협하지는 않지만 미국인의 일자리를 빼앗고 임금을 낮추는 이른바 경제 이민자(Economic Migrants)이다. 국경 순찰대는 2021년 한 해 동안에만 23명의 테러리스트 또는 테러리스트로 의심되는 사람들을 체포했다. ISIS는 최근 조지 W. 부시 전 대통령 암살을 위해 청부업자를 밀입국시키려는 음모를 꾸미기도 했다. 불법 체류 외국인 중 범죄자, 마약 밀매자, 테러리스트가 차지하는 비율은 극히 일부에 불과하지만, 절대적인 숫자로는 여전히 적지 않고 위험한 존재이다.

우리 모두는 민주당의 국경 개방 이데올로기가 가져온 결과를 목격하고 있다. 작년에 10만 명 이상의 미국인이 약물 과다 복용으로 사망했는데 대부분 남부 국경을 통해 밀반입된 펜타닐[78](Fentanyl)과 헤로인 때문이다. 제2차 세계대전 4년간 미국인 전사자보다 지난 4년 동안 약물 과다 복용 사망자 수가 더 많다. 아직도 수백만 명이 마약 중독과 그 결과로 인해 자신과 가족, 친구들이 고통받고 있다.

우리의 주권에 대한 공격은 막아야 한다. 남부 국경의 안전은 최우선적인 국가 안보 문제이며 멕시코 및 과테말라(멕시코 남쪽에 있는 다른 국가들의 지리적 요충지)와의 관계에서 최우선 고려 사항이 되어야 한다.

미국 시민

미국은 국내 거주 시민의 안전은 물론 해외 거주 시민의 보호와 자유를 중요하게 여긴다. 수백만 명의 미국인이 해외에 거주하고 여행한다. 이 시민들은 복음을 전파하거나 미국 상품을 판매하거나 세계를 여행하는 등 비공식적인 홍보 대사 역할을 하는 미국의 힘과 자부심의 원천이다. 해외에 주둔하고 있는 약 175,000명의 병력도 마찬가지다. 이들은 미국을 보호하고, 우리는 그 보답으로 그들을 보호해야 한다. 강하고 자랑스러운 국가는 국민을 보호하고 국민을 해치는 자들을 처벌한다.

많은 적들이 우리 시민들을 표적으로 삼는 이유는 그들이 도망칠 수 있

---

78 강력한 아편계의 합성 진통제로 매우 강력하고 중독성이 강하다. 주로 중국에서 생산되어 해외로 유통되고 있다.

다고 믿기 때문이다. 예를 들어, 이란의 물라(Mullahs: 이슬람교도)는 무능한 지미 카터에겐 눈도 꿈쩍 안 하고 미국인 52명을 400일 넘게 인질로 잡고 있다가, 로널드 레이건이 취임하자 불과 몇 시간 만에 모두 석방했다. 아직도 이란은 미국인을 인질로 잡고 있고 민주당은 이란 시아파를 계속 달래고 있다. 오바마는 이란이 미국인을 부당하게 억류하고 있는 상황에서도 이란과 핵 협상을 타결하고, 협상이 발효된 다음 날 미국인 인질 4명의 몸값으로 4억 달러를 지불했다. 한 달 만에 이란은 아들을 만나기 위해 이란을 방문했던 또 다른 미국인을 불법적으로 억류했지만, 바이든은 이란과의 핵 협상과 인질 석방을 연계하는 것을 거부했다.

자유주의자들은 배우려 하지 않는다. 결국 오바마는 카스트로 정권에 대한 항복의 전조로 쿠바에게 했던 동일한 실수를 반복한다. 미 사법 시스템의 정당한 절차를 거친 합법적인 수감자를 미국 인질과 교환한 거다. 바이든은 무법자 마두로(Maduro) 정권이 미국인 6명을 인질로 잡고 있음에도 불구하고 필사적으로 석유를 확보하기 위해 베네수엘라에 대한 제재를 완화했다. 러시아와 중국도 미국인을 날조된 범죄 혐의로 구금하거나 출국 비자를 거부함으로써 미국을 우습게 만들고 있다.

우리는 과거의 교훈에서 배워야 한다. 제퍼슨은 몸값이 아닌 군사력으로 바바리 해적의 인질극을 종식시켰다. 레이건 대통령은 리비아 요원들이 미군이 즐겨 찾는 서베를린 나이트클럽을 폭격하자, 보복 공습으로 카다피를 응징했다. 더 거슬러 올라가면, 고대에 로마 시민은 "나는 로마 시민이다.(Civis Romanus Sum)"라고 말하는 것만으로 제국 전역에서 자신의 권리를 보호할 수 있었다. 사도행전 22장은 이 무시무시한 말 한마디가 사도 바울이 사역 때문에 부당한 태형을 받는 것에서 구했다는 사실을 알려 준다. 오늘날 바뀐 건 하나도 없다. "나는 미국인이다.(Civis Americanus)" 한마디로 미국 시민들이 세계 어디에서든 정의를 보장받아야 하고, 정의가 거부된다면 반드시 응징이 뒤따라야 한다.

미국의 통상

미국 외교 정책의 핵심 관심사는 다른 국가와의 무역 및 통상을 지원하여 미국 근로자와 기업이 외국 정부로부터 공정한 대우를 받도록 하는 것이다. 상대 국가들은 대개 우리와 무역을 통해 이익을 얻지만, 반대의 상황도 발생한다. 우리의 최우선순위는 우리 국민의 일자리와 부다.

태평양과 대서양 두 대양을 끼고 있는 세계 최강 해양 국가로서 공해상 항해의 자유는 항상 우리의 가장 중요한 관심사 중 하나다. 적이 우리의 여행과 무역의 자유를 제한한다면 전 세계 인구의 7/8과 대부분의 자원에 대한 접근이 막히고 따라서 우리 경제를 서반구에 묶어 두고 고사시킬 수 있다. 지난 세기 동안 항공 여행의 자유에도 같은 논리가 적용된다.

미국의 외교 정책에서 항해의 자유가 얼마나 중요한지는 아무리 강조해도 지나치지 않다. 역사학자 월터 러셀 미드(Walter Russell Mead)는 "해상 및 항공 여행의 자유를 침해하는 것은 미국과 당장 전쟁을 하자는 것과 다름없다."라고 지적한다. 평소 평온한 성격이지만, 이동의 자유를 둘러싸고는 바바리 전쟁마저 감행했던 제퍼슨은 이례적으로 강경한 목소리를 낸다. "해양과 타국에서 우리의 상업에 대한 방해는 언제라도 전쟁으로 대가를 치르게 해야 한다."

오늘날에는 동일한 논리가 해저 케이블과 우주 위성을 통한 정보와 데이터의 이동에 적용된다. 신세계 강국으로서 우리는 지상 케이블에 의존하는 구세계 강국보다 해저 케이블과 위성에 훨씬 더 많이 의존한다. 케이블과 위성에 대한 러시아와 중국의 위협, 그리고 우리 정부와 기업에 대한 사이버 공격 위협은 상업용 선박에 대한 구식 해적의 위협과 크게 다르지 않으며, 어떤 면에서는 더 심각하다.

항해의 자유는 미국 농업과 공장이 상품을 판매할 수 있는 열린 시장 없이는 큰 의미가 없다. 미국은 강경한 태도를 주저한 적이 없다. 1853년 매튜 C. 페리(Matthew C. Perry) 제독이 일본 에도(Edo)항에 입항하여 협상가들에게 미국에 시장 개방을 종용할 때, 그는 백기를 일본인들의 손에 쥐어 주며 항복도 하나의 선택이라 알린다. 애덤 스미스의 '보이지 않는 손'이 국내 상업을 이끌었다면, 해외에서는 미 해군의 무력이 상업을 보호해 왔다. 오늘날에는 대부분 군함 대신 무역 협상가들이 문제 해결에 나선다. 당연히 우리 근로자와 기업을 위한 협상이라는 것을 명심해야 하며, 특히 미국이라는 세계 최대 시장에 대한 접근성, 법치주의, 세계적 수준의 계약 및 재산권 보호와 같은 최고의 영향력 원천을 희생하지 않도록 주의해야 한다.

여행과 교역 자유의 필연적인 대가는 중요하고 전략적인 상품에 대한 접근성이다. 석유는 한 세기가 넘는 기간 동안 현대 경제의 근간이 되어 왔으며, 민주당의 환상에도 불구하고 당분간 변하지 않을 거다. 전쟁은 석유 때문에 시작되고, 석유에 대한 접근성은 대부분의 국가의 작전 계획에 빠짐없이 등장한다. 이는 미국의 에너지 독립이 단순한 정치적 슬로건이 아니라 전략적 필수 요소라는 것을 의미한다. 세계 석유의 상당 부분이 불미스럽고 불안정한 정부에 의해 통제되는 한, 에너지 의존도는 미국이라는 초강대국에게 위험하고 굴욕적인 조건이다. 러시아의 우크라이나 침공 이후 베네수엘라에 대한 조 바이든의 한심한 구걸을 봐도 알 수 있다.

오늘날 희토류 원소 및 반도체와 같은 다른 상품들도 석유처럼 국익의 중심에 있다. 희토류 원소는 주머니 속의 스마트폰부터 자동차, 우리 군의 스텔스기에 이르기까지 모든 것에 필수적이다. 희토류 원소는 자연 상태에서 희귀하지는 않지만, 문제는 전 세계가 대부분 중국에 아웃소싱하고 있는 채굴과 가공 때문이다. 이 어리석은 결정으로 인해 우리의 주적인 중국은, 2010년 영토 분쟁 때 일본에 그랬던 것처럼, 희토류에 대한 접근을 차단하거나 중국 국내 제조업체에 우선적으로 공급한다고 위협한다. 이 자해적 상처를 되돌리려면 미국 내에서 희토류 생산을 시작하는 것이 우선 과제이다.

오늘날 주로 대만에서 생산되는 첨단 반도체도 마찬가지다. 대만은 여러 가지 이유로 세계에서 가장 뜨거운 화약고이다. 하나는 공산주의 중국이 대만을 지배하려는 시도이다. 또 다른 이유는 대만이 알류산(Aleutians)에서 일본, 대만, 필리핀에 이르는 섬들로 이루어진 '제1열도선[79](First Island Chain)'의 한가운데에 위치하여 중국 해군이 대만이라는 우호적인 영토의 벽 뒤에 가려져 있다는 지리적 위치 때문이기도 하다. 세 번째 새로운 이유는 대만 반도체 제조 회사가 세계 경제에서 차지하는 중요성이다. TSMC(Taiwan Semiconductor Manufacturing Company)의 칩은 컴퓨터, 통신 네트워크, 자동차, 의료 서비스 등 다양한 분야에 쓰인다. 중국이 갑자기 대만의 반도체를 통제한다면 어떤 일이 벌어질지 상상도 하기 싫다. 때문에 중국의 대만 침공을 저지하고 TSMC와 그 경쟁업체들이 미국에 새로운 공장을 건설하도록 장려하는 것은 미국의 중요한 국익에 부합한다.

미국의 친구

미국은 지난 75년 동안 전 세계 동맹국과 파트너로 구성된 강력하고 튼튼한 네트워크를 구축해 왔다. 대부분 나토 국가들과 동아시아의 일부 국가들은 조약을 통해 상호 방위를 약속했다. 이스라엘과 대만 등 다른 많은 국가에서는 공식적인 조약 없이도 신뢰할 만한 군사 · 외교 · 정치적 파트너십을 발전시켜 왔다. 우리의 동맹과 파트너들이 항상 우리 의견에 동의하거나 우리의 목표나 방법을 지지하는 것은 아니다. 그들끼리도 이따금 의견이 일치하지 않고 때로는 무력 충돌로 이어지기도 한다. 많은 동맹국들이 자신의 역할과 의무를 다하지 않는 경우도 많다. 예를 들어, 다수의 나토 국가들은 그들 군이 위축되도록 방치했다. 제2차 세계대전이 끝날 무렵 윈스턴 처칠이 동맹국에 대해 한 말은 오늘

---

79 일본, 대만, 필리핀, 말레이시아, 인도네시아, 베트남 등(깜차카반도에서 말레이반도)에 이르는 열도로 중국의 대미 방어선이다. 중국은 해상 경제권, 군사적 관심사, 그리고 지역 안보를 위한 중요한 지역으로 여긴다.

날에도 여전히 유효하다. "동맹국과 싸우는 것보다 더 나쁜 것은 동맹국 없이 싸우는 것이다."

이러한 마찰과 비용을 고려할 때, 우리는 동맹국과 파트너가 그들이 아니라 우리를 위함이라는 점을 기억해야 한다. 무역 협정처럼 우리의 동맹들이 미국과의 관계에서 이익을 얻지만 그게 다가 아니다. 진보주의자들이 좋아하는 추상적 개념인 '자유롭고 규칙에 기반한 국제 질서'를 지키려는 게 아니다. 추상적 개념 때문에 총을 들고 싸운 군인은 아무도 없다. 분명히 밝힌다. 동맹과 파트너십의 핵심은 우리 자신의 안보를 강화하기 위함이다.

동맹과 파트너십은 우리에게 정확하게 어떤 이점을 주나? 패튼 장군 휘하 제3군[80](Third Army)의 전설적인 전략가이자 전투 베테랑인 빌 루드 (Bill Rood)는 현대 상황에서 미국에 동맹과 해외 기지가 필요한 이유를 가장 간략히 설명한다. 루드는 스파이크맨의 '주연지역[81](Rimland)', 즉 유라시아 해안 지역과 남중국해 및 지중해와 같은 주변 해역에 대한 아이디어를 따른다. 주연지역에는 전 세계 인구, 자원, 주요 지형이 대부분 포함된다. 미국에 대한 가장 심각한 위협은 항상 주연지역을 장악하고 잠재적 힘의 원천을 우리에게 불리하게 만드는 적대국 혹은 연합의 부

---

80 제2차 세계대전 중 패튼 장군이 이끄는 미국 육군 제3군단으로 미국군의 전술적 유연성과 공격적인 기동력을 대표하는 것으로 알려져 있다.

81 특정 대륙의 주변 해안 지역을 가리키는 지리학 용어로 주변 지역에 대한 경제 · 정치 · 군사적 이슈를 강조하는 데 사용된다. 루드는 중국의 해안 주연지역이 중국의 성장과 관련된 경제적 · 정치적 · 군사적 동요의 중심이 된다고 판단했다.

상이다. 제2차 세계대전 당시 독일과 일본이 그랬고, 냉전 시대에는 소련과 그 공산 위성 국가들이 그랬다. 오늘날 중국도 비슷한 야망을 보이고 있다. 지난 세기 동안 군사 및 통신 기술의 발전으로 적들이 우리가 위험을 인식하고 파병하기 전에 목표를 달성할 수 있다는 점에서 과거보다 더 심각한 위협이다.

루드에 따르면, 이러한 도전에 대한 해답은 '예방적 방어'이다. 주연지역의 지배적 강대국은 미국 본토 방어라는 우리의 가장 오래되고 근본적인 이익을 위협한다. 그는 주연지역 강대국의 공격을 막는 가장 좋은 방법은 유럽, 아프리카, 아시아와 중동 등 구세계(Old World)의 자유 거점에 '원격 방벽[82](Distant Ramparts)'을 확보하는 것이라고 주장한다. 내가 군대에서 듣기로, 우리의 방어 전략은 끔찍한 파괴력의 현대 전쟁을 가능한 한 본토에서 멀리 유지하자는 것이다.

이 때문에 우리의 중요한 해외 병력 주둔지와 기지, 즉 원격 방벽은 주연지역인 영국, 독일, 이탈리아, 스페인, 튀르키예, 디부티, 쿠웨이트, 바레인, 카타르, 일본, 한국 등에 놓여 있다. 이들 국가 중 일부는 조약 동맹국으로 나머지는 파트너로, 모두 미국에 유리한 유라시아의 세력 균형과 주연지역에 대한 접근성을 유지하는 데 필요한 중요한 영토를 보유하고 있다. 병력이 없거나 최소한의 병력만 주둔하고 있는 동맹국 및 파트너도 마찬가지다. 예를 들어, 몬테네그로(Montenegro)는 동맹국 밖의 마지막 아드리아(Adriatic) 해안선을 가지고 있다는 이유로 2017년 나

---

82 전방 적의 공격을 최소화하고 본격적인 군사 행동이나 병력 배치에 시간을 벌기 위해 설치되는 방어 체계로 적의 진출을 멀리서 차단하고 방어의 시간적 이점을 줄 수 있다.

토에 가입됐다. 몬테네그로는 동맹국들에 군사력을 거의 제공하지는 않지만, 아드리아 해안에 러시아와 중국 군함의 접근을 차단한다.

루드는 이 글로벌 네트워크 유지에 실제 비용이 들어간다는 점을 인정한다. 해외 파병과 기지에 지출하는 세금 같은 유형의 비용이 있다. 하지만 비용의 일부는 해당 국가가 상쇄한다. 어떤 비용은 무형적이다. 예를 들자면, 성급한 동맹국이 유발하는 원치 않는 분쟁의 위험이다. 그러나 루드는 이러한 비용은 제1차 세계대전과 같은 전쟁, 특히 핵전쟁과 비교하자면 극히 미미한 수준이라고 주장한다. 또한, 다양한 동맹국 및 파트너와의 관계를 통해 상거래를 방해하고 우리의 안전을 위협하는 갈등을 촉발하는 서로 간의 차이를 중재할 수 있다. 예를 들어, 우리는 한국과 일본 사이의 전통적인 긴장 중재에 건설적인 역할을 해왔다. 이스라엘 및 아랍 국가들 사이에 아브라함 협정[83](Abraham Accords)과 같은 평화 합의도 이끌어 냈다.

미국인들은 우방국들로 구성된 글로벌 네트워크의 혜택을 누리고 있다. 우리의 동맹국들은 우리와 무역을 하고, 우리 군함을 위한 안전한 항구와 기지를 제공하며, 적들의 필수 정보를 제공한다. 가장 중요한 것은 동맹국 및 파트너 네트워크가 전 세계에서 적을 저지하는 데 도움이 된다는 점이다. 그러나 혜택을 유지하려면 미국은 신뢰할 수 있는 단호한 친구가 되어야 한다. 그러기 위해 우리는 약속을 지켜야 한다.

---

83   2020년 9월 15일 미국의 중재로 이뤄진 이스라엘과 아랍에미리트(UAE) 간의 협정으로 양국 간의 외교 관계를 정상화하고, 경제 및 문화적 교류를 촉진하는 것을 목표로 하고 있다. 이 협정은 이스라엘과 아랍 국가 간의 최초의 공식적인 평화 협정이다.

미국의 약속

어린아이들도 명확한 약속의 중요성을 이해한다. 엄마 아빠가 벌을 주겠다고 하고 지키지 않으면 아이들은 벌을 피할 수 있다는 것을 알게 된다. 군대에서 우리는 "당신의 결함이 당신의 수준이다.(The deficiency you walk by is the standard you set.)"라고 말하곤 한다. 자녀를 양육하고 군인을 훈련하는 데 있어 이 말은 동서고금에 마찬가지다. 우리의 신뢰는 안보에 필수적이다. 신뢰 없는 지혜나 힘은 의미가 없다.

안타깝게도 오늘날 미국의 신뢰는 땅바닥에 떨어졌다. 오바마는 오늘날까지 피해가 이어질 정도로 미국의 신뢰를 손상시켰다. 시리아에서 자신이 설정한 '레드 라인'을 집행하지 않은 것과, 이란이 산업 규모의 핵 능력 보유를 허용하지 않겠다는 약속을 폐기한 것 등 대표적인 두 가지 약속 파기로 미국의 신뢰를 떨어뜨렸다. 오바마는 이 두 가지를 모두 전략적인 승부수라 보지만, 우리의 신뢰가 위태로운 상황에서는 우리의 시각이 아니라 세계의 시각이 중요하다. 안타깝게도 세계는 그의 승부수를 충격적인 실패로 보고 있다.

나는 외국 지도자들과 함께 그 여파를 직접 목격했다. 오바마 대통령 임기 말기에 한 아랍 국가 정상과 만난 적이 있다. 마지막 순간에 그는 궁전에서 자택으로 회의 장소를 변경했지만 나는 신경 쓰지 않았다. 그는 레드 라인과 핵 협상에 대해 오바마 대통령을 맹렬히 비난했다. 미국은 나약하고 신뢰할 수 없고, 대신 이란을 대담하게 만들고 자국과 주변 나라들을 불안하게 만든다고 강조했다. 나는 의회에서 핵 협상에 대해 가장 비판적인 사람으로, 그의 의견에 동의할 수밖에 없었다. 회의가 시작되고 한 시간이 지나자 정신이 혼비백산한 대사가 회의실로 달려왔다. 그녀는 궁전에 도착할 때까지 장소가 변경되었다는 소식을 듣지 못했다며 지각에 대해 사과했다. 그러자 나머지 회의 시간 동안 정상은 외교적이고 재치 있는 태도로 미국의 지원에 감사를 표했다. 무슨 일이 벌어졌는지 뻔히 알 수 있었다. 그가 마지막 순간에 회의 장소를 바꾸고 그녀에게 알리지 않은 것은 대사의 눈치를 보지 않고 자신의 진심과 다른 사람들이 오바마를 어떻게 바라보는지 있는 그대로 전달하고 싶었기 때문이다. 미국의 현재 위상에 대한 뼈 아픈 지적이었다.

중동뿐만 아니라 다른 외국 지도자들의 비슷한 고민도 들었다. 동아시아를 방문했을 때 여러 국가의 지도자들이 레드 라인 참사의 본질이 뭐고, 그들에게는 어떤 영향을 미칠지 내게 물었다. 이 국가들은 통상 시리아에 대해 크게 신경 쓰지 않지만 미국 대통령의 언행에는 깊은 관심을 보였다. 2016년에 뮌헨과 싱가포르에서 열린 국제 안보 회의에 참석했다. 여기서 만난 외국 지도자들의 공통된 관심사는 미국을 더 이상 신뢰할 수 있느냐는 것이었다.

신뢰는 미국 국력의 핵심이다. 잃는 건 쉽고 회복은 어렵다. 그래서 미국은 국익이 위태로울 때를 위해 신뢰를 최대한 아껴야 한다. 밥 게이츠는 오바마 전 대통령의 국방부 장관을 비롯해 8명의 대통령을 보좌했다. 그는 평생을 공직에 몸담으면서 신뢰는 중요한 만큼 취약하다는 사실을 깨닫는다. 그는 "미국 대통령의 경고는 신뢰할 수 있고 실행에 옮길 준비가 되어 있을 때만 강력한 억지력이 됩니다. 그래서 저는 항상 '레드 라인'

과 '최후통첩(ultimatum)'은 하지 마시라고 촉구합니다." 강경한 발언을 하면 기분은 좋지만 강력한 행동으로 뒷받침되지 않으면 장기적으로 미국에 해가 된다. 최고 통수권자는 신중하게 레드 라인을 긋되, 게이츠의 말처럼 무자비하게 집행해야 한다. "대통령은 군사적으로 완전한 집행 의지가 없다면 레드 라인과 최후통첩을 철저하게 피해야 합니다. 하지만 일단 권총을 장전하면 대통령은 발사할 각오가 되어 있어야 합니다."

미국의 위대한 정치가들은 미국이 신뢰를 유지하려면 위협은 집행하고 약속은 지켜야 한다는 것을 잘 알고 있었다. 워싱턴은 고별 연설에서 새로운 약속을 하지 말라고 조언하면서 "우리가 이미 맺은 약속은 완벽한 선의로 이행하자."고 강조했다. 레이건은 적극적인 외교 정책을 고수했지만 미국의 신뢰성을 위태롭게 하는 일은 거의 없었다. 그러나 페르시아만에서 이란이 우리 군함을 위협했을 때처럼, 그는 한다면 단호히 대처했다.

대통령의 개인 신뢰도가 미국의 신뢰도에 매우 중요하기 때문에 외교 정책과는 거리가 먼 문제가 세계 속 미국의 위상에 영향을 미칠 수 있다. 취임 첫해 초 레이건은 연방법을 노골적으로 위반한 항공 교통 관제사들의 파업에 직면한다. 레이건은 48시간 이내에 업무에 복귀하지 않으면 해고한다는 최후통첩을 보냈다. 대부분 복귀하지 않았고 레이건은 약속대로 해고했다. 당시 국무 장관 조지 슐츠(George Shultz)는 이를 '로널드 레이건이 내린 가장 중요한 외교 정책 결정'이라고 불렀다. 민주당 하원 의장 팁 오닐(Tip O'Neill)은 이 사건 직후 러시아를 방문했을 때 레이건의 결단이 소련 지도자들에게 '깊은 인상을 주었다'는 사실을 알게 된다.

위험에 직면할 때의 결단은 어렵다. 그러나 그게 진정한 정치인과 미국의 신뢰에 대한 표상이다. 대통령이 신뢰를 지키기 위해 군대를 투입할 때는 그 행동에 따르는 위험을 감수해야 한다. 역사상 가장 위대한 전시 정치가 중 한 명인 윈스턴 처칠은 군사 분쟁의 내재적 예측 불가능성에 대해 경고한다.

"어떤 전쟁도 쉽게 끝날 것이라고 믿거나, 낯선 항해에서 다가올 파도와 태풍을 측정할 수 있다고 믿어서는 안 됩니다. 전쟁 열기에 휘둘린 정치인은 한번 발을 디디면 더 이상 정책의 주인이 아니라 예측할 수 없고 통제할 수 없는 사건들의 노예가 된다는 것을 깨닫게 될 것입니다."

1938년 레이건의 대이란 공습은 더 큰 분쟁을 촉발할 수 있었다. 이라크 내 미군 기지를 공격하지 말라는 경고를 무시하자, 이란의 테러 주범인 카셈 솔레이마니(Qasem Soleimani)를 사살하기로 한 도널드 트럼프의 결정도 마찬가지다. 그러나 우리의 경고를 뒷받침하지 못하면 오바마의 레드 라인 실패에서 보듯이 우리의 이익에 즉각적인 피해가 온다. 그래서 우리 지도자들은 약속을 지키고 끝을 마무리해야 한다. 빌 루드는 "모두가 흔들릴 때 결단력을 발휘하는 것이 국가 간 리더십의 징표입니다."라고 쓴다. "미국의 전략적 이익을 위해 군사력을 정확히 분별해 적용하는 것은 미국을 해치려는 세력에 대한 경고이자, 우리에게 보탬을 주는 동맹국들에 대한 보상입니다."

보장과 경고는 신중하고 또 현명해야 한다. 그러나 일단 약속을 하면 끝장을 볼 때까지 철두철미해야 한다. 그렇지 않으면 제퍼슨은 "도발에 상응하는 철저한 응징이 없다면 적의 도발은 멈추지 않는다."라고 지적한다.

약속을 지키고 레드 라인을 집행하려면 힘이 있어야 한다. 필요할 때 적에게 우리의 의지를 강제할 수 없다면 도덕적 명확성, 실용적 지혜, 철두철미한 결단력도 아무 소용이 없다. 앞서 살펴본 바와 같이 건국자들도 공화국 초창기에는 우리의 약점 때문에 모욕을 당해야 했다.

건국자들은 약점과 의존이 국가의 불행한 조건이라는 것을 알고 있었다. 그들은 워싱턴이 고별 연설에서 말했듯이 '스스로의 운명을 통제'할 수 있도록 미국의 힘을 빠르게 구축했다. 안타깝게도 최근 수십 년 동안 중국이 힘을 키우면서 양국 간의 격차가 빠르게 좁혀지는 동안에도 우리의 힘은 감소했다. 이제 미국의 전략을 이해했으니 미국의 힘을 되찾을 수 있는 방법을 논의한다.

Chapter 9

★ ★ ★

미국의 힘 회복

지미 카터의 비참한 대통령 재임 기간 동안 라틴 아메리카 전역에 공산주의가 확산되었다. 특히 중요한 해인 1979년에는 니카라과와 그레나다 모두 공산주의자들에게 함락되었다. 마나과(Managua)로 축하 여행을 마치고 돌아온 피델 카스트로는 "이제 우리 편이 셋이다."라고 자랑했다. 쿠바의 독재자는 반미 축에 더 많은 국가를 포섭하고 추가하는 큰 계획을 가지고 있었다.

그레나다는 카리브해 남동부에 있는 작고 아름다운 섬으로, 냉전 시기 쿠바와 소련에 전략적으로 매우 중요한 국가였다. 베네수엘라 해안에서 불과 150마일 떨어진 이 섬은 남미와 다른 카리브해 국가의 공산주의 반군을 위한 해상 무기 저장고 역할을 할 수 있었다. 러시아는 또한 그레나다를 활용해 카리브해 유역에서 잠수함을 운영할 수 있었다. 가장 불길한 것은 그레나다가 아프리카와 가깝기 때문에 러시아 남부에서 북아프리카, 서아프리카, 그레나다, 쿠바에 이르는 일련의 소련 및 소련 연합군 공군 기지의 잠재적 최종 종착지가 될 수 있다는 점이다. 소련 폭격기와 대형 화물기는 재급유 없이 미국의 탐지를 피해 이 기지들 사이를 비행할 수 있었다. 이 심각한 위협은 그레나다에서 수백 명의 쿠바인을 받아들여 9,000피트 활주로를 갖춘 대규모 공항을 건설하면서 구체화되었다. 로널드 레이건이 "의심스러울 정도로 거대하다."라고 지적한 이 활주로는 그레나다의 상업용 항공기에는 불필요하게 컸지만, 공교롭게도 소련의 대형 폭격기와 화물기가 착륙하기에 충분한 크기였다.

이 공군 기지는 양방향 위협을 가했다. 러시아는 그레나다를 이용해 쿠바와 다른 라틴 아메리카 공산주의자들을 무장시킬 수 있었고, 카스트로는 앙골라를 비롯한 아프리카의 유혈 전쟁에 혁명가들을 파견할 수도 있었다.

1993년 10월, 좀 더 급진적인 공산주의자들이 집권하면서 긴장은 최고조에 달했다. 새 정부는 전 총리를 살해하고 섬에 있는 수백 명의 미국 의대생들을 위협하는 24시간 총격 사살이 가능한 통행금지를 시행했다. 레이건 행정부는 이란 인질 사태의 재연을 우려했다. 동부 카리브해 국가 기구(Organization of Eastern Caribbean States)는 레이건 행정부가 개입하여 이 지역에서 공산주의가 더 이상 확산되는 것을 막아 달라고 간청했다.

며칠 만에 레이건 대통령은 "강력하고 단호하게 행동할 수밖에 없다."는 결론을 내리고 침공을 승인했다. 그레나다의 병력과 능력에 대한 정보가 희박하고, 임무를 수행할 시간도 부족하며, 워싱턴의 많은 사람들이 베트남전의 후유증으로 인해 군사력 사용을 주저하고 있었기 때문에 쉬운 결정이 아니었다. 레이건이 침공 계획을 승인한 직후, 해병대 베이루트 막사에서 자살 폭탄 테러범이 대원 241명을 살해하면서 레이건과 그의 팀원들을 긴장시켰다. 그러나 레이건은 레바논의 위기가 우리 안방의 위기를 덮도록 내버려두지 않았다. 그는 "어디든 위험에 처한 미국인들이 있으면 우리가 간다!"라고 선언한다.

쿠데타가 발생한 지 일주일이 채 지나지 않은 10월 2일, 약 8,000명의 미군이 '긴급 분노(Urgent Fury) 작전'에 투입되었다. 미군은 위험에 처한 미국인들을 구하고, 공산 정권을 축출하고, 섬의 질서를 재확립한다는 분명한 임무를 가지고 있었다.

약간의 좌절은 있었지만 잘 적응하고 극복하며 승리했다. 불완전한 정보로 작전이 방해받았지만 레이건의 판단이 옳음을 입증했다. 군 지도자들은 쿠바 건설 노동자들이 섬에 200명밖에 없을 것으로 예상했지만, 실제로는 잘 무장된 쿠바 군인 700명이 미군을 기다리고 있었다. 미군은 공군 기지에서 쿠바군과 수천 명의 공산 반군을 무장시킬 수 있는 거대한 무기고도 발견했다. 레이건은 적절한 때 행동에 나선 거다. 전쟁은 나흘간의 일방적인 전투 끝에 끝났다. 우리 군대는 150명 이내의 적은 사상자를 낸 반면 공산군은 거의 500명에 가까운 사상자를 냈고 600명 이상의 쿠바인이 항복했다. 섬에 있는 우리 시민들은 안전했다. 레이건은 강하고 빠르게 공격했다. 그리고 미국이 승리했다.

그레나다 작전은 냉전 시기 공산주의에 대한 최초의 성공적인 군사적 복귀였다. 우리는 우리 문 앞에서 치명적인 위협을 제거했다. 그리고 오늘날까지 자유와 민주주의를 누리고 그에 감사한 국민에게 자유를 돌려주었다.

레이건은 섬의 안정을 위해 노력했고, 마침내 1986년 그곳을 방문했다. 수만 명의 그레나다 국민이 거리에 나와 해방자 레이건을 환영했다. 그레나다의 총리는 레이건을 '우리의 국가적 영웅'이자 '신 다음으로 우리의 구원자'라고 치켜세웠다. 레이건은 "신이여, 미국을 축복하소서."라고 적힌 수많은 현수막을 지나며 '대통령 재임 기간 동안 그날보다 기분이 좋았던 적은 아마 없을 것'이라고 기억했다. 레이건이 그날 느낀 것은 힘과 자신감을 바탕으로 가능해진 미국의 성공에 대한 기쁨이었다.

수십 년 동안 자유주의자들이 우리의 힘을 낭비한 후인지라, 승리의 기쁨은 먼 기억처럼 보일 수 있다. 경쟁국은 힘을 키우는데 미국의 힘은 약화되는 위험한 상황이었다. 국가 간 경쟁은 경마가 아니다. 근소한 차이로 이기는 것만으로는 충분하지 않다. 우리와 적 사이의 격차가 좁혀지면 윈스턴 처칠이 말한 것처럼 적에게 '무력 도발의 유혹'을 줄 뿐이다. 오늘날 우리는 세계 초강대국으로서의 지위를 잃고 우리 아이들에게 자유의 축복을 보장 못할지 모른다는 냉혹한 현실에 직면해 있다.

애국자들은 타고난 권리를 잃을 수 있다는 사실에 분노한다. 그러나 레이건이 말했듯이 "자유는 한 세대만 지나면 사라질 수 있다."는 것을 우리는 알고 있다. 이제는 우리의 자유를 지켜야 한다. 미국의 힘을 방해하려는 좌파들의 음모를 부숴 버려야 한다. 미국의 힘을 약화시키는 좌파적 자유주의 정책과 사고방식을 없애는 것부터 시작해야 한다.

실패한 모든 자유주의 정책에 대한 해결책을 열거할 수는 없지만, 전쟁과 평화를 위해 우리가 힘을 되찾고 앞으로의 도전에 맞서기 위해 해야 할 몇 가지 시급한 일이 있다.

우선, 우리는 힘의 근간인 군대를 재건해야 한다. 너무나 긴 시간 동안, 진보주의자들은 수천 건의 예산 삭감으로 우리 군을 약화시키고 무인 문화(Warrior Culture)의 토대를 허물었다.

다음으로, 넓게 열린 국경은 국가 안보에 위협이다. 불법 외국인의 통제되지 않은 이주와 국경을 통한 불법 마약 유입은 미국 노동자들에게 해를 끼치고, 우리 지역 사회를 위험에 빠뜨리며, 우리 아이들을 독살하고 있다. 국경이 보호되어야 한다.

에너지 안보도 달성해야 한다. 에너지는 미국의 힘을 뒷받침하는 실존적 힘이다. 저렴하고 안정적인 에너지가 없다면 우리의 경제는 붕괴되고 군대는 멈춘다. 자유주의자들은 미국의 에너지를 파괴하려고 하지만 우리는 지켜야 한다.

해외로 눈을 돌려 다시 한번 우방과 적을 구분해야 한다. '일단 미국 탓' 민주당원들이 우리 편 동맹국들을 비난하고 적들과 거래하는 것은 이제 놀랍지도 않다. 위험한 세상에는 친구가 필요하다. 그래서 우리와 함께할 것인가 아닌가 하는 간단한 질문을 할 도덕적 자신감과 명확성을 가져야 한다.

이는 신냉전에서 중국을 이기기 위해 마지막으로 필요한 긴급 과제의 준비 단계이다. 공산주의 중국은 현존하는 가장 심각한 위협이며, 아마도 미국이 직면한 역사상 가장 위험한 위협일 것이다. 이 도전에 성공한다면 레이건이 러시아 공산당을 보낸 것과 똑같은 '역사의 잿더미'로 중국 공산당을 떠밀어 보낼 수 있다. 그러나 우리가 실패한다면 레이건이 경고하듯, '우리의 후손에게 한때 자유로웠던 미국의 모습이 어땠는지 회상하며 노년을 보내게 될 것'이다.

나는 미국이 이 도전에 다시 한번 일어설 것이라고 믿는다. 위대한 미국의 위대한 애국자들은 새로운 미국의 세기를 맞이할 준비가 되어 있다. 개혁을 위한 로드맵을 살펴본다.

군대 재건

군사력은 모든 미국 국력의 근간이므로 군대부터 재건해야 한다. 너무 오랫동안 군대가 위축되도록 방치하고, 군에게 적은 자원으로 너무 많은 임무를 수행하도록 강요해 왔다.

냉전 종식 후 빌 클린턴이 국방비 감축을 통한 '평화 배당'을 선언했을 때보다 세계는 훨씬 더 위험해졌다. 중국은 미국에 심각한 위협을 가하고 있으며 공공연하게 미국을 대체하여 세계를 지배하는 초강대국이 되겠다는 목표를 밝히고 있다. 중국은 지난 20년 동안 군사비를 1,000% 이상 늘렸고, 멈출 기미가 보이지 않는다.

지미 카터 시절 국방부 장관이 소련 러시아에 대해 언급했듯이, 우리가 증설하면 중국도 증설하고, 우리가 줄여도 중국은 늘린다. 오늘날 중국은 세계 최대 규모의 육군, 해군, 지상 기반 미사일 부대와 해저 기뢰를 보유하고 있다. 중국은 누구보다도 빠르게 핵무기를 확장하며, 미 항공 모함 모양의 모의 표적으로 군사 연습을 하는 등 야망과 의도를 숨기지 않고 있다.

하지만 이제 중국은 혼자가 아니다. 우크라이나 전쟁은 러시아가 쇠퇴하는 강대국이지만 여전히 유럽과 중동에서 우리의 이익을 위협할 수 있을 만큼 강력한 군사력과 세계 최대의 핵무기를 보유하고 있다는 사실을 보여 준다. 이 전쟁은 또한 전통적인 군사력이 여전히 중요함을 일깨워 준다. 우크라이나는 사이버 공격과 해시태그가 아닌 미사일과 총으로 러시아의 초기 공격에 맞서 싸웠다. 오바마와 바이든 덕분에 이란은 그 어느 때보다 핵무기에 가까워졌고, 그 어느 때보다 더 큰 혼란을 확산시키고 있다. 북한의 핵무기는 계속 증가하여 우리의 미사일 방어에 부담을 주고 있다. 쿠바, 베네수엘라, 니카라과 같은 나라의 적들이 우리의 뒷마당에서 깝죽대고 있다.

그런데 우리의 국방 예산은 역사적으로 낮은 수준에 머물러 있다. 바이든은 첫해 국방에 경제의 3.4%만 지출하는데, 이는 국방 예산이 경제의 4.5%로 바닥을 쳤던 1970년대 후반의 '속 빈 힘' 시대보다 훨씬 낮다. 이 저점은 이라크와 아프가니스탄 전쟁이 끝난 후 수년 동안 해당 국가에 많은 수의 군대를 파견하지 않았기 때문에 '평화 배당금'으로도 정당화되지 않는다. 오히려 4장에서 본 것처럼 오바마의 예산 삭감은 군대를 황폐화시켰다. 도널드 트럼프와 공화당 의회는 이러한 예산 삭감을 부분적으로 되돌리지만, 바이든은 일부 민주당 의원들조차 감당할 수 없을 정도로 더 큰 폭의 예산 삭감을 제안했다. 우리 군은 또한 바이든의 실패한 정책으로 인해 촉발된 역사적인 인플레이션에 어려움을 겪고 있다. 인플레이션은 가계는 물론 우리 군의 재정에도 타격을 준다.

우리가 직면한 과제를 해결하려면 국방 예산이 최소한 경제의 4% 혹은 그 이상으로 증가되어야 한다. 참고로 레이건 대통령 재임 기간 동안 국방 예산은 5% 아래는 없었고 보통 6%에 가까웠다. 국방 전략 위원회는 새 행정부의 국방 전략과 예산에 대한 건전한 견제 역할을 하는 의회 직속 초당파적 패널이다. 위원회는 국방 예산이 매년 인플레이션보다 3~5%씩 증가해야 한다고 권고한다. 이러한 성장은 가까운 미래에 우리 군을 재건하기 위함이다. 많은 진보주의자들은 '군비 경쟁'에 대해 걱정하지만, 전쟁에서 지는 것보다 군비 경쟁에서 이기는 것이 훨씬 가성비가 높다는 사실을 명심해야 한다.

확보했다 전제하고, 새로운 돈은 어떻게 써야 할까? 군대는 모든 게 더 필요하다. 그러나 '살, 피, 철(Flesh, Blood, Steel)'이라는 기본에 충실해야 한다. 많은 정치인들과 일부 장군들이 첨단 기술 아이디어에 사로잡혀 키보드 입력만으로 전쟁에서 이길 수 있다는 환상에 빠져 있다. 전쟁에서 기술은 중요하지만 가장 중요한 것은 전장 기술이다. 인류 전쟁의 역사상 총을 든 군인, 배 위의 선원, 전투기 조종사가 전쟁에서 승리한다. 이 역사는 오늘날 우크라이나에서 그대로 반복되고 있다. 해시태그와 경제 제재도 좋지만 전쟁은 거의 전적으로 소총과 대포, 미사일에 따라 승패가 좌우된다. 우리 육군과 해병대는 직면한 위협에 맞게 즉시 성장해야 한다. 이라크에서 배운 것처럼, 총격이 시작된 후 병력 증강을 하기엔 너무 많은 시간이 걸린다. 우리 해군은 레이건 시절 600척보다 현저히 적은 300척 미만의 함정을 보유하고 있다. 우리 공군은 전투기, 폭격기, 공중 급유기를 업그레이드하기 시작했으니 빠른 시일 내에 완료해야 한다. 핵무기에 대한 업그레이드가 절실히 필요한 것도 마찬가지다. 탄약 비축과 같은 기본에도 주의가 필요하다. 우리는 우크라이나에서 군수품 부족으로 군대가 얼마나 허둥대는지 다시 한번 확인했다. 우리도 예외는 아니다. 예를 들어, 공군은 2015년 ISIS에 대한 폭격 작전 중에 헬파이어(Hellfire: 레이저 유도식 대전차) 미사일 재고가 거의 바닥날 뻔했다.

국방에 더 많은 세금이 투입된다면 그에 걸맞게 현명하게 지출되어야 한다. 안타깝게도 항상 그런 것은 아니다. 미 국방부는 주요 무기 프로그램에서 비용 대비 효율성이 좋지 않은 기록을 가지고 있다. 새로운 스텔스 전투기 F-35를 예로 들어 보자. 이 프로그램은 수년 동안 예산이 초과되고 일정이 늘어지는 것으로 악명 높다. 내가 대학 재학 중에 벌어진 일이었으니, 꽤나 오래된 정부의 잘못된 결정으로 인해 오늘도 나는 의회에서 고심하고 있다. 그러나 오해하지 마시라. 우리 조종사들은 이 항공기를 사랑하고 국가 안보에도 필수적이다. 하지만 과거의 실수를 반복해서는 안 된다. 그래서 내가 위원회를 통해 새로운 스텔스 폭격기인 B-21에 대한 추가 감독을 수행한 거다. 이 비행기는 중국과의 전쟁에서 절대적으로 필요하지만, 20년 후 왜 이 프로그램이 실패했는지 누군가가 의문을 제기하는 것을 보고 싶지는 않다. 지금까지는 예산 부족에도 불구하고 공군이 순조롭게 진행하고 있다. 단지 그들의 숙제를 재차 삼차 확인하는 것이 내 업무일 뿐이다.

나는 이런 종류의 감독에 많은 시간을 할애하여 우리 군대가 필요한 것을 얻으면서 세금을 잘 활용할 수 있도록 종용한다. 예를 들어, 내 상원 의원 임기 초기에 육군은 WIN-T라는 전장 통신 시스템에 60억 달러를 투자했지만, 여전히 비효율적이고 가동성이 취약하고 안전하지 않았다. 나는 프로그램 중지를 압박했고, 결국 육군은 취소했다. 이것은 국방부가 상용 기성 기술, 특히 정보 기술은 가능한 한 민간에서 구매해야 한다고 주장한 한 가지 예일 뿐이다. 미국에는 세계 최고의 기술 기업이 있으니 국가 방산 조직이 민간 하이텍 부문의 작업을 중복할 필요가 없다. 전쟁 초기에 우크라이나 군대가 단 몇백 달러에 불과한 비용을 지불하고 일론 머스크의 스타링크[84](Starlink) 위성 인터넷 단말기로 서로 교신하고, 이어서 대포와 드론으로 러시아 군대를 타격할 수 있었던 것만 봐도 알 수 있다.

---

[84] 스페이스X가 개발한 인터넷 위성 통신 시스템으로, 수천 개의 작은 위성을 지구 궤도에 배치하여 인터넷 접속을 제공하며, 지구의 모든 지역에 고속 인터넷 접속을 제공하고자 하는 것이 목적이다.

지출하는 돈과 구매하는 물건 외에도 군대의 '무인 문화'에 다시 초점을 맞춰야 한다. 정치적으로 임명된 장군들을 차치하고라도 너무 많은 장군들이 전장에서 장병의 생사와 거리가 먼 문제에 집착하고 있다. 하지만 우리 군이 관심을 가져야 할 유일한 기준은 장병의 생사뿐이다. 나중에 도널드 트럼프의 국토 안보부 장관과 백악관 참모장을 역임한 존 켈리(John Kelly) 해병대 장군은 예산 지출 항목에 대한 명료한 기준을 제시한다. "전장에서 아군의 생사에 관련된 것인가요? 그렇다면 조치하십시오. 아니거나 불확실하면 하지 마세요. 기회비용이 너무 크기 때문입니다."

최근 해군의 평시 손실을 생각해 보자. 2017년에는 구축함 두 척이 상선을 들이받아 17명의 선원이 사망하고 약 5억 달러의 피해가 발생했다. 조사 결과 규율 문제인 '불충분한 훈련', '효과적인 작전 감독 부족'으로 밝혀졌다. 2020년에는 10억 달러 규모의 상륙 공격함이 항구에서 불에 타는 사고가 발생했는데, 선상 소방관들의 화재 진압 준비가 덜 되어 있었기 때문이었다.

이 사건은 너무나 충격적이어서 해군의 '해상 전투(surface-warfare)' 문화에 대한 연구 용역이 발주되었다. 인터뷰에 응한 수병의 무려 94%가 전쟁에 대한 부적절한 집중과 불충분한 훈련 등 문화와 리더십의 실패가 사건의 원인이라고 답했다. 최근 퇴역한 한 고위급 장교는 "해군의 모든 부대에서 좌파식 다양성 교육에 집중하는 만큼 함정 운용 훈련은 받지 못해서 안타깝습니다." 한 구축함 함장은 "시간을 어디에 투자하는지 보면 군의 우선순위를 알 수 있습니다. 호국 보훈에 대한 메시지는 너무 많지만 실제 전투에 대한 강조는 그 정도에 미치지 못합니다."라고 지적한다. 중국과의 전쟁에서 이러한 사고방식이 어떤 결과를 초래할지 상상도 하기 싫다.

왜곡된 우선순위는 오늘날에도 지속되고 있다. 2020년 미 국방부는 진급 및 지휘관 보직을 결정하는 데 사용되는 승진 및 지휘관 선발 패킷에서 대상자들의 공식 사진을 삭제했다. '암묵적인 편견'을 없애고 싶었던 것이다. 하지만 불과 1년 후, 해군 지도자들은 좌파식 다양성 이니셔티브를 개선하기 위해 사진 요구 사항을 복원하는 것을 고려했다. "사진이 인종 차별을 유발한다."에서 "인종 구분을 위해 사진이 필요하다."로 불과 1년 만에 바뀌는 것은 정말 충격적인 일이다. 물론 전장에서 장병 생사와는 아무 관련이 없다.

비단 해군뿐 아니다. 나는 최근에 대대장직을 맡은 친구와 함께 복무한 적이 있다. 그는 비꼬듯이, "중대 지휘관들이 훈련 일정을 짤 때 어디에 가장 신경을 쓰는지 알아? '건강한 성교육'이야. 상부에서 스프레드시트로 성과 진행을 면밀히 추적하고 있거든. 상부에서 성교육을 줄일까? 아니라면 지휘관들은 아무도 눈치채지 못하게 팀과 분대 전술을 소홀히 할까?" 묻는다. 어쩌면 훈련이 부족한 그 분대가 전장에 배치되지 못해도 왜 그런지 아무도 눈치채지 못할 거다. 왜 좌파 이념에 우리의 안보를 걸고 도박을 할까? 더 정확히 말하자면, 장병의 목숨을 걸고 진정 도박하고 싶은가?

군의 필요 자원을 박탈하거나 군 문화의 분열을 용인한다면 군대, 궁극적으로, 국가의 생존이 위험해진다. 기초 훈련을 담당하는 한 훈련병 상사는 거칠고 잔인하기까지 한 성격으로 유명했다. 그는 엉망인 병사들을 대할 때를 제외하고는 웃거나 농담하는 법이 없었다. 그는 사소한 결함에 대해 신속하게 집단 처벌을 가했다. 우리 모두는 그가 주도하는 훈련을 두려워했다. 갑자기 어느 날 경직된 모습을 내려놓고, 삼촌이나 축구 코치처럼 우리에게 말을 걸었다.

"여러분은 내가 여러분을 미워한다고 생각하나? 미워하지 않아. 내가 은퇴하고 집에서 맥주 한잔할 때, 너희들 중 하나가 내 자리에 서 있을 거야. 그러려고 너희를 훈련시키는 거야. 내가 못된 개자식이라고 생각하는 거 알지만 상관없어. 날 미워하든, 사랑하든 상관없어. 내가 신경쓰는 건 여러분이 끝까지 살아남아 날 미워하든 사랑하든 하라는 거지. 그게 내 일이야."

그를 사랑하게 되었다고 말하진 않겠지만, 항상 그를 존경하고 군에 그런 사람이 더 많이 있으면 좋겠다고 생각했다.

역사학자이자 한국 전쟁 참전 용사인 T. R. 페렌바흐(Fehrenbach)는 모든 사회는 궁극적으로 자신이 원하고 수준에 맞는 군대를 갖게 된다고 경고한다. 군에 대한 칭찬과 욕은 모두 사회의 몫이라는 거다. 한국 전쟁 초기에 해리 트루먼이 군 예산을 감축하자 미군의 사상자가 놀라울 정도로 늘었던 것도 당시 미국 사회가 내린 결정에 대한 결과이다.

"어떤 미국인도 그들을 비웃거나 그들이 한 일을 비웃을 수 없다. 그때 그 일은 6.25 전쟁 당시 미국인이라면 누구에게나 일어날 수 있는 일이었다. 왜냐하면 그들 병사들은 우리 사회가 오랫동안 원했고 마침내 성취한, 애지중지하고 훈련되지 않은 평등주의 군대의 모습 바로 그것이기 때문이었다. 그들은 세상에 호랑이가 없다고 배웠는데, 나중에는 막대기 하나로 호랑이와 맞서라고 전장에 보내졌다. 그 책임은 고스란히 우리 사회의 몫이다."

호랑이가 우글거리는 세상에서 우리 전사들을 막대기 하나로 싸우게 할 수는 없다.

국경 사수

국가 안보의 가장 기본적이고 필수적인 것은 국경 안보다. 국경을 지키지 못하면 어떤 나라도 오래 살아남을 수 없다. 몇 가지 중요한 조치만으로 남부 국경을 통제하고 국경 위기를 끝낼 수 있다.

3장에서 살펴본 것처럼 피해가 심각하다. 바이든 대통령 취임 이후 200만 명 이상의 불법 이민자가 남부 국경을 넘어와 미국 노동자들의 일자리와 임금을 위협하고 있다. 불법 이민자 중 일부는 악랄한 마약 카르텔이나 범죄 조직에 소속된 사람들이다. 나는 '엔젤 맘(Angel Mom: 불법 이민자에 의해 아이를 잃은 어머니)'들을 너무 많이 만나고 위로해 왔다. 이 카르텔과 범죄자들은 매년 10만 명 이상의 미국인을 죽이는 마약의 대부분을 밀반입한다. 테러리스트들 역시 개방된 남쪽 멕시코 국경을 통해 입국한다.

첫 번째 단계는 물리적 장벽, 울타리 등 뭐라고 부르든 간에 장벽을 세우는 것이다. 장벽은 항상 효과적이다. 인류가 조직화된 사회에서 살아온 오랜 기간 동안 방어벽을 쌓아온 데에는 이유가 있다. 진보주의자들은 국경의 장벽과 울타리를 비난하지만, 그들은 말뿐, 행동은 다르다. 오바마와 바이든은 상원 의원 시절 700마일에 달하는 새로운 국경 장벽의 건설을 찬성했다. 오바마는 이 법안이 '이민자들이 국경의 개구멍을 통해 몰래 들어오는 것'을 저지할 것이라고 인정했다. 낸시 펠로시 국회의장은 국회 의사당 폭동 이후 6개월 동안 알려진 위협이 없음에도 국회 의사당 주변에 울타리를 유지했다. 바이든은 백악관 주변의 펜스를 철거하지 않고, 부통령 공관(Naval Observatory)의 카말라 해리스도 마찬가지다.

이스라엘의 보안 장벽도 좌파 자유주의자들의 비이성적 적대감을 확인해 준다. 장벽 건설 이후 팔레스타인 자치구에서 발생한 테러 폭탄 공격이 급감했다. 이스라엘 남부 국경을 따라 장벽이 건설되면서 아프리카로부터 불법 이민도 사실상 사라졌다. 그럼에도 미 남부 국경 장벽을 비난하듯이, 자유주의자들은 이스라엘 장벽을 베를린 장벽과 비교하며 비난을 멈추지 않고 있다. 이념에 눈이 먼 그들에겐 명백한 차이가 보이지 않나 보다. 이스라엘과 우리 장벽은 사람을 못 들어오게, 베를린 장벽은 사람을 못 나가게 한다는 분명한 차이가 있다.

좌파 진보주의자들은 국경 보호를 위해 기술 적용을 희망하지만 이것은 연막일 뿐이다. 집 문의 시건장치 없이 수천 달러를 들여 멋진 가정용 보안 시스템을 구축하는 사람이 누가 있나? 카메라나 지상 센서와 같은 기술은 장벽을 보완할 수는 있지만 장벽을 대체할 수는 없다. 내가 육군에서 방어 작전을 배울 때, "감시가 없는 장애물은 장애물이 아니다."라는 핵심 원칙이 있었다. 어떤 장애물도 시간이 지나면 뚫리기 때문이다. 그래서 이라크와 아프가니스탄의 우리 기지에는 감시탑이 있었다. 민주당은 울타리를 높게 만들어 봤자 더 높은 사다리로 넘을 수 있다고 주장한다. 그래서 물리적 장벽은 장벽대로 놔두고 더 많은 국경 순찰대원과 함께 첨단 기술을 이용한 감시를 추가해야 한다.

오늘날 불법 이민자들은 국경 순찰대를 피하기는커녕, 오히려 도와 달라고 달려갈 가능성이 높기 때문에 장벽만으로 충분하지 않다. 좌파 비영리 단체들은 불법 이민자들에게 고국에서 박해를 받을까 두려워서 왔다는 등 미국인의 마음을 찡하게 만들 마법의 단어를 코칭한다. 하지만 바이든이 취임한 직후 국경을 방문했을 때는 그런 마법의 말은 듣지도 못했다. 오히려 "일자리는 어떻게 구하나? 바이든 정부에서 불법 입국 하는 것이 얼마나 쉬운지 아는가?"라는 이야기만 들었다.

불법 이민자들이 우리의 관대함을 악용하는 것을 막아야 한다. 망명은 이미 합법적으로 입국한 외국인, 예를 들어, 유효한 비자를 소지한 유학생이 내전으로 국가가 붕괴된 경우 등을 위한 것이다. 우리 국경에서 망명 신청을 받으면 안 된다. 인종, 정치적 견해 또는 종교와 같은 정당한 이유로 박해를 받는 적법한 사유가 있는 경우로 자격을 엄격하게 제한하여 대사관에 난민 지위를 신청하게 해야 한다. 멕시코 국경에 도착한 외국인은 멕시코에 머물거나 멕시코 남부 국경의 지리적 요충지이자 국제 망명 원칙에 따라 '안전한 제3국'인 과테말라로 돌아가야 한다. 진보주의자들은 과테말라가 안전하지 않다고 불평하지만, 과테말라의 살인율은 세인트루이스나 볼티모어 등 민주당이 시장인 도시보다 훨씬 낮다. 좌파들은 과테말라가 난민 수를 감당할 수 없다고 불평하지만, 앞뒤를 모르는 이야기다. 일자리를 찾는 경제 이민자들이 미국에 들어가지 못하고 멕시코나 과테말라에 머물러야 한다는 사실을 알게 되면 애초에 미국으로 오는 것을 포기하게 된다.

물리적 장벽과 망명 개혁 외에도 미국 내 불법 일자리를 근절해야 한다. 일자리를 구하기 어렵게 만들면 불법 체류 외국인은 쉽사리 오지 않는다. 가장 좋은 방법은 모든 고용주에게 무료인 정부의 신속하고 정확한 고용 확인 웹사이트 E-Verify 사용을 의무화하는 것이다. 현재 연방법은 정부와 연방 계약자에게만 이 웹사이트 사용을 강제하고 있다. E-Verify를 의무화하면 고용주들이 불법 체류자를 고용하는 데 변명의 여지가 없어지고, 불법 체류자에게 미국인 일자리를 계속 제공하는 악덕 고용주에게 더 강력한 처벌을 내릴 수 있다.

또한 팬데믹 이전 정상적인 이민 단속의 마지막 해인 2018년 이후 거의 80% 감소한 추방을 재개해야 한다. 바이든은 기본적으로 불법 외국인들에게 최악의 테러리스트나 중범죄자가 아니라면 추방할 필요가 없다는 신호와 함께 추방을 중단했다. 왜 불법 체류자가 미국에서 면책 특권을 누리며 일하고 살도록 허용해야 하는지 도무지 알 수 없다. 무엇보다 그들은 여기에 있을 권리가 없다. 미국에 일단 들어오면 추방당하지 않는다는 입소문은 불법 이민을 더욱 부추길 뿐이다.

국경의 신성함에 대해 간단명료하고 자신 있게 말해야 한다. 메시지는 간단하다. "입국 못 하니 오지 마시오. 그러나 입국했다면 반드시 찾아내 추방합니다." 명확성의 가치를 결코 과소평가해서는 안 된다. 트럼프 대통령 재임 초기에는 입국이 어려울 거라 생각했기 때문에 불법 이민자들의 국경 통과가 감소했다. 그러나 트럼프 행정부의 정책이 처음의 예상처럼 강화되지 않자 불법 이민은 다시 증가했다. 바이든은 완전히 거꾸로다. 선거 운동과 취임 첫해 동안 바이든은 사실상 외국인들에게 국경을 넘으라고 권유했다. 그 결과 미국 역사상 최악의 국경 위기가 벌어지고 있다. 분명한 메시지를 보내는 것 자체가 큰 진전이다.

국경 방어를 넘어, 이제는 열린 국경의 최대 위협인 멕시코 마약 카르텔을 처리할 때다. 이 가학적인 범죄자들은 미국 전역에서 죽음과 불행을 불러일으킨다. 매년 카르텔 범죄와 마약으로 인해 베트남 전쟁 전체보다 훨씬 더 많은 미국인이 목숨을 잃고 있다. 알카에다나 ISIS가 멕시코의 미국 접경 도시인 티후아나(Tijuana), 후아레스(Juarez), 몬테레이(Monterrey) 등에 캠프를 차린다면 끔찍한 일이다. 테러리스트에 대응할 때와 동일한 법적 도구로, 카르텔의 자산을 동결하고, 국제 금융 시스템에서 쫓아내고, 카르텔 조직원과 그 가족의 입국을 금지하고, 카르텔을 돕는 모든 사람에게도 가능한 한 모든 처벌을 적용해야 한다.

말 그대로 카르텔을 표적으로 삼아야 한다. 그들과 싸워 이긴 선례는 많다. 우리 군의 특수 작전 부대와 마약 단속국(Drug Enforcement

Administration) 같은 법 집행 기관의 정예 전술 부대는 콜롬비아의 마약왕 파블로 에스코바(Pablo Escobar)를 사살하고 멕시코의 엘 차포(El Chapo)를 생포하는 데 핵심적인 역할을 했다. 1989년에는 파나마를 침공하여 군사 독재자 마누엘 노리에가(Manuel Noriega)를 마약 밀매 혐의로 미국에서 법정에 세우기 위해 파나마 정부의 일부를 무너뜨리기도 했다. 우리 군과 법 집행 기관은 멕시코 당국과 협력하여 마약 조직의 두목과 주요 간부들을 사살하거나 생포하고, 그들의 마약 생산 연구소(Superlab)와 기타 주요 인프라를 파괴할 능력을 갖추고 있다. 우리는 전 세계의 테러리스트들을 표적으로 삼기 위해 우리의 능력을 사용하지만, 정작 마약 카르텔에게는 조용하다. 이들이 ISIS보다 훨씬 더 많은 미국인을 죽이는데도 말이다. 이제는 마약 카르텔을 국가 안보 위협으로 간주해야 한다.

에너지 독립

에너지 독립의 반대말은 에너지 의존이니 에너지 안보는 당연히 국가 안보이다. 에너지의 중요성은 러시아와 우크라이나의 전쟁 직전과 초기에 전 세계가 목도했다. 독일을 비롯한 유럽 국가들은 전통적인 국내 에너지원을 포기하고 러시아 석유와 가스에 크게 의존하고 있었다. 당연히 그들은 우크라이나의 개전 초기 성공적 방어를 확인하기 전에는 러시아에 맞서기를 주저했다. 그 후에도 유럽은 러시아 에너지 부문에 대한 제재에 늑장을 피웠다. 에너지 위협만큼 한 국가를 제약하는 것도, 에너지 독립만큼 한 국가에 행동의 자유를 주는 것도 드물다.

2020 캠페인 기간 동안 바이든은 진심으로 외친다. "제 눈을 보세요. 제가 장담하건대 화석 연료를 종식시킬 것입니다."라고 약속했다. 그는 그 약속을 지키기 위해 노력했다. 그 결과 가스와 전기 가격을 천정부지로 끌어올려 우리 경제와 안보의 생명줄을 위협하고 있다.

에너지가 미국인의 삶의 방식과 현대 생활에 얼마나 중요한지는 아무리 강조해도 지나치지 않다. 우리 건국자들의 삶의 질은 예수의 제자들 것보다 별반 다르지 않았는데, 그 이유는 에너지의 주요 원천이 그때나 건국 시기나 바람, 물, 불, 그리고 근육이기 때문이다. 그리고 석탄, 석유와 가스가, 그리고 마지막으로 원자력이 등장했다. 화석 연료로 촉발된 산업 혁명은 인류 역사상 유례없는 경제적 풍요를 가져왔다.

저렴하고 안정적인 에너지는 말 그대로 우리 삶의 방식을 뒷받침한다. 미국이 세계의 곡창 지대인 이유는 천연가스로 만든 비료가 비용을 절감하고 농작물 수확량을 증가시키기 때문이다. 현대 미국을 만든 자동차는 99% 화석 연료로 작동하며, 전기 자동차라도 대부분 화석 연료와 원자력으로 생산된 전력망에 의존한다. 주머니 속의 스마트폰, 독서용 태블릿, 책상 위의 컴퓨터 등 모든 기기와 대부분의 현대 기술은 제조와 작동에 엄청난 양의 에너지가 필요하다.

우리는 스위치를 누르면 전원이 들어오는 것을 당연하게 여긴다. 하지만 한번 정전되면 전기와 전기를 공급하는 이들이 얼마나 고마운지 새삼 알게 된다. 1,100만 명 이상의 미국인이 에너지 부문의 고임금 일자리에서 일하고 있다.

에너지는 미국의 국가 안보와 다름없다. 우리의 일자리와 번영에 필수적인 것은 당연히 외교 정책에도 큰 영향을 미친다. 미국 경제를 움직이는 에너지에 대한 우리의 접근을 차단하는 외국의 적을 용납할 미국인은 거의 없다. 지미 카터 대통령도 이른바 카터 독트린을 발표했을 때 미국인의 삶에서 에너지가 차지하는 중심적인 역할을 이해했다. 그는 '페르시아만 지역을 장악하려는 외부 세력의 시도는 미국의 중대한 이익에 대한 공격으로 간주될 것'이라며 '군사력을 포함해 필요한 모든 수단을 동원해 격퇴할 것'이라고 선언했다. 로널드 레이건은 페르시아만을 통한 석유 공급을 보호하기 위해 이란 해군의 절반을 침몰시켰고, 조지 H. W. 부시는 사담 후세인이 중동의 석유 공급을 통제하는 것을 막기 위해 전쟁을 벌였다.

그러나 민주당은 미국이 유럽의 모범을 따르기를 원한다. 조 바이든만이 아니다. 오바마는, "석탄 화력 발전소를 짓고 싶다면 그렇게 하시오. 그러면 아마 망할 겁니다." 그는 자신의 계획에 따라 '전기 요금이 반드시 치솟을 것'이라고 인정했다. 오바마의 에너지 장관은 "어떻게든 휘발유 가격을 유럽 수준, 즉 갤런당 8~10달러로 올리는 방법을 찾아야 한다."고 고민했다. 힐러리 클린턴은 한술 더 떠, '많은 석탄 광부와 석탄 회사를 폐업시킬 것'이라고 공약했다. 강성 좌파 버니 샌더스와 알렉산드리아 오카시오-코르테즈(Alexandria Ocasio-Cortez)는 지난 20년 동안 미국이 세계 최고의 석유 및 가스 생산국이 될 수 있게 해준 수압 파쇄(hydraulic fracturing) 기술을 금지시키고자 한다. 이들은 향후 10년 이내에 화석 연료와 원자력을 완전히 없애기 위한 그린 뉴딜을 제안했다.

이러한 환상은 현실과 멀다. 화석 연료와 원자력은 미국 에너지의 8분의 7을 차지한다. '재생 가능한' 에너지원 중에서도 목재, 수력, 바이오 에너지의 조합은 풍력과 태양열의 합보다 훨씬 더 많은 에너지를 생산한다. 간단히 말해, 민주당의 에너지 꿈은 미국을 빈곤하게 만든다. 그러나 불공정 무역 관행 덕분에 세계 최고의 석유 및 가스 수입국이며 동시에 '친환경' 에너지 기술의 지배적 생산국인 중국을 부유하게 만든다. 진보주의자들은 기후 변화의 기치 아래 행진할지 모르지만, 불행하게도 공산주의 중국의 오성홍기(Five-Star Red Flag)를 보는 듯하다. 에너지에 대한 열망을 달성하는 데 필요한 국가주의와 행정 관료주의는 좌파 우드로 윌슨도 놀랄 수준이다.

그렇기 때문에 진보주의자들은 가족의 안녕과 국가 안보보다 자신들의 이념을 우선시하는 것일지도 모른다. '일단 미국 탓'을 주장하는 민주당은 군대의 일방적인 무장 해제를 선호하는 것처럼, 에너지 부문도 일방적으로 무장 해제 할 것이다. 고유가로 인한 정치적 압박에 직면한 바이든은 텍사스와 노스다코타(North Dakota)가 아닌 베네수엘라와 이란을 방문했다. 진보주의자들은 태양광 패널을 만드는 중국인 노예와 '친환경' 기술의 기반이 되는 희토류 원소를 채굴하는 아프리카 아동 노동자들에게는 에둘러 시선을 피하면서 미국의 석탄 광부들과 석유 채굴 노동자들을 비웃고 있다.

바이든은 미국의 전통적인 에너지원에 대한 '돌이킬 수 없는' 전쟁을 선포했지만, 진보주의자들의 에너지 부문에 대한 억압은 이제 시작이다. 그들은 석유 및 가스 매장량에 대한 접근을 제한하고, 중요한 인프라를 차단하고, 업계를 악마화함으로써 서서히 목을 조르고 있다. 우리는 이러한 정책을 뒤집어 에너지 산업을 소생시킬 수 있다.

단기적으로는 미국 석유 생산량의 약 4분의 1, 가스 생산량의 10분의 1을 차지하는 연방 토지와 해역에 대한 접근성을 높여야 한다. 바이든 행정부는 법으로 의무화된 신규 5년 임대 프로그램과 분기별 임대 판매에 시간을 질질 끌더니 일부 기존 임대를 취소하고 다른 임대에 대한 시추 허가 발급도 연기했다. 바이든은 또한 수백만 에이커의 연방 토지를 석유 및 가스 산업에 대한 제한 구역으로 지정했다. 이러한 조치는 즉시 취소되어야 한다. 우리는 책임감 있게 지상의 환경을 보호하고 생태계의 경이로움을 보존하는 동시에 땅 밑의 에너지를 활용할 수 있다. 연방 정부가 국토의 28%를 소유하고 있는 상황에서 이것이 유일하게 합리적인 정책이다.

장기적으로는 새로운 에너지 인프라를 구축해야 한다. 미국에는 석유와 가스를 수송하는 가장 안전한 방법인 파이프라인이 더 필요하다. 하지만 바이든은 취임 첫날 키스톤[85](Keystone) XL 파이프라인을 취소했다. 이 파이프라인의 미래는 이제 위험에 처해 있지만 이것만이 아니다. 그는 국내 생산에 대한 인센티브를 높이고 러시아 가스에 의존하는 동맹국을 지원하는 다수의 액화 천연가스 수출 시설의 승인도 연기했다. 여러 에너지 관련 인프라 프로젝트는 연방 기관 전반에 걸쳐 관료적 검토를 패스트 트랙으로 처리하고 표준화해야 한다.

---

85 캐나다의 알버타주에서 미국 네브래스카주까지의 원유 파이프라인으로 알버타의 원유 자원을 미국으로 수송하는 것이 목적이다.

바이든은 주로 화석 연료를 걸고 넘어지지만 원자력도 잊어서는 안 된다. 미국은 전력의 거의 5분의 1을 원자력에서 얻고 있지만 추가 생산의 가능성도 있다. 예를 들어, 프랑스는 전체 전력의 70%를 원자력에서 얻는다. 그러나 환경 단체의 로비와 관료주의적 규제로 인해 원자로는 항상 예정보다 늦어지고 따라서 예산이 늘어난다. 그럼에도 미국은 원자력 규제 위원회(Nuclear Regulatory Commission)의 개혁과 안전하고 깨끗한 원자로 기술 개발로 우리가 유일하게 신뢰하고 또 탄소 제로 에너지원인 원자력 발전의 새로운 시대를 열 수 있다.

마지막으로, 우리는 에너지 산업과 그 종사자들을 축하하고 지켜 줘야 한다. 에너지 산업은 자본 집약적인 산업으로 보통 프로젝트에 수십억 달러가 투여되지만 수십 년이 지나서야 이익이 회수된다. 민주당이 에너지 산업을 '종식'시키거나 '파산'시키겠다고 위협하는 것은 우리의 돈을 에너지 산업에 투자하지 못하도록 막자는 의도이다. 우리는 미국 에너지에 대한 자부심을 가져야 한다. 신은 우리 땅에 풍부한 에너지 자원과 숙련되고 독창적인 노동자들이라는 축복을 내려 주셨다. 자유주의자들은 이들 노동자들을 악마화하지만, 우리가 에너지 산업을 지지할 때 미국인들은 다시 한번 그들에게 자신 있게 투자해, 저렴하고 풍부한 에너지로 전 세계를 먹여 살릴 것이다.

친구/적의 구별

역사가 플루타르크(Plutarch)는 그의 저서에서 유명한 로마 장군이자 집정관이었던 루시우스 코르넬리우스 술라(Lucius Cornelius Sulla)의 전기를 술라가 자신의 무덤에 쓴 비문으로 끝맺는다. "친구에게 받은 호의, 적에게 받은 상처는 남김없이 되갚고 떠나노라." 물론 무뚝뚝한 말이다. 하지만 우드로 윌슨의 진보적 이상주의를 생각하면 이처럼 미국의 외교 정책을 이끄는 제대로 된 원칙도 없다. 사실 술라의 격언은 해병대의 비공식 모토인 "더 좋은 친구도, 더 나쁜 적도 없다.(No Better Friend, No Worse Enemy)"의 근원이기도 하다. 미국은 우방에게는 최고지만, 적국에게는 최악이라는 말이다. 그러나 좌파 자유주의자들은 이 격언을 뒤집어 친구를 버리고 적을 포용한다. 어떻게 될지 뻔하다. 미국의 안보는 약화되고, 그리고 대개는 소중한 동맹국 국민들이 심한 억압을 받게 된다.

미국은 항상 우리의 이익을 보호하는 데 도움을 줄 친구를 필요로 해왔고 앞으로도 그렇다. 우리의 가장 좋은 친구는 영국과 이스라엘과 같이 자유, 대의제 정부, 법치주의에 헌신하는 성숙하고 안정적인 민주주의 국가들이다. 이 두 나라 외에도 캐나다, 호주를 포함한 일부 국가에도 깊은 역사적 · 문화적 · 언어적 · 종교적 유대감을 공유하고 있다. 문화적 · 종교적 · 언어적 차이에도 불구하고 일본, 한국과 같은 민주주의 국가들과도 지속적인 우호 관계를 유지하고 있다.

하지만 말할 건 말하자. 세상은 유치원 소풍 가는 곳이 아니다. 위험한 곳이다. 역사적으로나 오늘날에도 수많은 정부가 비민주적이다. 우리는 이 세상의 변화를 바라며 개선의 노력을 지속하지만, 세상은 원래 그런 곳이다. 만약 우리가 우리의 정부 시스템과 사회적 · 문화적 감수성을 공유하는 국가들만 친구로 친다면 그 수는 몇 안 된다.

타락한 세상에서 호랑이를 잡으려면 호랑이 굴로 가야 한다. 최악의 적과 맞서기 위해 때로는 정말 끔찍한 정권과 일시적으로 협력하기도 한다. 예를 들어, 나치 독일을 물리치기 위해 소련 러시아와 협력하고, 소련을 견제하기 위해 공산주의 중국과도 협력했다. 이러한 일시적인 동맹은 불쾌하게 보이지만, 당장의 긴급한 필요성은 최선책, 차선책을 찾게 한다. 또한 미국은 친미 국가이기는 하지만 비민주주의 국가들과도 강력하고 지속적인 우호 관계를 맺고 있다. 모로코는 독립을 선언한 이듬해에 미국을 인정하는데, 1786년 체결한 우호 조약은 가장 오래된 관계로 남아 있다. 미국과 요르단은 요르단 독립 직후인 1949년에 외교 관계를 수립했다. 나는 요르단의 통치자인 압둘라(Abdullah) II 국왕을 여러 차례 만났고, 요르단만큼 미국을 따뜻하게 생각하는 외국 지도자도 드물다는 것을 증명할 수 있다. 모로코와 요르단 모두 군주제 국가이지만 미국의 이익을 일관되게 지지한다. 예를 들어, 두 나라는 이슬람 극단주의에 대한 미국의 노력에 기여하며 이스라엘의 평화 파트너이다.

의심할 여지 없이 안정적인 민주주의 국가가 가장 안정적인 우방이다. 그러나 결국 중요한 것은 한 국가가 민주적이냐 아니냐가 아니라, 친미 혹은 반미인가이다.

민주당은 이 상식을 뒤집는다. 그들에게 국가가 저지를 수 있는 최악의 죄는 친미이다. 우리는 이미 믿을 수 있는 미국의 동맹국들이 가장 위급한 순간에 민주당 대통령에 의해 버림받은 사례를 많이 봐왔다. 존 케네디는 베트남의 응오 딘 디엠에 대한 쿠데타를 용인하여 베트남 전쟁을 미국 전쟁으로 변질시켰다. 지미 카터는 불과 몇 달 만에 니카라과의 소모자 정권과 이란의 샤 정권이 혁명 운동에 맞서자 지원을 철회했다. 버락 오바마는 시위 며칠 만에 이집트의 호스니 무바라크 대통령을 해임하여 시위대의 우려를 해소할 기회를 주지 않았다. 이들 과거를 보면, "미국의 적은 위험하고 미국의 친구는 치명적"이라는 헨리 키신저의 말에 고개를 끄떡거리게 된다.

사실은 더 한심하다. 민주당이 집권하는 동안 미국의 적들은 실제로 위험한 때가 없었기 때문이다. 친미 혹은 반미든 모든 권위주의 정부에 반대하는 것은 다소 순진하지만 민주주의를 위한 원칙적인 입장이다. 자유주의자들은 그런 입장을 취하지 않는다. 대신 좌파 독재 정권에 일관되게 눈을 감거나, 사과하거나 심지어 옹호한다. 진보주의자들은 소모라에 대한 집착 때문에 다니엘 오르테가의 공산주의 독재에 대해서도 관심을 두지 않았다. 독재에 박수를 보낸 버니 샌더스 같은 사람들은 무시한다 하더라도 한심한 일이다. 상아탑의 진보주의자들은 칠레의 친미적인 아우구스토 피노체트(Augusto Pinochet)를 싫어했지만 쿠바의 지독하게 반미적이고 잔인한 카스트로 정권을 낭만화했다. 진보주의자들은 이란의 전 정권 국왕이 물러나야 한다고 주장하면서도, 이란 시아파 리더들이 "미국에 죽음을!"이라는 외침은 용서한다.

반미 정권에 대한 민주당의 동정은 우리의 이익을 위태롭게 할 뿐만 아니라 대개 해당 국가의 일반 국민들을 어려운 상황에 빠뜨린다. 아무도 디엠, 소모라, 샤, 무바라크를 무고하고 선한 사람들로 착각하지 않는다. 하지만 호치민, 오르테가, 이란 시아파, 무슬림 형제단보다는 훨씬 낫다. 그들은 잔인하게 국민을 억압하고, 경제를 파괴하며 사회주의하에서 크나큰 불행을 초래했다. 하지만 좌파 자유주의자들은 자신들이 사랑하는 이들이 상황을 악화시킨다는 사실에 전혀 신경 쓰지 않는다. 카스트로 정권하에 평범한 쿠바인들은 아사 직전이지만, 미국의 좌파 진보 대학생들은 '체 게바라' 티셔츠를 자랑스럽게 입고 거리를 활보한다.

불완전한 동맹국을 지지한다고 그들의 불완전함을 간과하자는 이야기는 아니다. 친미 독재자들은 미국의 여론에 신경 쓰기 때문에 개혁에 더 개방적인 경향이 있다. 그리고 일반적으로 점진적 개선의 여지가 있는 국가의 전통과 문화에 기반을 두고 있다. 반면, 반미 정권은 공산주의나 이슬람 신정주의와 같은 유토피아적 이념을 추구하기 위해 국가적 전통과 문화, 심지어 종교와 가족까지 파괴하는 전체주의적 성향을 띠는 경우가 많다. 로널드 레이건의 유엔 대사가 된 진 커크패트릭은 1979년 그녀의 유명한 에세이 〈독재와 이중 잣대(Dictatorships and Double Standards)〉에서 잘 지적하고 있다.

레이건은 상황이 허락하는 한 이러한 견해에 따라 행동했다. 필리핀의 독재자였던 마르코스(Marcos)는 레이건이 당선된 직후 계엄령을 해제했다. 레이건은 반공주의자인 마르코스와 협력하면서 조용히 더 많은 개혁을 장려했다. 마르코스에 대한 대중의 불안이 커지고 그가 공정한 선거에서 패배하자 레이건은 마르코스에게 결과를 받아들이라고 촉구했다. 그 결과 필리핀의 '민주주의의 어머니'로 불리는 코라손 아키노(Corazon Aquino)가 대통령에 취임했고, 계속해서 미국을 지지했다. 레이건은 또한 한국의 독재자 전두환과 함께 공산주의 세력에 맞서 싸우면서 전두환이 억압적인 통치를 풀고 민주적 선거를 치르도록 촉구했다. 1987년, 노태우와 전두환은 한국 최초의 평화적 정권 이양에 합의했다. 노 전 대통령은 전두환의 친미 외교 정책을 이어받아 한국의 민주주의와 자유 시장 개혁을 더욱 공고히 했다.

그 언제보다 레이건의 신중한 정치력과 도덕적 투명성 모델이 그리워지는 때다. 에이브러햄 링컨의 삶에 대한 실용적인 지혜는 외교 정책에도 똑같이 적용된다. "옛 친구를 팔아 옛 적의 환심을 사지 말라." 하지만 오바마와 바이든을 포함한 자유주의자들이 바로 그런 짓을 하고 있다. 특히 그들은 이란을 회유하기 위해 이스라엘과 사우디아라비아, 아랍에미리트 같은 아랍 국가와 같은 오랜 친구를 팔아넘겼다. 그 대가로 얻은 것은 환멸을 느낀 우방과 대담해진 적뿐이다. 반면 트럼프 행정부는 친구를 친구처럼 대하고 적을 적처럼 대했다. 결과는 확연하다. 아브라함 협정(Abraham Accords)이다. 이스라엘이 에미레이트, 바레인, 모로코, 수단과 맺은 평화 합의다.

오바마가 '아시아로 방향 선회(Pivot to Asia)'라는 원대한 동아시아 전략의 언어조차 좌파들이 우리 친구들을 무시하고 있음을 보여 준다. 스포츠나 무용에서 '피벗'은 등을 돌리는 행위를 의미한다. 오바마에게는 아시아로 방향을 돌리겠다는 뜻일지 모르지만, 중동 동맹국들은 미국이 자신들에게 등을 돌리고 있다고 이해했다. 우리는 중국과의 전쟁에서 중국이 거의 절반의 석유를 수입하는 중동을 포함하여 우리가 얻을 수 있는 모든 우방이 필요하다. 그들을 버릴 게 아니라 우리가 중국을 이길 수 있도록 그들을 결집시켜야 한다.

중국 이기기

　지금까지의 모든 길은 중국과 연결된다. 수십 년 동안 좌파 진보의 실패는 미국의 힘을 약화시키고 중국의 힘을 강화시켰다. 미국의 힘을 되찾기 위해 중국에 대항할 수 있는 확고한 발판을 마련해야 한다. 하지만 중국이 수년 전에 시작한 신냉전에서 승리하기 위해 해야 할 일이 더 많다. 시진핑이 중국의 야망을 너무 일찍 드러내는 실수를 범해 우리가 대응할 시간을 확보해 주었다.

　중국은 미국과 중국의 경제 통합을 통해 큰 전쟁 없이 세계를 지배하는 강대국으로 부상하려는 야망을 드러낸다. 그래서 경제가 주요 갈등의 무대이다. 중국 공산당은 권력을 유지하기 위해 미국이 약점을 보일 경우 군사적 충돌을 감수할 의향이 있지만, 전략적 탁월함의 정점은 전투에서 적을 물리치는 것이 아니라 싸우지 않고 적을 제압하는 것이라는 손자의 격언을 따르고 있다. 어느 날 우리 스스로 눈을 떠보니 더 가난하고 약하며 중국의 지배에 굴복할 수밖에 없다는 것을 발견할 때까지 점진적으로 미국을 포위하고 압박할 거다.

　안타깝게도 우리는 오랫동안 중국의 야망을 도와주며 우리에게 해를 끼쳤다. 3장에서 본 바와 같이, 우리의 잘못된 무역 정책으로 인한 차이나 쇼크는 중국을 세계의 '작업 현장'으로 만들었고, 열심히 일하던 미국인들이 300만 개의 제조업 일자리와 6만 개의 공장을 잃게 만들었다. 중국은 약탈적 무역 관행, 환율 조작, 강제 기술 이전, 노골적인 절도 행위로 우리의 어리석은 정책을 비웃었다. 지난 30년 동안 중국과의 상품

무역은 거의 20배 증가했으며 대중 무역 적자 또한 증가했다. 그 결과 중국은 철강, 기초 의약품 및 의료 기기, 희토류 원소 등 다양한 상품에서 세계 시장을 장악하여 미국과 자유세계에 막강한 영향력을 행사하게 된다.

중국과의 경제 전쟁에서 승리하기 위해서는 경제를 분리하고 중국에 대한 의존도를 낮추는 것부터 시작해야 한다. 미중 경제를 완전히 분리할 수는 없지만, 코로나19 팬데믹 초기에 배운 것처럼, 티셔츠와 플라스틱 장난감을 중국에 의존하는 것과 생명을 구하는 의약품과 의료 장비는 전혀 다른 문제다. 의료용품 및 장비, 핵심 및 희토류 원소, 통신, 반도체, 인공 지능 및 양자 컴퓨팅과 같은 전략적 부문에서 우리 경제를 중국과 분리하는 것이 가장 시급한 우선순위다.

경제의 얽힌 실타래는 중국에 대한 철저한 단속으로 풀 수 있다. 우선 중국의 영구적인 최혜국 지위 박탈부터 시작하자. 최혜국 지위는 중국 경제를 부양하고 우리 경제를 황폐화시킨다. 왜 우리의 가장 큰 적이 우방과 같은 조건으로 거래하도록 계속 허용해야 하는지 이해가 안 된다. 다음으로, 약탈적 무역 관행과 지적 재산 절도를 저지르거나 그로부터 이익을 얻는 중국 국적자는 제재와 비자 금지 조치를 받아야 한다. 중국 기업도 이런 관행을 통해 이익을 얻는 경우 제재와 수입 관세를 부과해야 한다.

중국 경제에 대한 미국의 기술 및 재정 지원도 줄여야 한다. 우리는 이미 일부 미국 기술에 대해 수출 통제를 시행하고 있지만, 기술의 범위와 통제의 대상이 되는 중국 기업의 수를 확대해야 한다. 공적 및 사적 연기금을 포함한 미국 투자 펀드의 중국 시장 투자를 제한해야 한다. 또한 중국 공산당 혹은 인권 침해와 관련된 '국가 챔피언' 기업이나, 주요 기술 기업에 대한 미국의 투자를 차단해야 한다. 월스트리트는 중국이라는 주적에게 자금을 투자하면 안 된다. 공조를 위해 우방과 협력해야 한다. 좋은 예로, 네덜란드의 한 회사[86]는 세계에서 유일하게 최첨단 반도체 생산을 위한 필수적인 기계를 만드는데, 우리의 요청에 따라 중국 수출을 거부하기로 동의했다.

미국의 대중국 투자를 막는 만큼 중국의 대미 전략적 투자도 막아야 한다. 연방 부처 간 위원회인 '외국 투자(Foreign Investment) 위원회'는 전략적 부문과 기업 경영권이 위태로운 모든 부문에 대한 중국 투자를 면밀히 조사해야 한다. 승인 요청의 책임은 미국 회사가 지며, 투자 거부가 기본 가정이어야 한다. 중국 기업이 우리 기업과 동일한 수준의 법률을 준수하지 않을 경우 증권 거래소에서 퇴출시켜야 한다. 어떤 산업 부문은 안보상 매우 중요하기 때문에 중국 투자를 금지해야 한다. 예를 들어, 중국의 미국 방산 회사 소유를 허용하지 않는 것처럼 미국 농지[87] 및 식품 회사 구매도 중단시켜야 한다. 미국은 세계의 곡창 지대이고, 중국은

---

86 저자는 아마 1984년 설립된 ASML Holdings NV를 가리키는 것으로 보인다. ASML은 세계적으로 유명한 네덜란드의 반도체 장비 제조 기업으로 새로운 반도체 제품의 생산 및 개발에 독보적인 역할을 한다.

87 중국과 북한, 러시아, 이란, 베네수엘라 등 제한 국가들에 대한 토지 매입을 금지하는 법안이 버지니아주에 이어 미주리주 하원에서 통과되었다. 미국 농무부(USDA)의 2021년 발표에 따르면, 중국의 개인 또는 기업이 미국에 보유한 농지 규모는 전년 대비 2020년 35만2천 에이커로 30% 상승했다.

식량 부족 국가이다. 왜 이 전략적 우위를 포기하는 우를 범할까?

중국은 너무 오랫동안 우리의 관대한 학자 이민 정책을 악용해 왔다. 더 이상 우리의 주적을 교육시키고 지원하는 것을 중단해야 한다. 공산당이나 인민 해방군과 관련된 중국 국적자는 우리 대학에서 공부할 수 없도록 해야 한다. 모든 중국 국적자는 고급 과학 기술 대학원 및 대학원 프로그램에서 제외되어야 한다. 중국이 미국으로부터 배워 가야 할 것은 양자 물리학이 아니라 '페더럴리스트 페이퍼[88](The Federalist Papers: 미국 헌법 해석서)'다. 우리의 세금이 조금이라도 지원되는 모든 미국 대학과 교수들은 중국의 연구비 지원을 거부해야 한다. 성경에 따르면, 한 사람이 두 주인을 섬길 수 없는데, 공산당은 지원받는 교수들에게 중국을 섬기라고 할 것이다. 위협은 광범위하고 심각하다. 2021년 하버드 화학과 학과장이 중국 돈을 받은 혐의로 유죄 판결을 받고, 이듬해에는 전 아칸소 대학교 교수도 유죄 판결을 받았다.

일부 학자들의 범죄는 우리가 3장에서 배운 공산당 로비의 또 다른 예일 뿐이다. 차이나 로비는 만연해 있어, 미국은 중국의 영향력을 사실상 '제5열(내부의 적)'로 간주하고 있다. 중국을 이기려면 차이나 로비의 배후를 근절해야 한다. 이미 설명한 몇 가지 조치를 통해 중국에 재정적 지분을 가진 미국 산업, 기업 및 기관의 수를 줄이고 차이나 로비의 영향력을 줄일 수 있다. 하지만 할 일은 더 많다. 앞서 살펴본 바와 같이 할리우드

---

88 1787년부터 1788년 사이, 알렉산더 해밀턴, 제임스 매디슨, 존 제이가 작성한 85편의 논문으로 구성되어 있는데 주로 미국 헌법을 변호하고, 연방주의의 가치를 강조하며, 강력한 중앙 정부의 필요성을 주장한다.

와 그 계열 미디어 비즈니스는 중국 자금의 영향력에 깊이 노출되어 있다. 간단한 해결책은 영화 및 텔레비전 스튜디오, 스트리밍 서비스, 케이블 및 위성 플랫폼 등의 미디어 기업을 전략 부문으로 새롭게 분류하고 중국 투자를 차단하는 것이다. 중국 공산당의 콘텐츠 검열을 허용하는 모든 스튜디오에 대한 연방 지원을 중단할 수도 있다. 공산당 군부의 도움 없이 블록버스터 전쟁 영화를 얼마나 잘 만드는지 지켜볼 일이다.

워싱턴에서도 차이나 로비를 종식시켜야 한다. 중국 기업과 단체는 '백이면 백' 베이징의 원격 조정을 받는다. 그러니, 중국 기업을 옹호하는 사람은 누구나 외국 대리인으로 등록하도록 해야 한다. 특히 중국의 불법적 무역을 뒷거래하려는 사람은 더욱 그러하다. 나는 중국 정부 기관에서 일했거나, 깊은 관련이 있는 사람이 나중에 미 정부에서 일해서는 안 된다고 생각한다. 왜 우리 주적의 요원을 정부 기관에 들락거리게 하나? 동일한 이유로, 전직 고위 공무원도 중국을 위해 일하는 것을 금지해야 한다. 미국의 싱크 탱크, 연구 기관 및 옹호 단체도 중국의 자금 지원을 일반에 공시해야 한다. 마지막으로, 어떤 위치이건 정부 선출직 공무원은 중국의 접근에 대해 경계를 늦추지 말아야 한다. 중국 정부가 아칸소주 정치인을 통해 내게 간접적으로 영향을 미치려 한다는 사실을 알게 되었을 때 나는 모든 주 공무원, 입법자, 지방 판사에게 서한을 보내 중국의 접근을 알려 주면 FBI에 신고할지 여부를 함께 결정하자고 했다. 이러한 대결적인 접근 방식은 약간의 파장을 일으켰지만 우리의 표준 운영 절차가 되어야 한다.

중국과 차이나 로비를 단속하는 동시에 우리 경제도 전략적 디커플링에 대비할 수 있는 조치를 취해야 한다. 관료주의적 규제의 철폐, 규제 부담과 불확실성을 줄이는 등 일부 정책은 그 자체로 유용하다. 그러나 어떤 정책은 중국에 대한 우리의 의존도 축소를 목표로 할 수 있다. 예를 들어, 핵심 산업이 중국을 떠나 미국에 새로운 공장을 건설할 경우, 인센티브를 제공할 수 있다. 특히 반도체와 같은 핵심 부문에서 적용할 수 있다. 인센티브에는 세금 감면, 보조금, 관세 및 기타 무역 보호, 연방 구매력 등이 포함될 수 있다. 예를 들어, 연방 정부는 메디케어(Medicare: 공공 건강 보험), 재향 군인회, 군대를 통해 막대한 양의 의약품과 의료 장비를 구매한다. 중국산 제품 구매를 금지하면, 즉각적으로 국내 시장에서 수요와 인센티브를 창출할 수 있다. 중요 광물질과 희토류 원소도 동일하다. 이들 광물과 원소가 풍부하게 매장되어 있는 미국 내에서 채굴과 가공을 장려할 수 있다.

위의 제안 중 상당수는 전통적인 공화당의 생각과 다르다. 나도 동의한다. 하지만 힘든 시기에는 강력한 조치가 필요하다. 중국은 수십 년 동안 미국에 대해 강경한 태도를 취해 왔다. 신냉전은 중국이 시작했지만 끝내는 것은 우리의 몫이다.

내 생각 중 일부가 너무 강경하거나 억지스러워 보이면 다음 간단한 질문에 답해 보시라. 과거 소련 러시아와 지금 중국의 상황을 비교해 보면 답이 나온다. 냉전 기간 동안 소련은 무역 최혜국 지위를 얻지 못했고, 그 기간 소련과의 교역은 미미한 수준이었다. 우리는 소련이 방위 산업이나 다른 핵심 산업에 투자하는 것을 결코 허용하지 않았다. 〈레드 던[89]〉(Red Dawn)부터 〈록키 4(Rocky Ⅳ)〉까지 할리우드는 애국적이고 반소적인 히

트작을 쏟아 냈다. 프랭클린 루스벨트와 해리 트루먼의 최측근이었던 앨거 히스(Alger Hiss) 같은 엘리트 진보주의자가 기밀문서를 소련에 넘긴 죄로 기소되는 것은 당연한 일이었다. 문제는 우리가 중국과 관계를 끊을 수 있느냐가 아니라 애초에 왜 그렇게 얽히게 되었는가이다. 이제 과거의 실수를 되풀이할 시간이 없다.

중국과의 신냉전에서 승리하기 위해 마지막으로 꼭 필요한 한마디가 있다. 갈등의 주요 무대는 경제지만, 그것이 유일하거나 가장 근본적인 것은 아니다. 언제나 그렇듯이 군사적 경쟁이 모든 것의 근간을 이루고 있다. 중국은 미 태평양 사령관의 말을 빌리자면 '제2차 세계대전 이후 역사상 가장 큰 규모의 군사력 증강'을 단행했다. 중국을 억지하기 위해서는 더 크고 강력한 군대가 필요한 만큼 몇 가지 구체적인 조치도 취해야 한다. 첫째, 중국이 탐지할 수 없는 잠수함과 적진으로 날려 보낼 저렴한 드론 등이 필요하다. 이는 긴장이 최고조인 중국 연안의 해역과 영공에 적합한 무기와 플랫폼이기 때문이다. 둘째, 우리 군이 통신하고 중국군을 표적화할 수 있는 위성 시스템과 기타 전자전 시스템 및 센서를 확충하고 방어해야 한다. 당연히 중국군의 시스템 접근은 차단되어야 한다. 셋째, 미사일 생산 속도를 시급히 높여야 한다. 중국은 미사일 비축량에서 우려할 만한 우위를 점하고 있다. 넷째, 서태평양에서 우리 함정과 괌, 일본, 한국 기지 모두의 미사일 방어 능력을 강화해야 한다.

---

89 1984년에 개봉한 미국의 전쟁 액션 영화로 존 밀러가 감독하고, 패트릭 스웨이지, 샤론 스톤 등이 출연하였는데 당시의 냉전 상황과 미국 내에서의 공산주의에 대한 두려움을 반영한 것으로 평가된다.

마지막으로, 미국은 대만을 즉시 강화해야 한다. 지난 장에서 논의했 듯이 대만은 세계에서 가장 위험한 인화점이다. 시진핑은, 미국이 막지 않는 한, 향후 몇 년 안에 대만을 침략하고 합병하려고 시도할 것이다. 첫째, 우크라이나가 키예프(Kiev)에서 러시아의 초기 습격을 효과적으로 격퇴하기 위해 사용했던 비대칭 무기가 대만에 시급히 필요하다. 대공 미사일, 대함 미사일, 첨단 해상 기뢰는 중국의 침략을 저지하는 데 필 수적이다. 대만은 가계 소득 증가보다 모든 집 다락방에 스팅어(Stinger: 휴대용 대공 미사일) 비치가 필요할지 모른다. 러시아나 우크라이나와 달리 중국은 개전되자 대만을 봉쇄할 수 있기 때문이다. 다음으로 대만은 예 비군을 개혁해야 한다. 우리의 방위군과 그린 베레는 예비군 훈련에 대 한 풍부한 경험을 가지고 있기 때문에 도움을 줄 수 있다. 마지막으로, 미국의 '전략적 모호성' 전략에서 '전략적 명확성(Strategic Clarity)'으로 바 꿔야 한다. '중국이 공격하면 대만을 방어할 것이며 중국은 참혹한 패배 를 당할 것'이라고 시진핑에게 미리 경고해야 한다. 레이건은 잘 알고 있 었다. 중요한 것은 전쟁을 시작하거나 전쟁에서 승리하는 것이 아니라 애초에 전쟁을 막는 것이다.

미국의 힘을 되찾는 길은 멀고 대가가 클 거다. 그러나 가야 할 길이고 치러야 할 대가이다. 죄악처럼 나약함의 끝도 죽음이다. 아메리칸드림 의 죽음이고 궁극적으로 자유의 죽음이다.

나는 여전히 강인하고 자신감 넘치는 미국을 믿는다. 더 중요한 것은 미국 국민도 그렇다는 거다. 미국인들 앞에서 미국을 비난하지 마라. 미 국은 자부심과 영예를 받아 마땅하다.

미국인들은 힘을 복원할 준비 그 이상이 되어 있다. 진주만 공습 직후 윈스턴 처칠이 미국과 캐나다를 방문했을 때 미국인을 단적으로 말한다. "미국이 수세기에 걸쳐 바다를 건너고 산을 넘고 대초원을 가로질러 나서지 못한 것은 미국인의 설탕 캔디 같은 성격 때문입니다." 처칠의 말은 그때도, 지금도 옳다. 하지만 미국인들은 설탕 캔디보다 훨씬 더 강건하다. 미국에 대한 높은 자부심과 세계 속의 탁월성을 추구하는 강건한 지도자가 필요하다.

　강한 자만이 미국을 다시금 영광으로 선도할 수 있다.

에필로그
우리의 선택

2020년 1월, 낸시 펠로시가 도널드 트럼프 탄핵에 집착할 때 나는 중국 우한의 공중 보건 위기 상황에 대해 연구하고 있었다.

그달 초, 중국이 세계 보건 기구에 이례적인 폐렴 발생을 알렸다는 짧은 뉴스가 내 관심을 끌었다. 처음에는 대수롭지 않게 넘겼지만 며칠 후부터는 집중해서 기사를 따라가게 되었다. 매일 아침 뉴스를 읽기 전에 동아시아 뉴스 매체, 의학 저널, 이름 모를 소셜 미디어 계정 등을 확인하기 시작했다.

뭔가 앞뒤가 맞지 않았다. 중국은 바이러스가 통제되고 있다고 주장했지만, 확산을 막기 위해 점점 강경한 조치를 취하고 있었고, 심지어 고층 아파트 건물의 외부 문을 못으로 걸어 잠갔다는 보도도 있었다. 나는 공산주의자들을 절대 믿지 않는다. 그들의 행동이 말과 모순될 때는 더욱 그렇다.

탄핵 소추가 시작되자 나는 상원 의원실 책상에 앉아 코로나바이러스의 과학, 백신 개발 방법, 팬데믹의 역사에 관한 책을 읽기 시작했다. '탄

핵 추가 자료'라고 적힌 화려한 표지의 서류와 복사 문서를 꾸준히 들이밀던 내 보좌관들도, 상원 방청석 위에 앉아 뭐든 참견하려고 대기 중인 기자들도 내가 뭘 읽고 있는지 알 길이 없었다. 알았다면 내가 탄핵에 집중하지 않는다고 보도했을 것이다.

나는 훨씬 더 중요한 이야기에 집중하고 있었다. 탄핵 소추의 결과는 이미 예견되었고, 평범한 미국인들의 일상에는 아무런 영향을 미치지 않을 것이기 때문이다. 하지만 중국에서 발생한 바이러스는 미국에 큰 영향을 미치고 시민들에게 해를 끼치며 경제를 혼란에 빠뜨릴 수 있는 다른 문제이다. 중국 공산당이 이미 세부 사항을 은폐하고 있었기 때문에 바이러스에 대해 알려진 것이 거의 없었다. 하지만 나는 이 바이러스가 들불처럼 번져 중국 당국이 인정한 것보다 훨씬 더 많은 사람을 죽이고 있다는 사실을 알게 되었다. 중국은 처음부터 야전 병원을 짓고 화장터를 24시간 휴무 없이 운영하고 있었다. 바이러스가 통제된다면 그럴 리가 없었다.

소추 청문회가 시작되고 며칠 후 나는 보건 복지부 장관 알렉스 아자르(Alex Azar)에게 편지를 보내 중국이 제공한 데이터에 대한 주의를 촉구하고 중국으로부터의 여행 금지 가능성을 제기했다. 다음 날 중국은 우한과 인근 도시에 대한 자체 여행 금지령을 내렸고, 미국 서부 전체 인구보다 더 많은 인구가 봉쇄되었다. 다시 말하지만, 그들의 감언이설과 과감한 행동은 전혀 일치하지 않았다. 나는 트럼프 대통령에게 전화를 걸어 중국발 항공 여행을 즉시 차단할 것을 촉구했다. 그는 당연히 소추에 집중하고 있었지만, 중국에 대한 나의 회의론과 바이러스에 대한 우려를 공유했다. 그러나 그는 여행 금지가 경제에 미칠 영향에 대해서도 당연히 걱정했다.

나는 휴정 시간에 대통령의 대의회 수석 연락관인 에릭 벨랜드(Eric Ueland)와 이야기를 나눴다. 벨랜드는 노련한 프로다. 그는 특정 사안에 대해 대통령이 직면하는 상반된 압력을 잘 이해하고 있으며, 대통령의 경제팀이 경제적 여파에 대해 경고하고 있다고 설명했다. 벨랜드는 나에게 재무부 장관인 스티븐 므누신(Steven Mnuchin)에게 전화하라 권유했다. 므누신 장관은 중국 여행 금지가 공급망과 무역 흐름에 어떤 영향을 미칠지에 대한 합리적인 우려를 몇 가지 제시했다. 내가 말하는 문제를 잘 이해하지만, 중국발 경기 침체를 일으키고 싶지는 않았을 거다. 나는 경제가 므누신 장관의 임무라는 점에 공감했다. 그러나 중국발 신종 코로나바이러스가 이미 전 세계적인 경기 침체를 촉발시켰고 단지 아무도 깨닫지 못했을 뿐이라고 확신했다.

대통령의 사위이자 선임 고문인 재러드 쿠슈너(Jared Kushner)가 나를 격분하게 만들었다. 쿠슈너와 나는 지난 4년 동안 솔직하고 신뢰하는 관계를 발전시켜 왔다. 그럼에도 쿠슈너는 경제 이유 외에도 공중 보건 전문가들도 입국 금지에 반대하는 조언을 하고 있다고 털어놓았다. 앤서니 파우치 소장이 앞장선 흰 가운의 관료들은 입국 금지 조치가 '모범 사례'를 위반하고 문화적으로 무감각하게 비춰질까 걱정했다.

전에도 본 적이 있는 조지 오웰의 유명한 질책이 생각났다. "어떤 아이디어는 너무 어리석어 지식인이 아니면 아무도 안 믿는다." 어디선가 질병이 발생하면 그 지역의 여행 금지 조치로 국내 확산을 늦출 수 있다. 이건 상식이다. 파우치 소장의 초기 입장은 논리에 어긋났다. 특히 중국이 자체적으로 우한의 여행 금지 조치를 취한 상태였기에 더욱 화가 났다. 파우치와 다른 관료들은 중국 공산당이 이미 한 일을 따라 하는 멍청한 모습을 보이고 싶지 않았던 거다. 바이러스의 유입을 완전히 통제할 수는 없지만, 확산을 늦출 수 있고 중국의 은폐에 관계없이 더 많이 준비하고 학습할 시간을 벌 수 있다고 생각했다(얼마 지나지 않아 파우치 소장은 거의 모든 다른 이슈에 대해서도 그런 것처럼 여행 금지 문제에 대해 입을 닫는다).

나는 주 내내 대통령과 다른 행정부 관리들에게 미국 시민을 제외한 모든 사람의 중국 여행을 중단할 것을 촉구했다. 소추가 진행되는 동안 벨랜드를 너무 졸랐기 때문에 이제는 말이 필요 없었다. 상원 회의장에서 그와 눈을 마주칠 때면 검지손가락을 아래로 가리키며 "입국 금지시켜요."라는 제스처를 했다. 한 달 뒤, 소추 청문회 중 저녁 휴식 시간에 쿠슈너에게 전화를 걸었다. 전화 저편에 음악과 박수 소리가 들렸다. 그날 밤 대통령이 아이오와주에서 집회를 연다는 사실이 생각났다. 쿠슈너가 "당신과 얘기하고 싶은 사람이 있습니다."라고 말한다. 트럼프가 이어서 전화를 받았고 내게 왜 전화했는지 묻지도 않는다. "톰, 당신이 정말 좋아할 만한 일을 하려던 참이었어요."라고 그가 말문을 열었다. "지금 전화로 얘기하긴 곤란하지만, 내일 알려질 거고 아주아주 행복해지실 거예요."

전화를 끊고 나서 보좌관에게 여행 금지 조치에 대한 방어 논리를 준비하라고 메시지를 보냈다. 행정부가 더 빨리 행동하면 좋겠지만, 대통령은 옳은 결정을 내렸고 지지를 받을 자격이 있었다. 민주당과 좌파 2 중대 언론이 그를 짓밟을 줄 예상했다. 타종 시계가 정시에 울리듯, 예상 대로 조 바이든은 '히스테리, 외국인 혐오증, 공포 조장'이라며 트럼프를 싸잡았다.

그 후 몇 달 동안 우리가 중국에 얼마나 취약한지 처음으로 알게 되었다. 의사와 간호사는 마스크와 장갑과 같은 개인 보호 장비를 중국 공장에 의존한다. 중국은 또한 중요한 의료 기기를 제조하며, 많은 국가들이 인공호흡기를 중국에 의존한다. 중국은 페니실린, 아세트아미노펜, 헤파린과 같은 기본적이지만 필수적인 약품의 세계 시장을 장악하고 있다. 중국 공산당은 이러한 이점을 최대한 활용했다. 중국은 '바이러스 외교'를 통해 중국과 관계 유지가 절박한 국가들에게 여행 금지 조치를 완화하고, 팬데믹에 관한 중국의 책임을 최소화하고, WHO에서 그들의 분탕질(Whitewash)에 동참하도록 압력을 가했다.

우리도 중국의 위협에서 자유롭지 못했다. 팬데믹 초기에 중국은 미국에 구명 의약품 지원을 보류할 수 있다고 은근히 압박하고, 중국의 거대 국영 통신사인 신화통신은 우리를 '코로나바이러스라는 강력한 바다'에 던져 버리자고 협박한다.

민주당의 대응은 뻔했다. 중국을 처벌하고 싶지 않았다. 대신 미국 국민을 처벌한다. 그들은 이후 필요도 없고 게다가 비효율적으로 입증된, 극단적이고 강요적인 봉쇄령과 명령에 매달린다. 일부 주지사들은 생계를 유지할 수 있는 사람과 그렇지 않은 사람을 자의적으로 결정했다. 아이들의 학교가 무기한 폐교되었다. 신앙을 가진 사람들이 함께 예배를 드리지 못하는 동안 BLM 폭도들이 거리에서 난동을 부렸다. 힘 있는 좌파 자유주의자들은 고급 레스토랑에서 마스크 없이 식사하는 동안 평범한 미국인들은 임종하는 부모를 방문하거나 장례식에 참석하지도 못했다. 새로운 변종의 확산을 막을 수 없는 백신을 거부한다는 이유로 미국인들은 일자리를 잃었다. 매번 우리가 문제란다. 전 세계에 전염병을 퍼뜨린 중국 공산당이 아니라.

민주당은 또한 중국 공산당의 언론 경찰(Speech Police)인 양 했다. 나는 초기부터 코로나바이러스가 수산물 시장이 아닌 우한 실험실에서 발원했을 가능성을 주장했는데, 지금은 다들 그럴듯한 이론으로 받아들인다. 중국 공산당과 세계 보건 기구 대변인들의 공격은 예상했지만, 좌파 자유주의자들조차도 중국의 선전을 가감 없이 받아들였다. 《워싱턴 포스트》는 "톰 코튼이 이미 반박된 코로나바이러스 음모론을 계속 반복한다"는 헤드라인을 달았다. 《뉴욕 타임스》는 '증거가 부족하고 과학자들에 의해 이미 기각된 가짜 이론(Fringe Theory)'이라고 비꼬았다. CNN의 편집장은 '공직자 무책임의 극치'라며 '코튼은 내 말의 의미를 잘 알 것'이라고 잘난 척한다.

좌파들은 병원균의 정확한 지리적 발원지를 표기한 '우한 코로나바이러스'가 중국을 자극한다며 나와 일부 사람들을 경쟁적으로 비난했다. 그러나 CNN, MSNBC 및 기타 좌파 언론 매체에서조차 이미 몇 주 동안 우한 바이러스라고 인용해 오고 있었다. 파우치가 중국 동료들의 비위를 맞추자, 중국은 자신의 죄책감을 없애려 추상적인 명칭인

COVID-19를 채택하도록 WHO 내부의 비굴한 아첨꾼들에게 압력을 가한다. 좌파들은 재빨리 전열을 가다듬는다. 낸시 펠로시는 '우한'이 들어간 용어가 우리 모두를 위험하게 만든다고 불평하고, 상원의 다수당 리더인 척 슈머(Chuck Schumer)는 "가혹하고 불쾌하며 편협하다."고 폄하하자, 급기야 조 바이든은 정부 관리들에게 사용 금지를 명한다.

미국의 자유주의 엘리트들은 중국을 비평하는 이들에게 분명한 메시지를 보낸다: "입 닥쳐." 중국 공산당이 100년 만에 최악의 전염병을 퍼뜨리고 미국 역사상 가장 급격한 경기 침체를 촉발하는데도 그들은 여전히 미국에 대한 중국의 영향력을 용인하고 심지어 방관한다.

수년 동안 자유주의자들은 중국의 잘못에 대해 사과하고 용서해 왔다. 중국이 면죄부를 받는 만큼 우리는 여전히 중국에 취약한 상태로 남아 있다. 초창기에 놀란 친구들이 어떻게 하면 되느냐고 묻는다. 대답은 안타까움뿐이다. "지금은 별다른 방법이 없어. 이미 한계를 넘었으니."

중국이 우리를 사면초가에 빠뜨리도록 내버려둬야 할까? 이것이 미국의 미래를 위한 우리의 진정한 선택인가? 좌파들의 고의 태업으로 우리는 점점 중국의 영향력, 조작, 통제에 노출되어 간다. 미국 제조업을 중국에 아웃소싱한 덕분에 아픈 아이를 위한 기본적인 항생제 확보도 중국의 선의에 달려 있다. 부패하고 운조차 없는 WHO는 미국을 간섭하고, 세계주의 자유주의자들은 물개 박수를 치고 있다. 해가 갈수록 인민해방군은 우리 군과의 격차를 좁히고 있는 마당에, 민주당원들은 훈련병들이 '그'인지 '그녀'인지 올바른 인칭 사용을 더 걱정하고 있다.

우리가 빨리 변화하지 않으면 우리 아이들은 우리와 전혀 다른 나라에서 살게 될지도 모른다. 테크노 전체주의 중국 경찰국가가 만다린어를 사용하고 신을 포기하도록 강요할지 어떨지 모르지만, 그럴 가능성은 충분하다. 우리가 명목상 자유롭고 독립된 유일 국가로 남더라도, 현실의 세계는 중국이 지배하는 반이상향(Dystopia)이 될 것이다. 내가 팬데믹 기간 동안 중국에 책임을 묻고자 했을 때 좌파의 행동처럼, 서방 엘리트들이 현실을 외면하거나 심지어 중국의 변호인 역할을 한다면 중국은 살인을 저지르고도 도망갈 것이다. 빌루드의 말처럼, "쇼를 주도하거나, 아니면 쇼에 주도당하거나."

민주당이 우리의 힘을 재건하거나 중국을 이길 것이라고 기대하지 마시라. 그들은 처음부터 미국의 힘을 방해하고 이념적으로 강하고 지배적인 미국에 반대하고 있다. 오바마와 바이든 둘 다 떠오르는 중국을 축하하고 중국 공산당을 파트너로 여겼다. 오늘날 민주당의 표준 노선에 의하면 중국 비판은 '외국인 혐오'와 '인종 차별'이다. 오히려 자유주의자들은 이념적으로 중국에 동조한다. 저명한《뉴욕 타임스》칼럼니스트인 톰 프리드먼(Tom Friedman)은 오랫동안 미국이 '하루만이라도 중국'이 되는 상상을 해왔다. 프리드먼은 자유주의자들 사이에서 매우 주류적인 인물로, 바이든의 지지율이 폭락하여 우호적인 지원이 필요했을 때 백악관으로 초대하여 비공개 점심을 한 적도 있다.

바이든과 민주당이 중국 공산당의 무소불위의 권력을 가지고 무엇을 할 수 있을지 궁금할 수도 있지만, 궁금할 필요도 없다. 우리는 팬데믹 기간 동안 민주당 정치인들과 토니 파우치 같은 윌슨주의자들이 '과학'

을 이용해 우리 삶에 대한 자의적 통제를 정당화하고, 빅 테크를 억압해 동의하지 않는 사람을 검열하는 모습을 엿보았다. 민주당은 중국에 대한 우리의 의존도와 노출을 줄이기 위해 아무것도 하지 않는다.

하지만 다른 방법, 더 나은 선택이 있다. 우리는 좌파의 미국 힘 방해를 되돌리고 힘, 명예, 자신감의 전통으로 돌아갈 수 있다. 이 지경에 이르게 된 실수와 미국을 중국의 굴레에서 벗어나게 하기 위한 몇 가지 핵심 단계를 이 책이 설명한다. 로널드 레이건이 지미 카터의 재앙적인 대통령 임기 이후 미국을 반전시킨 것처럼, 바이든의 더 끔찍한 실패 이후에도 같은 힘을 불러일으킬 수 있다.

레이건은 종종 미국을 '언덕 위의 도시'라고 불렀다. 그는 이 비유를 대중화했지만 본인이 만든 것은 아니다. 레이건도 알고 있듯이 이 비유는 산상수훈(Sermon on the Mount)에서 유래된다. 예수님은 제자들에게, "너희는 세상의 빛이다. 언덕 위에 세운 도시는 숨길 수 없다. 사람들은 촛불을 켜고 그릇 아래에 놓지 않는다. 대신 촛대에 놓아서 집 안의 모든 사람에게 빛을 비춘다. 그러므로 너희의 빛이 사람들 앞에서 빛나게 하라, 그러면 그들은 너희의 좋은 행실을 보고 하늘에 계신 너희 아버지를 영화롭게 할 것이다."라고 하였다.

레이건은 또한 자신이 예수의 말씀을 인용한 최초의 미국인이 아니라는 것도 알고 있다. 1630년, 존 윈스롭(John Winthrop)은 뉴잉글랜드에서 하선을 기다리던 아벨라(Arbella)호에 탄 정착민들에게 이렇게 설교한다. "우리는 언덕 위의 도시가 될 것입니다. 모든 사람의 눈이 우리를 주시하고 있습니다." 미국인들은 항상 스스로를 언덕 위의 도시로 여겨 왔고, 지금도 변한 건 하나도 없다.

언덕 위의 도시가 된다는 것이 무엇을 의미하는지 조금 더 생각해 보자. 우선, 도시가 섬이 아닌 언덕 위에 있다. 이 도시는 외부 세계와 상호 작용 해야 한다. 시민들은 도시를 떠나 계곡으로 내려가 물을 길어야 하고, 밭으로 내려가 농작물을 재배하고 가축을 사육한다. 도로를 개척하고 항구를 건설하여 바다를 건너 부족한 물자와 교환한다. 그들은 상인과 교역인으로 또 관광객으로 여행한다. 도시가 아름다운 만큼 시민들은 세계를 발견하고 싶어 한다.

그리고 그 도시를 보면서 일부 외국인들은 질투와 분노를 느끼고 그 도시의 주요 영토와 부를 탐낼 것이다. 빼앗으러 올 거다.

그래서 언덕 위의 도시는 화려하게 고립되어 살 수도, 평화주의 신조를 채택하고 생존을 희망할 수도 없다. 성벽이 필요하고 성벽을 지킬 경비병도 필요하다. 국경 지대를 방어하고, 계곡과 들판을 지키고, 항구를 확보하고, 바닷길을 열어 전 세계 시민을 보호하는 군대와 해군도 키워야 한다.

이 도시는 이러한 일을 혼자서는 쉽게 할 수 없으므로 문화와 관습이 달라도 이해관계를 공유하는 다른 도시와 동맹을 맺는다. 동맹으로 인해 다른 도시와 새로운 갈등이 발생할 수도 있다. 그래서 도시는 갈등에 대비해야 한다.

간단히 말해, 언덕 위의 도시는 순진, 순박하지 않다. 그러나 결코 약하지도 않다. 도시의 원로들은 레이건과 건국의 아버지들이 그랬던 것처럼 세상이 어떻게 돌아가는지 잘 알고 있었다.

나는 미국이 다시 한번 언덕 위 도시의 찬란함을 회복할 수 있다고 믿는다. 우리 국민은 여전히 위대한 국가 미국에 자부심을 가지고 있다. 그리고 미국의 힘이 위대함의 토대라는 것도 알고 있다. 우리는 언덕 위의 도시로 남기 위해 힘을 되찾아야 한다.

강한 자만이 언덕 위의 도시를 지킬 수 있다.

감사의 말

먼저 아칸소 주민 여러분께 감사드립니다. 상원에서 여러분을 섬기게 된 것은 제게 큰 영광입니다. 이 책에 담긴 많은 경험과 아이디어는 여러분이 주신 것입니다. 아칸소 주민들은 강하고 자랑스러운 국민입니다. 저는 여러분의 안전을 지키고, 여러분의 이익을 증진하며, 위대한 국가에 대한 여러분의 열망을 이루기 위해 매일 열심히 일하고 있습니다. 여러분의 신뢰와 지지에 감사드립니다.

이 책은 팀워크의 산물이며, 저는 뛰어난 고문과 보좌관들로 구성된 팀의 축복을 받았습니다. Brian Colas는 재앙적인 아프가니스탄 철수로 인한 전략적 재앙과 인간적 비극을 멀리서 지켜보면서 이 책을 처음 제안했습니다. Brian은 프로젝트 내내 저를 이 프로젝트에 참여시키기 위해 할 수 있는 최소한의 역할을 해 줬습니다. Patrick MacDonnell과 Blake Seitz는 저와 함께 논거를 만들고, 조사를 수행하고, 원고를 준비하면서 수많은 시간을 함께 보냈던 일꾼들입니다. Doug Coutts와 Joni Deoudes는 항상 그랬듯이 상원 업무, 정치 활동, 가정생활에 책 집필이라는 추가 요구가 더해지는 것을 관리할 수 있도록 도와주었습니다. A. J. Schroeder는 운영과 전반적 관리를 담당했습니다. Caroline

Tabler는 책 출간을 도왔습니다. 상원의 계약 검토 프로세스를 조율한 사람은 Meg McGaughey입니다. 사실 확인은 Drew Hudson이 도왔고, Brian, Doug, Joni, Caroline과 Matt Downer도 원고를 검토하고 유용한 의견을 제공했습니다.

원고를 검토하는 데 수고를 아끼지 않은 여러 친구들에게도 감사의 마음을 전합니다: Ted Dickey, Bart Hester, Jonny Hiler, Joe Kristol, Michael Lamoureux, Aaron MacLean, Brett O'Donnell, Chad Pekron, David Ray, Alex Wong입니다. 물론 이 책의 아이디어와 주장에 대한 책임은 전적으로 저에게 있으며, 실수한 부분에 대한 책임도 저에게 있다는 점을 덧붙이고 싶습니다.

Javelin이 다시 한번 제 에이전트 역할을 해 주었습니다. 제안부터 계약, 출간까지 모든 과정을 훌륭하게 처리해 준 Keith Urbahn과 Matt Latimer에게 감사드립니다. Twelve 출판사의 Sean Desmond가 제 편집자였습니다. Sean은 처음부터 책에 열정적으로 반응해 주었고 모든 단계에서 책을 개선해 주었습니다. 책에 대한 Sean의 확신과 노력에 감사드립니다. 또한 Zohal Karimy와 Megan Perritt-Jacobson을 비롯한 Hachette Books와 Twelve의 모든 팀원들의 노고에도 감사를 표합니다. 수년 동안 많은 선생님, 멘토, 조언자, 친구들이 제 생각과 아이디어를 구체화하는 데 도움을 주었습니다. 특히 Elliott Abrams, Larry Arnn, Peter Berkowitz, Bob Gates, Charles Kesler, 그리고 Walter Russell Mead의 우정과 지원에 감사드립니다.

또한 아직 현역으로 군 복무 중인 오랜 친구이자 전우인 이름을 밝힐 수 없는 모든 분들께 감사의 인사를 전하고 싶습니다. 우리가 함께 근무 하던 시절부터 이 병사들은 고위 지휘관 직책을 맡거나 상병으로 입대 했습니다. 수년 동안 그들은 육군의 훈련과 사고방식이 어떻게 변했는 지에 대한 관점을 공유해 왔는데, 대부분의 경우 안타깝게도 나쁜 방향 으로 변했습니다. 그들과의 대화는 제가 치명성과 무인 문화의 많은 부 분에 할당되어 있습니다. 이름을 거론하며 감사 인사를 전하고 싶지만, 그들의 경력을 위태롭게 하고 싶지는 않습니다. 하지만 그들은 스스로 가 누구인지 알고 있습니다. 계속 봉사해 주셔서 감사합니다. 곧 잘될 겁 니다.

마지막으로 가족에게 감사하고 싶습니다. 다시 한번 카우보이, 나의 아버지는 제 글쓰기의 동반자입니다. 조금 나이가 들고 느려지긴 했지 만 긴 주말과 늦은 밤에도 여전히 제 곁을 지켜 주십니다. Gabriel과 Daniel은 이제 자기 전에 '전쟁 이야기'를 들려 달라고 하고, 워싱턴과 그랜트 중 누가 더 훌륭한 장군인지 궁금해하고, 중국 같은 다른 나라의 아이들은 자신들과 같은 자유를 누리지 못하는 것을 안타까워할 만큼 나이가 들었습니다. 그들도 아직은 전쟁 게임만 하는 어린 소년들입니 다. 하지만 다른 모든 아이들과 마찬가지로 그들도 안전하고 자유롭고 번영하는 미국을 부모로부터 물려받을 자격이 있습니다.

언제나 그렇듯이 Anna는 자신의 몫 이상을 짊어집니다. 제가 이 책을 작업하는 동안 그녀는 자신의 전문적인 일을 하면서도 우리 아이들을 돌보고 집안일을 관리했습니다. 무엇보다도 그녀는 제 아이디어를 참을

성 있게 들어 주고 항상 개선해 주었습니다. 저는 가끔 농담 반 진담 반으로 Anna 덕분에 제가 집안에서 소심 온건파(Milquetoast Moderate)처럼 보인다고 말하곤 합니다. Anna가 우리 가족의 강심장이라는 것은 의심의 여지가 없습니다. 진정으로 강한 자만이 남자들이 득실거리는 집에서 살아남을 수 있기 때문이죠.

Anna, 그 어느 때보다 사랑합니다.

나는 민주당 바이든이 대통령이 된 2021년부터 미국의 사회·정치 분야에서 벌어지고 있는 급격한 변화에 놀라움을 금치 못한다.

우선, 에너지 정책이다. 전임자 트럼프가 다양한 석유 자원 개발을 통해 에너지 자급에 성공하고 중동에 에너지 의존도를 현저히 낮춘 것과 완전히 대비되는 정책을 연이어 내놓았다. 2010년부터 셰일 가스 등의 개발로 원유 수출국이 된 미국은 트럼프 임기 중 수출이 급격히 늘어 지금도 원유 수출 국가이다. 수출하는 만큼 원유 수입도 만만치 않다. 그러나 바이든은 보란 듯이 취임 직후에 연방 정부 소유 토지에서 원유 및 천연가스의 개발 중단을 명령했다. 그에 따라 알래스카의 연방 토지 일부 지역에서 원유 개발이 포기되었다. 캐나다와 미국을 연결하는 키스톤 XL 파이프라인 프로젝트도 철회되었다. 환경을 공부한 나도 전혀 이해할 수 없는 조치였다. 에너지 주권의 강화는 당연히 필요한 것이 아닌가? 남의 나라에서 퍼 나르는 화석 연료는 문제없다는 식의 논리는 옳지 않다. 원유를 공수해 오는 것 자체만으로도 탄소 발자국이 엄청나기 때문이다.

아나나 다를까 문제가 곧바로 터졌다. 러시아가 우크라이나를 침공하면서 국제 에너지 시장에 엄청난 파장이 일었다. 유럽 국가들은 러시아 경제 제재에 따른 천연가스의 공급 차질에 공포스러운 겨울을 보냈다. 자국 내 에너지 생산을 억제해 온 미국도 놀랐다. 바이든은 사우디아라비아를 방문해 국제 원유가 안정을 위해 증산해 달라고 몸은 낮췄지만 OPEC은 오히려 감산을 결정해 그를 당혹스럽게 만들었다. 사우디 반체제 언론인 암살 책임을 물어 사우디를 왕따시키겠다고 공언해 왔던 바이든이었기에 더욱 수치스러웠을 것이다. 유사한 상황이 또 있었다. 2023년 말까지 거의 10년간 경제 제재로 베네수엘라를 압박했던 미 정부가 전격적으로 제재 해제를 결정한다. 반미 행보를 거침없이 표방하는 마두로 독재 정권에게 원유 수출을 허락하기 위함이었다. 원유가 상승으로 인한 미국 내 인플레이션을 잡아 보려는 바이든의 의도였다. 이러려고 미국 내 원유 생산을 제한시켰나 많은 이들이 혼란스러워했다.

또 바이든은 부부 합산 약 3억 원 미만의 가구를 대상으로 최대 2,600만 원의 대학 학자금 채무 면제를 하겠다는 행정 명령을 발표했다. 연방 대법원의 반대에 부딪혀 정책 실행은 일단 중단되었지만 누가 봐도 지나친 포퓰리즘 정책이었다. 의대, 법대 학생들도 면제해 준다는 정책을 일반 국민들이 어떻게 수용하겠나?

이해할 수 없는 또 하나는 미국 남부 국경의 개방이다. 트럼프가 시도했던 철재 장벽 프로젝트를 바이든이 전격적으로 중단시켰다. 2021년부터 지금까지 1,000만 명 이상의 불법 이민자가 미국 내에 유입되는 것을 지켜보며 바이든은 즐거웠을까? 하는 의문이 들었다. 임기 초기에는 분명 그랬을 거다. 국경 개방이 미 민주당의 정책 기조이니까. 2020년 민주당 대통령 후보들 간의 TV 토론에서 대부분의 대권 주자들은 국경 개방을 지지하고 있었다. 정상적인 한국 사람들이 들으면 화들짝 놀랄 일이다. 현재 바이든 국정 운영 지지도 하락의 주원인으로 대두된 불법 이민 문제로 그는 굴욕스럽게 남부 국경 개방 정책을 뒤집는 행정 조치를 최근 발표하였다. 나는 불법 이민자의 문제를 해결하기 위한 그의 행보가 효과적일 것이라 생각하지 않는다. 범죄 조직이며 마약이며 국경을 넘은 지 이미 오래다. 엎질러진 물이다.

하지만 무엇보다 가장 공포스러운 변화는 도심 내 폭동에 대한 바이든 정부의 무대응이다. 특히 시애틀, 오리건주 포틀랜드, 샌프란시스코, 뉴욕과 시카고 등 민주당 강세 도시에서 벌어진 폭도들을 옹호하는 좌파 검찰들의 무대응은 바이든이 의도했던 바다. 경찰의 과잉 진압으로 인한 흑인 사망 건으로 촉발된 폭력적 시민운동에 지금도 치가 떨린다. 시내 아무 곳이나 폭도들이 상점을 파괴하고 점거하고 물건을 불법으로 약탈하는 장면이 매일 언론에 보도되었지만 경찰의 대응은 미약했다. 설령 체포되어도 지역 검사장이 곧바로 풀어 주는 악순환이 계속되었다. 나는 전혀 납득할 수 없었다. 일부 도심은 전쟁터처럼 처참하게 파괴되고 마약과 인간 분뇨 악취가 진동했다. 대부분의 시민들은 생존을 위해 숨죽이고 있었다. 2023년 말 중국의 시진핑이 아시아 태평양 경제협력체(APEC) 회의 참석차 샌프란시스코를 방문하기 전까지 그랬다. 2년간 끔찍했던 시가지가 그의 방문 중 갑자기 깨끗해졌다. 길거리에서 마약 주삿바늘이 보이지 않고 노숙자들이 모두 사라졌다. 폭도들이 잠잠해졌다. 이게 무슨 일인가? 중국이 미국의 주적이라고 목소리 높이던 바이든이 갑자기 온순해졌다. 중국과 정치적인 뒷거래가 있는 것은 아닌가? 만약 그렇다면 왜 그렇게 되었나?

많은 것을 알고 싶었고 그래서 여기저기 인터넷 검색을 했지만 만족할 수 없었다. 단행본을 찾기 시작했다. 대부분의 답은 바로 이 책에 있다. 여태껏 몰랐던 미국 정치의 역사를 제한적이지만 알게 되었다. 한국전쟁에 참전하고 군사 동맹을 맺고 지금도 최고의 우방 국가인 미국에 대한 나의 이해가 이렇게 낮은지 스스로 부끄러웠다. 그래서 번역본 출간을 구상했다. 나의 미국에 대한 공포스러운 무지를 여러분과 함께 탈출하고 싶었다.

톰 코튼은 1977년생이니 이제 47세의 약관이다. 트럼프 재집권 시 입각할 가능성을 기대해 볼 정치인이다. 2024년 대통령 선거에 공화당 후보로 나올 것이라는 추측도 난무했지만 코튼은 가족과 좀 더 많은 시간을 보내기 위해 포기한다고 2022년 말 발표했다. 차차기 대통령을 노린다는 의미이다. 차차기라도 그는 51세. 21대 한국 국회의원 평균 나이인 58세에도 훨씬 못 미친다. 할아버지 대통령들에 싫증 난 미국인들에게 매력적인 후보가 될 것이 확실하다.

아버지는 아칸소주 공무원, 어머니는 중학교 교사 출신이다. 키가 195cm가 넘는 장신으로 고등학교 재학 시 농구 선수였다. 하버드 법대를 거쳐 어린 시절 꿈꾸던 법조인의 길로 들어서기 바로 직전 9/11 사태의 발발 후 즉시 입대했다.

아칸소주의 공화당 상원 의원인 그는 국가 안보, 외교 정책, 이민에 대한 강경한 입장으로 알려진 보수주의자이다. 2005년부터 4년간 이라크와 아프가니스탄 전선에서 미 육군 장교로, 그중 1년간은 워싱턴 알링턴 국립묘지에서 의장대로 복무했다. 2013년부터 2년간 아칸소주 하원 의원을 한차례 거쳐 2015년에 같은 주 상원 의원에 당선되었다. 2020년 상원 의원 재선을 위한 투표에서 민주당 리치 데일 해리슨 주니어(Richy Dale Harrison Jr.)를 66.5%의 압도적인 득표율로 승리를 거두었고 2027년 임기 말에 있을 선거에 3선 출마를 선언한 상태이다. 2020년 트럼프가 공석이 된 대법관 지명자 중의 한 명으로 지목하였으나 여성 후보자가 최종으로 지명되었다. 코튼은 2015년 초선 상원 의원 자격으로 한국을 방문한 적이 있다. 그때가 38세. 윤병세 외교부 장관과 면담하였고 당시 북한의 DMZ 지뢰 도발로 중상을 입은 하 모 하사를 위문하였다.

그의 보수주의자로서의 정치적 성격은 단호하다. 그는 강력한 군사력과 공격적인 방위 정책을 강력히 옹호하는 인물이다. 테러리즘과의 싸움의 필요성에 대해 목소리를 높였으며, 해외 군사 개입을 지지한다. 외교 정책의 측면에서 코튼은 특히 이란과 중국에 대한 매파적인 견해로 알려져 있다. 그는 이란 핵 합의에 대해 강한 비판적 입장을 견지하며, 무역, 기술, 지역 안보와 관련하여 중국에 대한 엄격한 조치를 촉구한다. 이민 정책에서도 그는 법적 이민의 상당한 감소를 제안했으며, 국경 보안을 강조하고 성역 도시(sanctuary cities)에 반대하는 엄격한 이민 정책의 지지자이다. 성역 도시란 연방 정부의 이민법 시행에 협력을 제한하거나 부정하고 불법 이민자들의 이주를 환영하는 지방 자치 단체이다. 캘리포니아주 전체, 오리건주의 대부분, 워싱턴주의 일부분, 그리고 뉴욕과 시카고 시 등이 대표적인 예이다. 코튼은 2020년 조지 플로이드 사망 이후 발생한 시위 동안 《뉴욕 타임스》에 게재된 칼럼에서 미국 도시들의 불안을 진압하기 위해 군사적 개입을 요구했다. 그의 글은 상당한 반발과 민간 사회에서 군의 역할에 대한 논쟁을 촉발했다. COVID-19 팬데믹 초기에 그는 바이러스가 중국 우한의 실험실에서 유래했다는 이론을 제기했다. 당시에는 근거 없는 주변부적인 이론으로 무시되지만 코로나바이러스의 기원과 적절한 대응에 관한 상당한 논란과 논쟁에 불을 붙였다. 지금은 엄연한 팩트로 인정받고 있다.

이 책에는 한국에 대한 이야기도 다수 실려 있다. 한국전이 시작되기 불과 한 달 전 민주당 트루먼 대통령이 미 육군 참모 총장 브래들리 장군의 조언에도 불구하고 국방 예산을 추가로 삭감해 한국전에 낙후된 무기와 부족한 총탄으로 파병되었던 이야기, 러시아의 우크라이나 전쟁 초기 바이든의 유약한 반응 때문에 전쟁을 키운 것이 1950년 미 국무장관 애치슨이 한국을 제외한 극동 방위선 발표 후 한국전이 발발한 것과 유사한 상황이라는 이야기, 한국전 참전 용사이자 역사학자인 페렌바흐가 1950년 한국전에 파병된 병사들을 '민주당 트루만 정부는 세상에 호랑이는 없다고 해놓고 막대기 하나로 호랑이를 잡으라고' 보내진 젊은이들이라며 애도하는 이야기, 공화당 레이건 대통령이 전두환 정부를 지지해 결국 민주화에 이르게 했다는 이야기, 민주당 클린턴 대통령이 1994년 북한 핵 개발을 저지 못한 뒷이야기, 한국과 일본처럼 문화, 역사 그리고 언어가 다른 동맹국을 진정한 친구로 대해야 한다는 이야기 등이 간단간단히 언급된다.

나는 트럼프가 차기 대통령이 된다면, 이 책의 저자 톰 코튼이 트럼프의 강력한 군사 외교 정책의 조언자가 될 것을 믿어 의심치 않는다. 중국과 무역 전쟁, 러시아의 영토 확산 억제 그리고 북한의 비핵화에 핵심적인 정책을 만들어 낼 정치인임도 믿어 의심치 않는다. 무엇보다 나는 미국의 주류 사회 일원인 저자가 보여준 투철한 노블레스 오블리주 애국심과 미래 비전을 존경한다.

읽어 주신 독자들께 감사한다.

김성일

이 책은 군대와 상원에서의 내 경험과 역사와 시사를 다룬다. 경험은 연설, 기고문 등의 회상, 연구, 메모 및 문서를 바탕으로 작성했다. 최근의 사건에 대해서는 Associated Press, Reuters, the New York Times, the Wall Street Journal, the Washington Post, Fox, CNN, ABC, CBS, and NBC 등 전통적인 언론 매체의 뉴스 기사도 참고했다.

역사적 사건에 대한 이해와 분석을 위해 지난 수년간 수백 권의 책을 읽으며, 일일이 열거할 수 없을 정도로 많은 도움을 받았다. 하지만 이 책을 집필하는 동안 하루하루 참고한 책 몇 권을 여기서 소개한다. 《The New Cambridge History of American Foreign Relations》와 George Herring 저 《From Colony to Superpower: U.S. Foreign Relations since 1776》를 많이 참조했다. 두 책의 해석에 항상 동의하는 것은 아니며 때로는 강하게 비판할 때도 있지만 두 책 모두 미국 외교 정책의 역사에 대한 유용한 기준을 제공한다. Bob Gates의 《Duty and Exercise of Power》는 여러 행정부에 대한 풍부한 내부자 기록이자, 그의 경이할 만한 생애 동안 미국 외교 정책에 대한 필수적인 연구이다. Walter Russell Mead의 《Special Providence》는 내 생각으로는 미국 외교 정책의 가장 결정적인 역사서이다. 수년에 걸친 월터의 학자 정신과 우정은 나를 헤아릴 수 없을 정도로 풍요롭게 해 주었다. Wilfred McClay의 《Land of Hope》는 미국 역사에 대한 뛰어난 조사서이며, 미국 전역의 고등학교에서 표준 교과서로 사용되어야 할 정도이다. 다음은 각 장에서 내가 참고한 특정 책, 에세이, 기사 및 기타 출처에 대한 자세한 목록이다.

프롤로그: 초강대국 방해하기

대부분의 자료는 내 경험과 기억에서 나온 것이지만, 아프가니스탄 철수 당시 도움을 준 보좌관과 친구들의 기억에도 의지했다. 특히 Doug Coutts, Matt Downer, John Noonan, 그리고 Kristen Trindle에게 감사를 표한다. 또한 암울했던 시절에 대한 기억을 공유해 준 Will Berry와 Kent McCoy에게도 감사드린다.

1장: 쇠퇴의 진보적 뿌리

나는 오랜 친구이자 스승인 Charles Kesler와 함께 유감스럽게도 지난 25년 동안 진보주의에 대해 연구해 왔다. 그의 저서 《I Am the Change and Crisis of the Two

Constitutions》는 진보주의 사상을 이해하는 데 특히 도움이 되며, 많은 유쾌한 대화를 통해서도 많이 배웠다.

가장 좋은 자료는 진보주의자들이 직접 쓴 글이다. 유용한 1차 자료를 안내해 준 힐스데일 대학의 David Azerrad에게 감사드린다. 《American Progressivism: A Reader》 Ronald J. Pestritto와 William J. Atto가 편집한 이 책에 많은 주요 자료가 있다. Pestritto의 《Woodrow Wilson and the Roots of Modern Liberalism》과 Eldon J. Eisenach의 《The Lost Promise of Progressivism》은 진보주의 사상에 대한 신뢰할 만한 해석과 함께 그들의 엘리트 사회적 배경과 인종과 사회에 대한 불안한 견해에 대한 흥미로운 통찰을 담고 있다. Christopher Burkett의 에세이 〈Remaking the World: Progressivism and American Foreign Policy〉는 외교 정책에 대한 건국자들과 진보주의자들의 시각을 대조적으로 보여 준다.

건국자들도 마찬가지로 그들의 생각을 이해하기 위해 많은 양의 책, 에세이, 편지, 연설문 및 기타 저술을 남겼다. 《The Federalist》는 미국 헌법의 정치 철학을 설명하는 최고의 표준으로 남아 있다. 외교 정책 수행에 관한 가장 유명한 에세이는 아마도 조지 워싱턴의 고별 연설이며, 그 이후 미국인들의 지침서가 되었다. 미국 건국자들의 글에 대한 두 가지 출처를 온라인에서 확인할 수 있다: 건국자 온라인(https://founders.archives.gov/) 및 힐스데일 헌법 리더(http://constitutionreader.com/). 후자에는 진보주의자들의 유용한 자료와 기타 해석, 해설도 포함되어 있다. Kesler의 〈Crisis〉 또한 건국자들의 사상을 전반적으로 이해하는 데 도움이 되며, Matthew Spalding의 에세이 〈America's Founders and the Principles of Foreign Policy〉는 특히 외교 정책에 대한 건국자들의 접근 방식을 잘 설명해 준다. 마지막으로 에이브러햄 링컨은 미국 건국자들의 위대한 옹호자이자 해석자였으며, 나는 그의 저서를 자주 인용했다. 나는 두 권으로 구성된 미국 도서관 컬렉션에 특별한 애착을 갖고 있지만 링컨의 글은 온라인과 다른 책방에서 쉽게 구할 수 있다.

과학적 진보와 도덕적 진보에 대한 윈스턴 처칠의 냉철한 고찰은 1924년 에세이 〈Shall We All Commit Suicide?〉에서 찾아볼 수 있다. Colin Powell은 회고록 《My American Journey》에서 Madeleine Albright와의 발칸 전쟁에 대한 놀라운 대화를 언급했는데, 놀랍게도 Albright는 그녀의 회고록 《Madam Secretary》에서 이 이야기를 확인해 준다.

2장: '일단 미국 탓' 민주당

이 장의 자료는 대부분 동시대 뉴스에 의존했다. Jeane Kirkpatrick의 글, 특히 논평에 실린 그녀의 에세이도 통찰력의 보고이다. 〈Dictatorships and Double Standards〉와 〈U.S. Security and Latin America〉가 가장 중요하지만, 그녀의 모든 글은 공부할 가치가 있다. 나는 Paul Johnson의 고전인 《Modern Times》를 자주 참고했다. 이 두 권의 책은 '신좌파'에 대한 나의 이해에 많은 도움을 주었다. Peter Collier와 David Horowitz의 《Destructive Generation》은 회개한 참여자들이 좌파의 변두리에 대한 눈을 뜨게 하는 설명이다. Susan Braudy의 《Family Circle》은 Chesa Boudin의 부모와 조부모의 전복적인 활동에 대한 결정적인 작품이다. Ann Coulter의 《Treason》 그리고 Mona Charen의 《Useful Idiots》도 도움이 된다.

군 징병제에 대한 자세한 내용은 Lawrence Baskir와 William Strauss의 《Chance and Circumstance》을 참고했다. 징병제 회피에 관한 James Fallows의 악명 높은 에세이는 〈아빠, 수업 시간에 뭐 했어요?〉라는 제목으로 워싱턴 월간지에 실렸다. 여론 조사에 대한 자세한 내용은 William Lunch와 Peter Sperlick이 작성한 〈American Public Opinion and the War in Vietnam〉 기사에서 확인할 수 있다. 펜타곤 페이퍼에 대한 자세한 내용은 Susan Tifft와 Alex Jones의 《The Trust》에서 발췌했다. Mackubin Thomas Owens는 《National Review》에서 John Kerry의 불명예스러운 반전 활동을 목록으로 정리했다.

특히 1970년대 후반과 1980년대에 미국의 외교 정책에 대한 통찰력을 공유해 준 내 친구 Elliott Abrams에게 감사를 표하고 싶다. 그가 수년에 걸쳐 쓴 글은 보물 창고와도 같다. 그는 또한 산디니스타 정권 탈취와 콘트라 자유 투쟁가들에 대한 유용한 설명이 담긴 Shirley Christian 저 《Nicaragua》를 소개해 주었다.

3장: 세계주의자의 주권 포기

John Fonte의 《Sovereignty or Submission》과 Patrick Stewart의 《Sovereignty Wars》는 정반대의 관점을 주장하지만, 현대 국제기구와 협정의 상세한 역사와 함께 그 창설에 동기를 부여하고 오늘날까지 유지하게 한 사상과 정치 운동에 대한 내용을 담고 있다. 또한 Henry Cabot Lodge, Daniel Patrick Moynihan, 그리고 Jesse Helms의 저술과 공개 연설과 함께 Rich Lowry가 집필한 《The Case for Nationalism》을 참고했다.

이민 및 무역 정책에 관한 섹션에서는 2021년 2월에 발간한 Beat China 보고서를 포함하여 상원에서 이러한 문제에 대해 광범위하게 연구한 내용을 활용했다. 나는 노동 통계국, 인구 조사국, 관세 국경 보호청, 미국 지적 재산권 도난 위원회와 같은 정부 기관에서 대부분의 데이터를 확보했다. 또한 중국의 악의적인 글로벌 강대국 부상과 영향력에 대한 이야기를 설득력 있게 풀어낸 Rush Doshi의 저서 《The Long Game》도 참고했다.

4장: 미군의 중성화(中性化)

이 장의 대부분을 군대에서의 경험과 군사 위원회에서의 활동을 바탕으로 작성했다.

시간 경과에 따른 국방 예산에 대한 데이터는 관리실 및 예산 역사 표를 참조했다. The American Enterprise의 Mackenzie Eaglen과 James Mismash는 다른 자료도 알려 주었다. Eric Edelman은 자신이 공동 의장을 맡은 국방 전략 위원회의 조사 결과에 대해 아낌없이 이야기해 주었다.

세계대전 전 우리 군의 안타까운 상황에 대한 자세한 내용은 John Pershing의 《My Experiences in the World War》 그리고 George Marshall의 〈1941 Report to the Secretary of War〉를 참고했다. T. R. Fehrenbach의 《This Kind of War》는 한국 전쟁 전 군 자금 부족으로 인한 막대한 피해를 보여 준다. 국방부의 역사 시리즈는 전후 예산 결정에 대한 내부 정보를 제공했다. 지미 카터 대통령의 군사 준비 태세의 단점은 Andrew Feickert와 Stephen Daggett가 작성한 의회 조사 보고서 〈A Historical Perspective on Hollow Forces〉에서 확인할 수 있다. 클린턴 시대의 군대에 대한 자세한 내용은 Robert Patterson의 《Dereliction of Duty》에서 가져왔다. 오바마 행정부 시절에는 Bob Gates의 《Duty and Exercise of Power》를 귀중한 지침서로 활용했다.

나의 오랜 조언자인 Ryan Tully와 Tim Morrison은 민주당이 어떻게 우리 핵 무력을 약화시켰는지에 대해 이야기해 주었다. 케네디와 존슨 시대의 핵 전략에 대한 통찰력을 얻기 위해 Richard Ripess의 논평 〈Why the Soviet Union Thinks It Can Fight and Win a Nuclear War〉에 실린 글을 참조했다.

The Center for Military Readiness의 Elaine Donnelly와 군대 내 사회 공학에 대한 풍부한 지식을 공유했다. James Hasson의 《Stand Down》은 전투 훈련에서 남녀 혼성 부대에 대한 해병대 연구에 대해 자세히 설명한다. 마지막으로 Kristen Griest 대위의 체력 기준에 대한 생각은 그녀의 글 〈With Equal Opportunity Comes Equal Responsibility: Lowering Fitness Standards to Accommodate Women Will Hurt the Army — and Women〉이라는 West Point's Modern War Institute에서 발행한 글에서 발췌했다.

5장: 민주당이 강경한 척 행동할 때

Michael Dukakis의 탱크 탑승으로 인한 선거 패배에 관한 이야기에는 Josh King의 《Politico》 기사 〈Dukakis and the Tank〉를 포함한 당시의 언론 보도와 사진 자료에 대한 최근 분석을 검토했다. 또한 항상 정치 역사의 보고인 Karl Rove의 통찰력도 높이 평가했다. 베이 오브 피그스에 대해서는 Howard Jones의 〈The Bay of Pigs〉, Jim Rasenberger의 《The Brilliant Disaster》, 그리고 Haynes Johnson의 〈The Bay of Pigs: The Leaders' Story of Brigade 2506〉, 또한 전직 역사가인 Jack Pfeiffer가 저술한 여러 권에 걸친 CIA의 역사 자료도 참고했다. 이 기밀 해제 자료는 CIA의 온라인 열람실에서 볼 수 있다. 쿠바

미국인 커뮤니티가 미국 역사의 이 고통스러운 장을 어떻게 기억하는지에 대한 통찰력과 함께 자신의 가족 이야기를 공유해 준 오랜 친구인 John Couriel에게 감사를 표하고 싶다. George Feldenkreis도 피그스 만과 그 유산에 대한 자신의 생각을 공유했다.

베트남 전쟁에 대해서는 Mark Moyar의 《Triumph Forsaken》, H. R. McMaster의 《Dereliction of Duty》, 그리고 Michael Lind의 《Vietnam: The Necessary War》를 참고했다. 세 책 모두 신중하게 추론하고 부지런히 조사한 설득력 있는 저술이다. 이 책들은 자유주의자들의 수년간에 걸친 베트남 전쟁에 대한 왜곡되고 기울어진 학문적 합의를 수정하는, 가장 좋은 의미의 '수정주의자(Revisionist)' 학문의 일부이다.

나는 소말리아에 대한 잘못된 개입에 대해 Mark Moyar의 《Oppose Any Foe》와 Mark Bowden의 대표작 《Black Hawk Down》에 의존했다. 또한 Gates의 《Exercise of Power》, Bill Clinton의 회고록 《My Life》, 그리고 Colin Powell의 자서전 《My American Journey》를 참고했다. 수년 동안 모가디슈의 여러 참전 용사들과 이야기를 나눴고 그들의 경험이 내 생각에 영향을 미쳤다. 모가디슈 현지에서 젊은 델타항공 요원으로서의 경험을 공유해 주신 Scott Miller 장군께도 감사드린다. Mark Moyar는 이 장을 검토하고 피드백을 제공했으며, Edward Gutierrez와 마찬가지로 유용한 자료도 제안해 주었다.

6장: 오바마의 사과

이 장의 대부분은 버락 오바마의 고도로 이데올로기적인 외교 정책에 맞서 의회에서 싸웠던 나의 경험에서 나온 것이다. 하지만 오바마에게 직접 말할 기회도 주었다. 그의 세 번째 회고록인 《A Promised Land》, 그리고 Ben Rhodes의 《The World as It Is》는 오바마의 생각을 감추지 않고, 결국 오바마의 기록을 큰 성공으로 간주하고 있다. 오바마 대통령의 법정 서기로서 수많은 시간을 보낸 Jeffrey Goldberg의 장편 에세이 〈The Obama Doctrine〉은 오바마의 사고방식과 자신에 대한 관점을 보여 주는 일종의 로제타석과도 같다.

Mark Moyar의 《Strategic Failure》, Colin Dueck의 《The Obama Doctrine》, Bret Stephens의 《America in Retreat》, Bob Woodward의 《Obama's Wars》, 그리고 Gates의 《Duty and Exercise of Power》 등 다양한 2차 자료에도 의존했다. 《Commentary》, 《National Review》, 《Politico》, 《the Washington Post》 그리고 외교 관계 위원회 블로그에 실린 자신의 유용한 글을 소개해 준 Elliott Abrams에게 큰 빚을 졌다. 또한 오바마와 바이든의 세계관에서 많은 점을 연결해 주는 Michael Doran의 두 편의 훌륭한 에세이 〈Obama's Secret Iran Strategy〉와 〈The Doctrine of American Unexceptionalism〉을 강력히 추천한다. 특히 이란에 대해서는 Jay Solomon의 《The Iran Wars》 그리고 Ray Takeyh의 〈The Coup against Democracy That Wasn't〉를 참고했으며, 그의 설득력 있

는 저서 《The Last Shah》를 바탕으로 썼다.

The Foundation for Defense of Democracy의 Aaron MacLean과 The American Enterprise Institute의 Matthew Continetti가 함께 오바마 행정부의 외교 정책 유산에 대해 토론해 주었다.

7장: 바이든의 실수

유감스럽게도 아직 바이든 시대의 초기 단계였기 때문에 이 장의 대부분은 상원에서 제가 직접 취재한 내용과 상원 의원, 부통령, 현재 대통령으로 재직 중인 바이든의 경력에 대한 동시대 뉴스 기사에서 발췌한 것이다. 아프가니스탄 파병 문제는 바이든이 끈질기게 철군을 주장했던 오바마 행정부 초기에 그 뿌리를 두고 있다고 생각한다. 나는 여기서도 Gates의 《Duty and Exercise of Power》와 Bob Woodward의 《Obama's Wars》에 의존했다. 이 아이러니한 표현은 《워싱턴 포스트》에 실린 바이든 자신의 기고문 〈Not So Deft on Taiwan〉에서 따왔다. Mike Vickers는 아프가니스탄과 우크라이나에 대한 미국의 개입에 대해 유용한 통찰력을 제공했다.

8장: 미국의 전략 복구

'Operation Praying Mantis' 작전의 내부 이야기는 미국 해군 연구소 회보에 실린 J. B. Perkins 대위의 기록에 의존했다. The Washington Institute for Near East Policy에서 발간한 David B. Crist 저 《Gulf of Conflict: A History of U.S.- Iranian Confrontation at Sea》에서 사건에 대한 광범위한 개요를 제공받았다.

특히 몇 권의 책이 미국의 전략에 대한 내 생각에 영향을 미쳤다. 서두에서 언급했듯이 Walter Russell Mead의 《Special Providence》는 귀중한 지침서이다. Robert Kaplan의 《The Revenge of Geography》는 지정학과 전략가 Nicholas Spykman의 연구에 대한 유용한 입문서이다. Bill Rood를 몰랐던 것이 후회스럽지만, 더 안타까운 건 어쩌면 이 훌륭한 선생님이 글을 많이 쓰지 않았다는 사실이다. 그의 유일한 저서인 《Kingdoms of the Blind》는 그의 전략적 사고에 대한 훌륭한 입문서이며, 수상 경력에 빛나는 에세이인 〈Distant Ramparts〉도 마찬가지이다. 그의 제자 중 두 명인 J. D. Crouch II와 Patrick J. Garrity가 그의 가르침을 종합한 저서인 《You Run the Show or the Show Runs You: Capturing Professor Harold W. Rood's Strategic Thought for a New Generation》에서 정리했다. 또한 Rood 학생이자 제 친구인 Larry Arnn과의 대화도 참고했다. 그의 에세이 〈Three Lessons of Statesmanship for Americans Today〉는 윈스턴 처칠을 지침으로 삼아 전략에 대해 생각하는 방법에 대한 좋은 입문서이다. 마지막으로 전략에 대한 독특한 미국식 접근법을 주장한 고 Angelo Codevilla의 저작을 참고했다. 특히 《Claremont

Review of Books》에 실린 에세이를 그의 사상에 대한 소개로 추천한다.

9장: 미국의 힘 회복

그레나다 침공에 대해 연구하면서 Ronald Reagan의 자서전 《An American Life》와 동시대 보도 및 침공 후 군사 분석에 의존했다. Crouch와 Garrity의 《You Run the Show or the Show Runs You》는 그레나다의 전략적 중요성에 대한 Rood의 새로운 분석을 자세히 설명한다. Mike Vickers도 인터뷰에서 그레나다 침공과 그 필요성에 대해 비슷한 설명을 했다. 레이건 백악관 내부 문서를 입수하는 데 도움을 준 로널드 레이건 대통령 도서관의 도움에 감사드린다. 침공 당시 국가 안보 위원회에서 일했던 Bob Kimmitt도 나에게 자신의 통찰을 공유해 주었다.

이 장의 대부분을 상원의 연구와 작업에 의존했다. 나는 대부분의 데이터를 의회 조사국, 에너지 정보국, 이민 세관 단속국 등 정부의 공식 자료에서 가져왔다. 또한 내가 쓴 〈Beat China〉 보고서 그리고 Jim Banks, Dan Crenshaw, 그리고 Mike Gallagher와 함께 발간한 해군 보고서인 〈A Report on the Fighting Culture of the United States Surface Fleet〉에도 의존했다. 법무 장관을 두 번이나 역임한 Bill Bart와 국경과 마약 카르텔에 대해 대화를 나누면서 많은 도움을 받았으며, 그의 회고록인 《One Damn Thing After Another》를 추천한다. 에너지 정책에 대한 통찰력을 제공한 Mike Sommers에게 감사드린다.

에필로그: 우리의 선택

우한 코로나바이러스 발생 초기의 이야기를 다시 들려주기 위해 나 자신과 상원 직원들의 기억, 동시대의 문서와 뉴스 기사에 의존했다. 나는 2015년 워싱턴 국립 성당에서 열린 재향 군인의 날 연설에서 언덕 위의 도시가 된다는 것이 무엇을 의미하는지 처음 설명했고, 그 이후에도 여러 차례 이 개념에 대해 자세히 설명해 왔다.

초판 1쇄 발행 2024년 9월 15일

지은이   톰 코튼
옮긴이   김성일
발행인   조상현
마케팅   조정빈
편집인   황경아
디자인   Gem
펴낸곳   더런

등록번호   제2018-000177호
주소   경기도 고양시 덕양구 큰골길 33-170(오금동)
문의   02-712-7927
팩스   02-6974-1237
이메일   thedibooks@naver.com
홈페이지   www.thedifference.co.kr

ISBN   979-11-6125-495-1 03340